国際紛争のメディア学

橋本晃

青弓社

国際紛争のメディア学／目次

装丁——伊勢功治

はじめに

二十一世紀の幕開けを襲ったテロ、戦争をめぐって、「九・一一（アメリカ同時多発テロ）を境に世界は変わった」「（六百人にのぼる大規模な従軍取材が実現した）イラク戦争で当局とメディアの関係は大きく変容した」などといった発言や文章がまことしやかに量産され、一定程度以上、受け入れられてもいる。しかし、冷戦終結後の世界に噴出した紛争、戦争のいくつかを現地で目撃し、同時にそうした戦時におけるメディアの問題を考え続けてきた身には、こうした一見もっともらしい言辞に深いところで違和感があった。

確かに、「アメリカ本土の中枢部が攻撃を受けたのは一八一二年から一四年の第二次米英戦争以来、二百年ぶり」といわれた九・一一を機に、アメリカ政府・軍は積み上げてきた国際法のルールを踏みにじるかたちでアフガニスタン、イラクに対して先制攻撃に踏み切った。イラク戦争では「インドシナの小国（ヴェトナム）からの不名誉な撤退」後、一貫して続けられてきたアクセス規制・検閲強化の戦時メディア統制策が表面的には百八十度転換され、いわば懐柔策をもって政府・軍の進める戦争努力に不可欠の一要素としてメディアが取り込まれてしまったことも事実だろう。

しかし、たとえば、ユーゴスラビア連邦セルビア共和国コソボ自治州のアルバニア系住民に対する広範な人権侵害を理由に北大西洋条約機構（NATO）軍が七十八日間にわたって同連邦全土に空爆を敢行した一九九九年のコソボ戦争では、ベオグラード新市街のバルカン随一の高層ビルが空爆され、累計一万人にのぼる一般市民が「副次的被害」（NATO報道官）として犠牲になった。四、五千人の犠牲者を出したニューヨーク・世界貿易センタービルへの自爆テロ攻撃が悲劇であることは疑いを入れないが、同様の、またはそれを上回る惨劇をこの二、三十年の同時代史は幾度も目撃している。違いはアメリカ（人）が標的・犠牲になったか否かであり、そうしたテロの被害やアメリカ兵の進軍の模様がライブ動画映像で繰り返し世界中に流されたかどうかにすぎない。

九・一一で世界が変わった、と思っているのは、自分たちこそ（だけ）が世界なのだと無邪気かつ傲慢に信じて疑うことのない一部のアメリカ人とその世界観に身も心も同一化してしまった一部の日本人くらいだろう。グローバル化の進む世界でなお、英語では意思疎通もおぼつかず、アメリカの存在・影響力も限定的な国・地域はいくらでもある。

遠近法による歪んだ世界像を修正して、戦争とメディアという、どちらも、特に戦後の日本にはなじみや蓄積があまりない、しかし、これからの私たちに遠い存在ではおそらくありえないものについて、基礎的な事実関係と考察の枠組みを提供しておきたい。そして、願わくは、世界の片隅で誰に目撃されることもなく、突然、その生を奪われた幾多の声なき死者たちに代わり、彼らのささやかなる存在の証しを残しておきたい。本書はそんなモチーフから書かれた。

序　変わらぬものと変わりゆくもの——変化はどこから

「戦争と革命の世紀」といわれた二十世紀の翌朝、世界は早朝のニューヨーク・ツインタワーに突っ込む旅客機と中東の砂漠の戦場を進撃するアメリカ軍部隊のライブ映像を目撃した。唯一の超大国の心臓部を襲ったテロの様子を映し出す、また六百人近くにのぼった従軍記者らが砂漠の真ん中から衛星回線を使って世界中に流した大容量ライブ映像の迫力に押されるように、二〇〇三年三月二十日にはじまり同年五月初めに主要な戦闘の終結宣言がおこなわれたイラク戦争で、メディアは政府・軍の遂行する戦争努力に不可欠・不可分の一要素として組み込まれたとの言説は、一定の定着度を見せながら世上に流布している。メディアはこれまで政府・軍当局と一定の距離をとり、またはそれらに対して厳しい批判の筆鋒を向けてきたが、ペルシャ湾岸戦争で一種完成型に達した戦場へのアクセス規制と記事・写真・映像の事前検閲を主要素とする限定戦争時のメディア統制が、イラク戦争では一転、大幅に緩和されながら当局の広報戦略に組み入れられてしまったのだ、と。しかし、戦争とメディア、権力とメディアの関係性は本当に、この二十一世紀の幕開けを告げる戦争をもって根本的な変質をみたのだろうか。

戦時メディア統制とプロパガンダの問題が体系的な考察の対象として初めてクローズアップされたのは、人的および物的資源の全動員を要求するやはり史上初の全面戦争（総力戦）となった第一次世界大戦にまで遡る。戦争目的遂行のため、兵士として、または軍需品製造に携わる労働力として、それ以外の属性は有無を言わせぬかたちで捨象された、文字どおり顔のない大衆（mass）は二度の世界大戦＝総力戦で最後的に形成され、折からのラジオ、映画、テレビといった視聴覚メディアの興隆もあり、両大戦間期は現代マス・コミュニケーション研究の出発点となった。

ヴェトナム戦争は前線へのアクセス、ニュースマテリアルの検閲の有無の両面で、歴史上ごく例外的にほぼ自由な報道が可能となった、冷戦構造下のアメリカによるインドシナの紛争への介入の戦争だった。しかし、その後は一九八二年のフォークランド紛争を皮切りに、グレナダ侵攻（一九八三年）、パナマ侵攻（八九年）と、アメリカとイギリスがその領土外でおこなう限定戦争で、戦闘がおこなわれている島または島的環境からの報道陣の隔離策が強化され、前述のように、ペルシャ湾岸戦争（九一年）で一連の限定戦争時のメディア統制強化の流れは一応の完成をみた。

コソボ戦争（一九九九年）で新たに登場してきたのは、史上初のインターネット戦争、さらには近未来のサイバー戦争の萌芽の要素を含めて、グローバル化が進む冷戦後世界での「見えない戦争」としての限定戦争の性格である。この見えない戦争化の傾向は、九・一一アメリカ同時多発テロに対する報復としてたたかわれたアメリカとイギリスによるアフガニスタン攻撃（二〇〇一年―）でも続き、空爆だけで敵方を屈服せしめたコソボ戦争と異なりハイテク武装した特殊部隊など一部地上兵力も投入されたものの、アルカイダやタリバンの残存兵士狩りの続く戦場からメディアは完全に遠ざけられた。

こうした前史の後にやってきたのがイラク戦争である。プール取材によるアクセス制限、セキュリティレビューという名の厳しい検閲などの統制策は確かに百八十度転換され、大規模な従軍取材、検閲の事実上の不在、そして史上初の本格的な戦争の同時生中継が実現し、「見える戦争」が眼前に現出したかに見える。だが、少なくとも「歴史的転換」（ドナルド・ラムズフェルド・アメリカ国防長官）があったとしても、それはフォークランド紛争以降のこの二十年余の流れについてだけ該当することだろうし、そもそもそうした転換は、表層はいずれ深部に探査針を垂ろしていけばはたして「歴史的」とまでいうべき内実を備えているのだろうか。

イラク戦争で顕著に見られた従軍記者の兵士との心理的一体化はすでに第一次世界大戦で顕在化している現象であり、現代マス・コミュニケーション研究の出発点となった、この初の世界大戦がメディアと戦争の関係について示唆するものははかり知れない。第一次世界大戦の昔から、いやそもそもメディアと戦争の始原からおそらく、メディアと戦争の間には切っても切れない関係とでもいうべきものが横たわっており、近代国民国家形成に一定の役割を演じた、ナショナルなるものと軌を一にして発展してきた近・現代マスメディアが、その論理的帰結として戦争という所属社会を取り巻く環境の激変や危機に際してヒステリックなまでに敵の打倒を叫ぶ姿には、一種内在化された権力性も散見しうるというべきではないだろうか。近年の限定諸戦争でのメディアの問題に目を転じても、ナショナルなものの優越から逃れようもなくトランスナショナル、グローバルなものへと足を一歩踏み出しつつある今日の世界で、ジャン・ボードリヤールのいうような「メディア仕掛けの現実／超現実」の観点に照らし、イラク戦争での「転換」とは広義の見えない戦争化の発展・延長上にあるものと理解すべきではないか。

では、戦争とメディアの関係をめぐり、第一次世界大戦時から何ら変化はないとすべきなのだろうか。それとも、もし変化があるとしたら、どの部分が変わらず、どの部分がいつごろから変わってきたのか。イラク戦争とそこでのメディアの問題を語る際に、あまりにもしばしば湾岸戦争が引き合いに出され、その後一九九〇年代を通じて進行していったいわゆる人道的介入の諸戦争とそれに寄り添う「CNN効果」の問題が見事なまでに忘却されてしまっている現状からも、変化がありうるとしたらその起点を厳密に問う作業は不可欠である。

現代マス・コミュニケーション研究は初の総力戦たる第一次世界大戦での熾烈なプロパガンダ戦の衝撃のなかから誕生したものの、初期のプロパガンダ研究はやがて効果研究に収斂、その後長きにわたる効果研究パラダイムの時代が続き、戦争とメディアの問題は必ずしも体系的な研究の対象となってこなかった。しかし、マス・コミュニケーション現象とその研究自体が戦争のさなかで生まれ、また戦時でのメディアと当局との緊張関係もメディア自体に内在しうる権力性も最大となると考えられる事情に鑑みれば、ジャーナリズム、マスメディアとは何者かとの根源的な問いに答えようとするにあたって、戦争とメディアというマス・コミュニケーション研究の下位研究領域確立の必要性は多くの言を要しまい。

二度の世界大戦から六十年を経てなお、マス・コミュニケーション研究で総力戦パラダイムが継続しているとの指摘が近年なされるようになってきたが、市民的公共圏と異なる総動員体制が生み出す公共圏などにも及ぶ広範な研究パラダイムとは別に、その後の、動員する人的および物的資源も限られた限定諸戦争でのメディアの問題、とりわけ冷戦終結後のグローバル化と情報通信革命の進む世界での限定戦争で発生してくるメディアの問題を包括的にとらえる研究の枠組みとでもいったものを検討してもよいのではないだろうか。

第一次世界大戦時から二十一世紀初頭の「テロとのたたかい」までの戦争とメディアの問題をめぐる基本的な部分の不変性、フォークランド紛争以降、アメリカとイギリスがその領土外でおこなってきた限定諸戦争でのメディア統制策のイラク戦争まで含めた連続性を見ていく一方で、同時に、二度の世界大戦でのメディアの問題と、動員する資源も戦争目的も限られた、銃後の本国ではふだんとまったく変わりのない消費・社会生活が営まれる今日の、フォークランド紛争以降の限定戦争一般におけるメディアの問題とではやはり異質の要素にも着目すべきだろう。パラダイムとまではいかなくとも、こと戦争とメディアの問題をめぐっては、変化自体は見いだしうるのではないか。変化がありうるとしたらイラク戦争ではなく、冷戦が終結、グローバル化とデジタルメディア革命ともいうべき新たなメディア革命がはじまった一九九〇年代のいずれかの時期から、それは生じてきているのではないだろうか。メディアと戦争・権力をめぐり変わらぬもの／変わりゆくものを明確にしたうえで、徴兵制から志願兵制への移行、銃後の豊かな消費社会での観客主義、政治によるメディア取り込みのシステム化、見せない（アフガンまで）／見せる（イラク）戦争から本当に見えない戦争へ（ヴァーチャル化、サイバー化）、メディア仕掛けの日常／非日常、といった観点から、今日および近未来の限定戦争とメディアの問題を考察する基本的な枠組みを検討しておくことはまったくの徒労ではないのではないか。

本書は、戦時における権力とメディアの関係にいつ・どのような変化が生じてきており、それがどのような新たな性格のメディア仕掛けの空間を生み出しつつあるか、またメディア自体に内在する権力性についても検討し、戦争とメディアの問題をめぐる今日の困難な状況に言及しながらも、メディアに内在する可能性がある一種の権力性の脱構築の契機なりとも模索するものである。

第1章　権力の代理人としてのジャーナリスト

1　最初の新聞、最初のジャーナリストたち

戦時の権力とメディアの問題、メディアに内在する権力性の問題を検討するにあたっては、まず平時の権力とメディアの関係性をその始原から見ていくことが必要である。第1章ではジャーナリズムとは一体に何者か、その出自を古典古代からの歴史をたどりながら概観し、続く第2章では近代国民国家の成立・発展とともにナショナリズムに絡めとられていくメディアの姿を見ていく。

現代マス・コミュニケーション研究は第一次世界大戦の戦火のなかで誕生したと書いたが、戦争、さらには権力といった影がつきまとうのは、マス・コミュニケーションという社会現象・社会過程の成立とそれを対象にした研究にだけではなく、それ以前、古代の昔から存在するジャーナリズム活動自体にも、である。

アメリカのジャーナリズム研究者ハーバート・アートシュールは、ジャーナリズム活動の起源を共

和政末期から帝政期にかけての古代ローマで、辺境の有力者たちに派遣されて首都の政治・経済情報を主人に送り続けた知的奴隷のそれに求め、後代になってつくりだされた「社会的責任」といった理念は「自らの環境を制御する立場にある人々のむき出しの権力要求を隠す知的な化粧」であり、メディアはその歴史を通じて「社会的コントロール、権力の代理人」でありつづけてきた、と断じた。(1)

アートシュールによれば、古代ローマのイタリア半島の外の属州、辺境の有力者たちは、首都ローマに一人または複数の私的特派員を派遣し、中央での日々の出来事、とりわけ属州の暮らしに影響を与えるような商売取り引き、政界の動きについて文書で報告をさせた。多くの場合、これら私的特派員たちは知的奴隷であり、報告書を属州に住むほかの人間たちにも送ることでさらなる稼ぎを得た奴隷たちのなかには、そのカネで自由を買う者も出てきた。(2)

ジャーナリズム活動にまつわるこうした一種、本源的といってもいいような性向は、アメリカの政治学者で現代マス・コミュニケーション研究の父ハロルド・D・ラスウェルのいわゆるコミュニケーション活動の三機能の筆頭、「環境の監視」から説明しうるものだ。アートシュールは「最初のジャーナリストたち」の活動をふまえ、「ラスウェルがいうように、情報とは社会的責任や欲求ではなく必要の問題なのだ。あたかも社会が種の保存を確実にするために環境を監視しなければならない生物組織であるかのように」とする。(3) 古代ローマの属州の有力者たちは自分専用の特派員を首都に送り、その財産や権力を維持するための目や耳として情報収集活動に従事させることの有用性を十分に理解していた。

情報を提供したジャーナリストたちは私的奴隷であり、のちの世ではジャーナリストたちの多くは自らを賃金奴隷、すなわち市場に囚われたる者と見なすようになった。実際、今日のジャーナリストたちは、オーナーや雇用主というよりは彼らが直接見たこともなくその存在を認識もしていないような商業的利益によって資金調達された「ニュース工場」とでもいいうるようなもののために働いている。(4)

活版印刷機の登場をもってしても、現代的なジャーナリズムシステムは生み出されなかった。現代的なプレスが誕生したのは十九世紀のマス市場の成立を待たねばならなかった。その全時期を通じて、現代のプレスは、脅威や機会はないかと環境を見張りながら権力者による社会的コントロールの代理人としてその重要性を保持してきたのである。(5)

ここではコミュニケーション、ジャーナリズム活動の根本にあるのが環境の監視であり、ジャーナリストは歴史を通じて有力者、権力の代理人として彼らの財産や地位を守るために活動をしてきた、また現代的なジャーナリズム組織は十九世紀の産業革命を経て誕生したマスマーケットの虜囚として、やはり権力の代理人として環境監視活動に励んでいる、との苦い認識が披瀝されている。

古代ローマの「最初のジャーナリストたち」が示すように、ジャーナリズムとはヨハネス・グーテンベルクによる活版印刷術の発明、いわゆる印刷革命によって生み出されたものではなく、その起源は遠く古代ローマの昔に遡る。印刷革命によって生み出されたものではなく、とは文字どおりであり、活版印刷術の発明は「読書する公衆」と彼らを対象にしたプロパガンダをもたらしたが、公共ニュースをも運ぶ現代的な意味でのジャーナリズムを生み出したわけではなかった。印刷技術に旧体制打倒の契機をみたプロテスタント陣営、新興政治勢力、ビジネスチャンスを嗅ぎ取った商人層は徐々に、情報、プレスの教育機能、すなわち人々を説得し味方に引き入れる力に注目しはじめた。オーディエンスに照準を合わせたプロパガンダ機能がプレスのなかに発見されたのである。

言論の自由、プレスの自由を初めて提唱したのは一六四四年、イギリスの清教徒詩人ジョン・ミルトンだが、そのミルトンがオリバー・クロムウェルの政権掌握後、反対派の出版物の検閲官として何ら自己矛盾を感じることなく活動したことはつとに有名だ。ミルトンの提唱した理念は独立革命前夜の新大陸に輸入され、そこでイギリスの圧制からの独立を求める運動のイデオロギーとなったが、そこでは宗主国イギリスの不正について思うところを語り、書くための自由は明白に求められたものの、独立反対派に同様の許可を与えることへの熱心さは見られなかった。イギリスに対する反逆は見逃されたが、現存する経済システムや広く受け入れられた倫理的価値観に敵対するような自由な表現へのアジテーションといったものはどこにもなかった。イギリス市民革命でもアメリカ独立革命でも、プレスとそのイデオロギーは、社会の特定の勢力が権力を奪取し維持していくための強力な武器として機能したのである。

前述のように、十九世紀には産業革命を経て登場してきた購買力ある市民層を対象に、購読・広告の二大収入からなる現代的な新聞経営モデルが成立してきたが、以降の世界でジャーナリストたちが囚われの身となっているのは市場によってだけではない。「種の存続のために環境監視をしなければならない生物組織」が近代以降の世界で国民国家となると、その維持存続に最大の脅威となってきたのは、国家の対外的な環境の激変としての戦争である。こうした点を考え合わせると、国民国家に寄り添って発展してきた近代以降のマスメディアが戦時にナショナリズムの尖兵となるのは、おそらく当局による統制の結果だけではない。

最初のジャーナリストに続けて、最初の新聞についても見ておこう。歴史上初の新聞といわれているのは、古代ローマの共和制末期から帝政初期にかけてカエサルがつくった「アクタ・ディウルナ（日々の活動）」である。同紙の創刊は紀元前五九年、ポンペイウス、クラッススとの三頭政治を経てコンスルに就任、権力を掌握した時期のことだ。カエサルは共和政の象徴であり最大の政敵であった元老院を封じ込め、自らの名声を高めるため新聞発刊に及んだ。

「アクタ・ディウルナ」は、それまで非公開とされていた元老院の議事内容を載せた「アクタ・セナトゥス（元老院の活動）」と民会の決議、祭事および市井の出来事を載せた「アクタ・ポプリ（人々の活動）」の二つからなっていた。どちらも掲示板に張り出される壁新聞だったが、前述の知的奴隷たちがこれらの記事を書き写し、ローマの各家庭、荘園の貴族、遠征中の将軍などへ配達した。(6) カエサルが終身ディクタトルとなったころの紀元前四四年には、日刊化。カエサルの養子オクタビアヌスは帝政開始に合わせて元老院についての報道を禁止。のちの皇帝たちもこれにならい、市井の出来事を扱う「アクタ・ポプリ」だけ帝政時代を通じて存続した。

人類史上最古とされる新聞の主たる任務が、現代ジャーナリズムの文法で当然のこととされているような権力の監視でなかったことは明らかである。それどころか、最古の新聞はカエサルという共和政から帝政への移行期の独裁者が自らの権力基盤を固め、それを拡大させていくための道具として刊行され続けた。これに、最古のジャーナリストたる、有力者のために情報を送り続けた知的奴隷たちの活動を考え合わせれば、ジャーナリズムの始原がどのようなものであったかは、もはや説明を要しまい。権力の監視といったジャーナリズムの任務をめぐる理念の転換は後世、特定の歴史的・社会的文脈のなかでなされたものである。

2　情報と政治の中世

カエサルの新聞発行活動に象徴的にみられるように、情報とは力であり、情報のコントロールは権力の獲得・維持に必要不可欠のものである。また、ローマの辺境の有力者たちの特派員派遣にみられるように、情報収集は古来、政治の基本的技術であり、情報収集は指導者としての決断のための不可欠の営みだった。

その一方で、為政者たち、権力を握った者たちは情報提供には一般に不熱心だった。情報を与えることは政治的影響力の分配を意味したからである。カエサルが元老院の議事内容を公開したのはあくまでも政敵を蹴落とし自らの権力基盤を固めるためであり、帝政開始でオクタビアヌスが政治関連の報道を禁じたのは、もはや主要な政敵はいなくなり、情報開示の必要がなくなったからだろう。戦時などに一定の情報提供はおこなわれたが、意思決定過程でなく意思決定の結果について広報することで民衆の反抗を抑え、政策決定を正当化するためなどに限られた(7)。

印刷革命以前の時代、手書きの新聞や本などの諸媒体は王侯貴族、聖職者、大商人たちの利益に仕えた。古代ローマの興隆する以前から情報は為政者たちの間で有力な権力資源として流通していたが、そうした情報流通を担う使者たちは為政者に直接報告をし、民衆は入念に選択されたニュースだけ知らされた。一般の民にはほかに情報を入手するすべもなかった。情報は、ラスウェルの環境の監視機能さながらに、潜在的な脅威についての警報や潜在的な機会についての情報紙のかたちをとって流通した。

情報は聖職者たちの間でも有用な資源として流通した。神父や修道士たちは受け継がれてきた知識を読み書きのできない為政者たちに授け、文字を解し書物を読解する能力で政治決定に影響を与え、彼らが創った学校で受け継がれる情報に影響力を行使した。西欧では宗教改革期まで幾世紀にもわたって、教会が大学教育を支配した。オックスフォード、ケンブリッジ、パリ、ボローニャといった中世に創立された大学はすべて教会が組織したものである。

やがて中世都市と商業の成長に伴って、大商人たちも情報を社会的コントロール、権力の獲得と維持のために利用するようになった。アウグスブルクのフッガー家は自前の通信社のようなものをもっていたし、当時の商業の中心であり、ニュースセンターでもあったヴェネチアには、船がどこまで来ているか、積み荷の宝石や香辛料の価値といったものを知らせる情報紙が発行されていた。活版印刷術の発明を受けて、ヴェネチアの情報紙発行はますます盛んになり、ニュースライター組合が組織され、船の入港と出港、海賊や追いはぎの危険、貿易、政治ニュースが市外にまで売られるようになった。教皇による禁止令なども出されたが、ニュース収集と配信ビジネスは成長を続けた。(8)

中世の書物の筆写①
（出典；Eisenstein, Elizabeth L., ***The Printing Revolution in Early Modern Europe***, Cambridge University Press, 1983, p.8）

　こうした王侯貴族、聖職者、大商人らによる情報と権力の独占体制は、活版印刷術を最初に最も

中世の書物の筆写②
（出典；Frederick, Howard H., *Global Communication and International Relations*, Wadsworth, 1993, p.33）

組織的かつ有効に利用したプロテスタント陣営によって突き崩されることになる。印刷革命が生み出したものは読書する公衆であり、古代、中世と続いた一部支配層による情報と権力の独占はほころびを見せはじめた。プロテスタント陣営は印刷物を通じて自らの陣営の主張の伝達をおこない、その威力は目覚しいものがあった。宗教改革は印刷革命と相まって、カトリック対プロテスタントという宗教界の変化だけでなく、社会全体の変化をも惹起したのである。

3　メディア革命、その利用と統制

歴史上、いくつかの大きなメディア革命が起きた。文字の使用はおそらくその最初のもので、手書きの新聞や書物を生み出して口承文化時代から離陸、より正確かつ持続性のある情報、知識と文化の伝承が可能になった。印刷革命はその情報、知識の伝達における正確さ、持続性をさらに飛躍的に向上させ、同時にコピーの量産への道も開いた。大量のデータの正確かつ長期にわたる保存も容易となり近代科学革命を準備、われわれの思考の枠組みをも変容せしめた。

宗教改革は特に、活版印刷術がもたらしたコピーの大量生産、読書する公衆の誕生という有史以来の支配層による情報の独占体制のほころびにつながる機能を最大に利用して、既成の権威への反抗を試みた。これに対して、伝統的な支配層は新たなメディア技術を独占し、反対勢力に使わせないよう規制・弾圧を強める。両者の攻防のなかから生まれた情報と言論、印刷物をめぐるたぶんに党派的・宗派的な理念はやがて、新大陸で独立革命を支えるイデオロギーとして再発見され、新たに誕生した移民国家でとりわけ宗教にも近い情熱と崇拝をもって憲法に成文化されていく。ここでは、こうしたイギリスとアメリカを舞台とする一連の動きを見ていこう。

グーテンベルク印刷機の同型機
（出典；Folkerts, Jean and Dwight L. Teeter, Jr., *Voices of a Nation: A History of Mass Media in the United States*, 4th ed., Allyn & Bacon, 2002, p.5）

出発点はカトリックとプロテスタント両陣営の対立である。大井眞二によれば、「カトリック的秩序においては「読む」行為は神学的・政治的反乱につながるとみなされ、異端

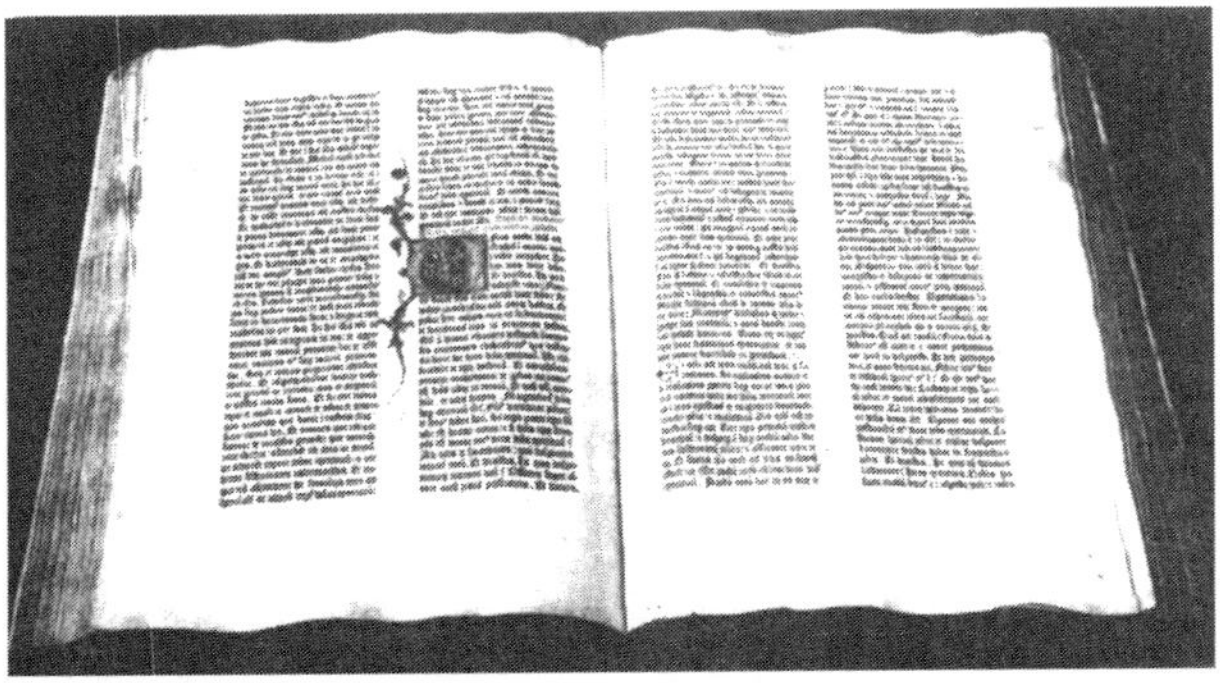

グーテンベルク聖書
（出典；Chappell, Warren, *A Short History of the Printed Word*, Arno Press,1980,p.5）

よりも読むこと、特に聖書の閲読を恐れたが、他方で宗教改革が根を下ろした地域では、読み書き能力の急成長が見出された」[9]。

イギリスでは、十六世紀半ばに国王から勅許状を与えられてそれまでのギルドからカンパニーとして法人化された書籍出版業組合が、刑事・民事にわたる専制的な裁判所たる星法院、政府と三位一体となって強力な出版統制をおこなった。書籍出版業組合は書籍商、印刷業者、製本業者、文房具商ら百人ほどで構成され、イギリス国内での独占的な書籍の印刷・製造の権利を認められた。違反者は星法院で裁判にかけられた。

エリザベス一世時代の一五八六年には、①印刷はロンドンとオックスフォード、ケンブリッジ両大学内に限定する、②印刷人の数を限定する（ロンドンで二十五人。印刷機は五十三台）、③印刷物は事前検閲され、違反した場合、印刷者は禁固六カ月、販売者は同三カ月に処せられる――こととなった。書籍出版業組合は違反者の印刷機を破壊してまわった[10]。

十七世紀半ば、清教徒革命のさなかで星法院は廃止された（一六四一年）が、権力を握った長老派は一六四三年、反対派の言論を封じるため印刷条例を制定、出版物の免許制、検閲などを規定し、星法院

イギリスとアメリカでの活版印刷技術の利用と統制をめぐる動き

注：イ＝イギリス、ア＝アメリカ

1455年	（イ）	星法院創設（～1641年）
1556年	（イ）	書籍出版業組合創設
1586年	（イ）	星法院布令
1643年	（イ）	ピューリタン革命で権力を握った長老派が印刷条例を制定 出版を免許制とし、出版物を検閲
1644年	（イ）	ミルトンが『アレオパジティカ』を発表 史上初めて言論・プレスの自由が提唱されたが、その自由とは自然権ではなく、神がその御心を発見させるために人間に与えた自由を意味した
1649年	（イ）	クロムウェル派が出版物取締法制定
1652年	（イ）	ロンドンにコーヒーハウス登場
1662年	（イ）	王政復古に伴い、印刷法制定
	（ア）	ピューリタンたちがマサチューセッツ新聞免許・検閲法制定
1689年	（イ）	権利の章典　言論・プレスの自由を認める
1695年	（イ）	印刷法失効　出版の免許・検閲制廃止
1712年	（イ）	印紙税法
1735年	（ア）	ゼンガー裁判　真実が名誉毀損の免責事由たりうることに
1765年	（ア）	マサチューセッツ印紙税法会議　翌年、同法廃止
1722年	（イ）	下院、すべての議事報道を禁じる決議
1787年	（ア）	合衆国憲法成立、翌年発効
1791年	（ア）	合衆国憲法修正第一条
1855年	（イ）	印紙税法廃止

1620年に印刷・刊行された英語による最初のニュースシート
（出典；Chappell, *op. cit.*, p.130）

なき後の法的空白を埋めた。翌四四年、「言論の自由、プレスの自由」を史上初めて提唱した、清教徒詩人ミルトンの手になるパンフレット「アレオパジティカ」が条例を破るかたちで出版された。

　ミルトンの唱えた「言論の自由、プレスの自由」はいわゆる自然権ではなく、神がその御心を発見させるために人間に与えた自由だった。あくまでも自身の信奉したピューリタンの教義の枠組みのなかでの自由であり、のちのクロムウェル派による政権掌握後は、強化された出版物取り締まり体制下で、ミルトン自身が反対派の著作物の事前検閲にあたり、何ら矛盾を覚えることもなかった。

　イギリスではその後、名誉革命が発生し、一六八九年の「権利の章典」で「言論、プレスの自由」が保障され、さらに九五年には印刷出版の免許制、検閲が廃止されるに至った。

　印刷革命直後の十六世紀から十七世紀末までの期間、猛威を振るったのは印刷機の台数制限、出版の免許制、出版物の事前検閲という直接的・物理的な統制である。イギリスでは清教徒、名誉革命に代表される、数十年に及んだ漸進的な改革の結果として十七世紀末をもって、こうしたむき出しの力による取り締まりは姿を消した。それに代わって登場してきたのが、よりソフトな経済的手段によるそれである。

世紀が改まって間もない一七一二年、イギリスで印紙税法が成立、施行された。印紙税は広告税、用紙税などを含む「知識に対する課税」の代表的なものであり、その目的は「政府に対する新聞やパンフレットの、侮辱的かつ中傷的な誹毀行為が増加している事態への、奢侈品に対する課税の一環という名目でとられた対応でもあった。その後、戦費調達などの名目で、印紙税は引き上げられてい」った。[11]「税額は、新聞（大きさが二つ折り型）が半ペニー、広告は大きさに関係なく十二ペニーだったので、ある新聞は廃刊し、あるものは税金逃れに雑誌型となり、またあるものは税法を無視した[12]」

ヴァージニア州ジェームズタウンで開かれた初の植民地議会
（出典；Folkerts and Teeter, Jr., *op. cit.*, p.35）

同種の印紙税法は一七六五年、植民地統治に必要な費用を現地調達する目的で、植民地の新聞、暦、パンフレット、証書、公文書などの印刷物に印紙を貼付させる法としてイギリス議会を通過、制定されたが、マサチューセッツ印紙税法会議で植民地代表らがボイコットを決議、独立運動の引き金となった。植民地の新聞などを対象にした印紙税法は翌六六年に廃止されたが、本国のそれを対象にした印紙税法が最終的に廃止されるのは十九世紀も半ばになってのことだった。

活版印刷術が生み出した新聞やパンフレット類が、自陣の主張を流布させ、反対派を封じ込めるためのプロパガンダに活用されたのは、独立革命前後の新大陸でも同様だった。

独立革命前夜の新大陸には、ジョン・ロックらの自然権に基づく社会契約の思想、「言論の自由とはすべての人間に固有の権利である」とカトーのペンネームで説いたジョン・トレンチャードとトーマス・ゴードンに代表される、ホイッグ党の自由主義的政治思想などがなだれを打って流入していた。十七世紀の半ばに先駆的なかたちで、しかしあくまでもピューリタニズムの枠組みのなかでミルトンが提唱した「言論・プレスの自由」の理念も、宗主国の圧政からの独立を求める革命のイデオロギーとして一般化・普遍化され、採用された。

前述のように、独立派は、イギリスからの独立に反対する人たちに言論・プレスの自由を与えることには決して熱心ではなかったし、実際、独立反対派の新聞の印刷設備が強硬な独立派率いる暴徒に破壊されることもあった(13)。

何よりも、次のような独立・建国の父たちのプレスに対する施策は雄弁である。

植民地議会の大半は秘密会であり、入念に編集された後に初めて情報は公開されたため、印刷業者兼新聞発行人たちは議事の非公開に慣れていた。諸議会や大陸会議は、人々が情報を得る必要があるということには賛成だったが、彼らの間の不和・軋轢が新聞に報じられることを許すのには乗り気でなかった。英国の政策に抗議するために組織された、しかし正式に設立された議会ではない大陸会議は、パブリシティに熱心だった。しかしながら、そのパブリシティとは注意深く編集された英国議会、英国王、カナダおよびアメリカの住民に対する宣言、請願のことだった。ブラッドフォードがマディソンに宛てた書簡で書いたように、政《まつりごと》に携わる機関の審議は秘密のままにされた。

アメリカの印刷業者兼新聞発行人たちは、独立戦争（一七七五―八三年）、独立から間もない時期を通じて、大陸会議およびそれを継承した中央議会が秘密会として開催されたことに抗議はしなかった。大陸会議のメンバーたちは秘密の漏洩を非難、こうした理由でトマス・ペインを同会議外務委員会書記の職から罷免した。[14]

反対派の声の弾圧や情報の統制だけではなく、新聞・パンフレットを通じた働きかけも活発におこなわれた。中央集権、強力な連邦政府の樹立を主張したフェデラリストたち（連邦派）は、国民意識の育成に寄与させるべく新聞に低い郵便料金の適用を主張した。十九世紀になると、奴隷制廃止論者たちが世論喚起のためさまざまなメディアをフル活用した。

さて、イギリス清教徒革命のさなかでミルトンが提唱した「言論の自由、プレスの自由」の理念はどうなったか。アメリカ独立達成後の一七九一年、合衆国憲法修正条項の第一条として史上初めて成文化されたその理念は以降、ピューリタニズムの精神風土の根強い新大陸の移民国家で一種、神格化ともいうべき過程をたどっていった。

「出来事は神の意思でありそれを正確に記録することはピューリタンの義務であり、神の摂理たる災難は、神が人々に災難をもたらそうとする意図ではなく、人々を謙虚にし、人々に改革を促し、そして結果的に人々に善をなさしめるため[15]」とのピューリタンのジャーナリズム思想は、「（彼の）ジャーナリズム活動は、断固たるプロパガンダであり、政治的動員、組織化のそれであった[16]」という、やはり戦闘的なピューリタンにして独立革命期のジャーナリスト、サミュエル・アダムズを経て、ジャーナリズムを通じての社会改革を志向する革新主義的ジャーナリズムのなかに受け継がれていく。「言論・プレスの自由」を軸に神聖化されたアメリカのジャーナリズム思想は、しかし、世界のほかの国々においても同様の輝きをもって信奉されているわけではない。アメリカ・イギリス流、アングロサクソン流のジャーナリズム思想が現代世界のジャーナリズムの主要な規範として君臨していることは疑いを入れないが、とりわけピューリタニズムのウルトラ化の歴史をもたなかったフランスなど大陸ヨーロッパ諸国では、後述する客観報道、社会的責任といったジャーナリズム思想と合わせて、アングロ流ジャーナリズムの思想に対しては、冷静かつ「世俗的な」姿勢が目立つ。

4 ジャーナリズムとマスメディアの「分離の崩壊」

フレッド・S・シーバートらは一九五〇年代の半ば、先駆的に国家とメディアの関係、メディアの自由の問題をめぐり、四つの理論またはモデルを提示した。(17) 権威主義、自由主義、社会的責任、ソビエト共産主義の各理論・モデルだが、大井によれば、「「四理論」は四つの理論を提示しているように見えるが、実は理論は一つであって、他はカテゴリーないし類型である、という見方をすることができる。(略) また、四つの理論を文字通り理論と受け止めた場合でも、現実には分析の軸は一つの理論にあって、他の三つはこの一つの理論から分析されている、と見ることもできるのである。一つの理論は、いうまでもなく「自由主義理論(リバータリアニズム)」である。実際にはリバータリアニズムよりも広義のリベラリズムの方が適切なタームであるが、「四理論」の基本的仮定は、このリベラリズムのメディア理論が最も重要な理論である、ということであり、実際にもこのリベラリズムによって立つターミノロジーによって、他の三つの理論が考察されている」[18]。

最初の権威主義は、十六世紀から十七世紀にかけての西欧の絶対王政期、また活字文化と活版印刷新聞の黎明期の国家とメディアの関係をめぐるモデルであり、理論である。国王は統治のための資源として自らの周りに官僚集団と常備軍を配し、その支配を正当化するイデオロギーとして王権神授説が唱えられた。封建諸侯や教会権力の乱立する地方分権状態から国王中心の中央集権化が進み、宗教、言語

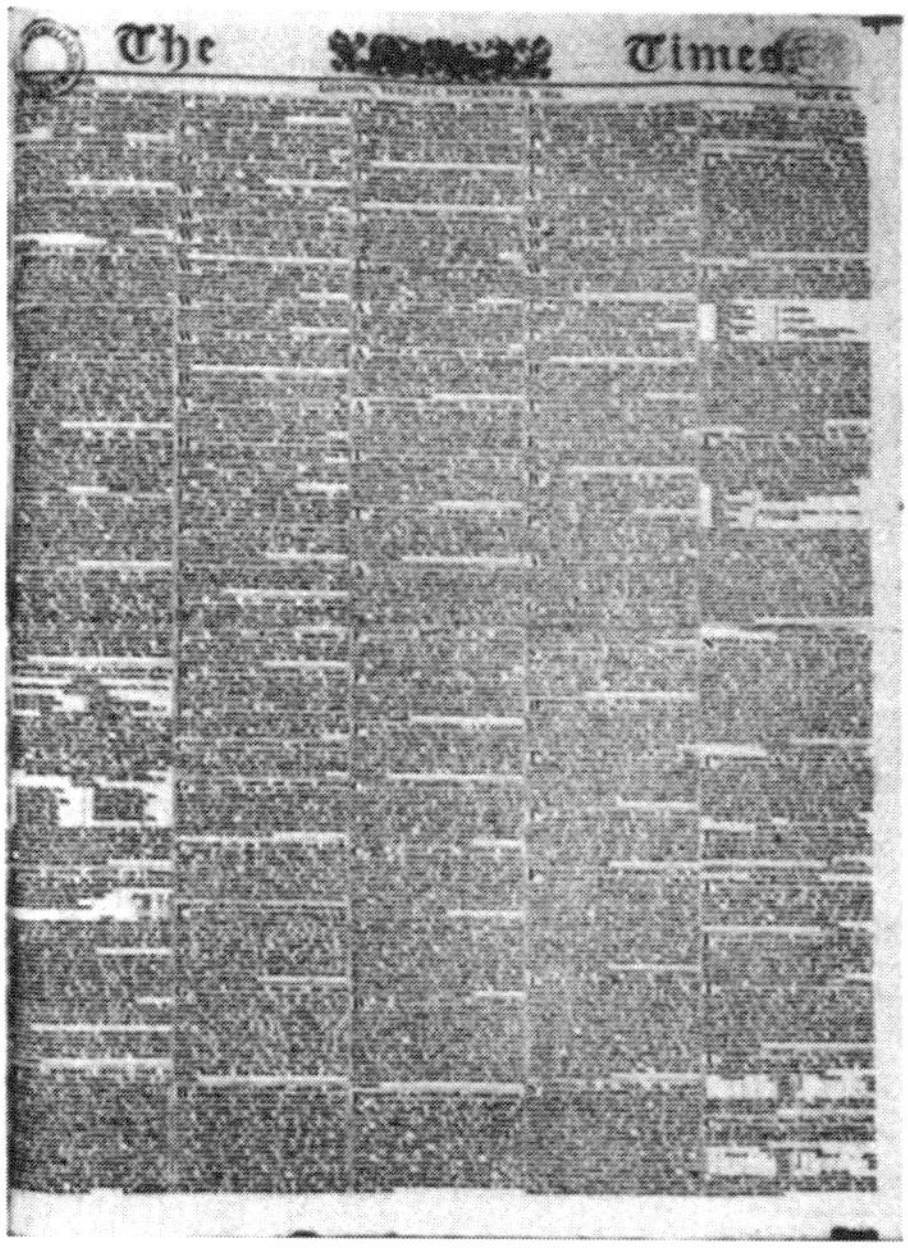
The Times

1814 年に動力印刷機で印刷された初の新聞「（ロンドン）タイムズ」
（出典；Chappell, *op. cit.*, p.174）

（世俗語）、習慣などの国内標準化が図られ、のちに市民革命を経て全面開花することになる国民国家を一定程度まで、準備した。

世界最古の活字新聞が十七世紀初頭、大陸ヨーロッパの片隅で誕生すると、当時最新の技術を使った新聞媒体は瞬く間にイギリスを含むヨーロッパ各地に広がっていったが、権威主義的支配原則が君臨していたため、印刷物の発行には国王の許可が必要となり、厳しい言論統制も存在した。

こうした権威主義的支配を打ち倒したのが、十七世紀から十八世紀にかけて西欧各国や新大陸で起きた市民革命（後者では独立戦争のかたちをとった）である。イギリスでは十六世紀の二つの革命を通じて議会政治が進展し、国家の機能は限定的になっていった。この時期のロンドンのコーヒーハウスで新聞を回覧しながら議論をたたかわせた市民たちの姿を念頭に、ユルゲン・ハーバーマスが公共圏の概念をつくりだしていったのはつとに有名である。公共圏は財産と教養を有し、都市に居住するという要件を満たしていれば、万人に開かれていた。次いで、十八世紀後半、フランスで大革命が起こり、国王を処刑、共和政へと移行した。ジャコバン政権は普通教育、標準フランス語、革命歴、メートル法、国民皆兵制度などを導入し、中央集権の強い伝統もあり、典型的な国民国家が発展していった。

自由主義モデル、理論とはこの市民革命期の国家とメディアの関係から生まれてきたものであり、プレスの自由とは権威主義的体制下で厳しい統制をかけてくる「国家からの自由」を意味した。いうまでもなく、プレスの自由主義理論は、自由主義本体、すなわち「政府に反対する権利、独立の自由」といった自然権に基づく自由から派生してきたものであり、シーバートの表現によれば、「自由主義原則のプレスへの転化が完成」ということになる。

その後、十八世紀から十九世紀の産業革命の進展、さらにはより広く、十九世紀を通じての、工業化、都市化、民主化、大衆化に交通・コミュニケーション手段の発達などを加えた近代化の進展によって、人・モノ・情報の流動化や都市集中という未曾有の社会変動が起きてきた。鉄道網や電信技術の発達、識字率の向上は新聞の普及を促進し、同時にプレスに対する国民の依存度も増大した。二十世紀初頭の先進各国では、伝統的な農村共同体が解体し、新たに仕事など人工的な関係で結ばれた社会諸集団が都市に集い、メディアを通じて社会や世界について知ることが情報収集、意見形成の中心的な方法となってきた。財産と教養といった公共圏への参加要件も低下。国家は都市化・工業化の進展に伴い、都市計画、公衆衛生、労使紛争、福祉など、従来なかった領域にまでその活動を広げ、「大きな政府」へと変貌していった。国民国家の成熟とマスメディア化の進展により、「社会の国家化、国家の社会化」「国家と社会の分離の崩壊」（ハーバーマス）とでもいうべき現象が立ち現れてきたのである。

ここに至って、自然権に基づいた「国家からの自由」から、社会の隅々まで介入する大きな国家が存在するという所与の状況下でより高次の「市民的自由」を求める考え方が生まれてきた。国家、政府からの独立でなく、政府への参加により積極的な自由を実現していこうとする立場である。大石裕によれば、この市民的自由をイギリスに生まれアメリカでさらなる深化・拡大を見せた政治的多元主義の立場が、大きな国家・政府化という状況のなかで国家・政府を相対化しようとするものとして評価。この多元主義、「市民的自由」の考え方が、「ある望ましい目的を達成するための自由」という積極的な自由の概念を前提にした、プレスの社会的責任理論に転化した。(19) 社会的責任理論の具現化とされる一九四七年、シカゴ大学プレスの自由委員会（ハッチンス委員会）が作成した報告書「自由で責任あるメディア」では、メディアが政治権力の干渉を受けず、社会で発言権のない人々のニーズに応えていくには厳しい自主規制が必要とうたわれている。

一方、第2章で後述するように、近代化という社会変動のなかで、ニュース生産という仕事がジャーナリズム組織に集中、ジャーナリズム活動はもっぱらマスメディア産業が担うようになってきた。ニュースは商品化され、ジャーナリストという職業が誕生、その活動の幅の拡大を求めるなかで、言論・プレスの自由の幅の拡大が求められ、ニュースの近代化を模索するなかで、速報性、事実性、客観性の重視、職業規範の確立といった今日なお生き続ける近・現代ジャーナリズムの文法とでもいったものが誕生した。[20] 特に、言論・プレスの自由と客観報道、さらに二十世紀になって登場してきた社会的責任の理念はアングロサクソンがつくりあげたジャーナリズム三原則といってもいいものだろうが、シーバートらのいう自由主義およびその改良としての社会的責任理論、モデルの中核をなす考え方である。

こうして、シーバートらのプレスの類型化の試みでは、権威主義モデルや共産主義社会建設に奉仕するプレスというソビエト共産主義モデルは当然のことながら事実上排除の対象とされ、「(ジャーナリズムの自由主義の思想が)「四理論」では価値前提され、自明視され、ヘゲモニックな機能を果たしている」[21]。

しかし、自由主義・社会的責任のメディア理論はなお、二十世紀が目撃したやはり未曾有の社会変動から大きな挑戦を受けている。大衆社会の到来と、エリートによるマスメディアをチャネルにした大衆支配という現実である。第3章で詳述するように、二十世紀初頭の先進諸国では「メディア仕掛けの世界認識」というべき現象が登場。国家の存亡がかかっているという理由で人的・物的資源の総動員を要求した初の総力戦たる第一次世界大戦は空前のプロパガンダ戦となり、また同時期のアメリカで大統領が議会の頭越しに国民に直接呼びかけるような「メディア仕掛けの政治」が誕生し、以降、強化の一途をたどった。

こうした大衆操作の道具としてのメディアという考え方は、二十世紀に相次いで提唱された大衆社会論、パワーエリート論、さらには大衆のなかに現体制に対する合意・同意を生み出すイデオロギー装置としてのメディアという、アントニオ・グラムシ、ルイ・アルチュセールらのネオ・マルクス主義に共通してみられるものである。

十九世紀後半から二十世紀にかけて、ジャーナリズム活動がマスメディアに収斂していったとき、折からの市民社会が大きな政府・国家に包み込まれるという社会変動も相まって、西欧近代で主流の規範ともいうべきプレスの自由主義理論は社会的責任という要素を付け加えて修正を図った。しかし、その一方で、戦争と革命の一世紀のわれわれの経験はこうした自由主義・社会的責任理論で説明しきれない現実をあまりにも多く深く抱え込んでしまっている。

民主政治とは常に人々を説得し続けることが求められる政治体制である。意思決定の作業がもっぱら王侯貴族や独裁者、絶対王政の君主に独占されているのであれば、為政者らは折にふれて人民に情報を一定程度開示してその同意を求める作業をおこなう必要はない。しかし、十九世紀を通じて選挙権をはじめとする参政権が認められる対象が拡大し、二十世紀初めには先進諸国で登場してきた大衆化社会における民主政治は、そうした煩瑣な作業を政治家や官僚がおこなうことを要求した。政《まつりごと》を司る者たちが自らの政策を実行に移すためには、選挙をはじめさまざまな局面で、人々を説得してその支持を引き出すことが必要になった。

ここで問題が起きる。民主政治における基本的技術である人々の説得と世論操作、洗脳といったものを峻別することは困難なのだ。説得には一定程度までの情報の開示というプロセスが必要になるが、すでに述べたように、情報とは権力の維持に不可欠の資源であり、権力そのものと不可分なまでに複雑に絡まり合ってしまっている。情報提供には常に作為性がつきまとい、そこでは自らに都合のよくないことなどを中心に情報の開示を積極的にはおこなわないことと、意識的に虚偽の情報を流すなどの情報操作には明確な一線を引きにくい。

現代の政治権力とメディアの問題には、この民主政治が本来的に必要とする人々の説得と為政者による意図的な情報操作、プロパガンダの問題が明確な一線を引けないまま、不可避的に入り込んでしまっている。すなわち、政治家、官僚など政治を司る者たちはまさにその本務を遂行するためにメディアを通じた説得と同意獲得、情報操作やプロパガンダによる政策遂行をともに日常的におこなわざるをえない。

今日の限定戦争時のメディア統制、情報操作とプロパガンダの激化は、人々に対して開示しうる、またはしても差し支えないと政治家、官僚が考える情報が極めて限定的であるのに反比例するように、膨大な兵士（人員）と予算を自国から遠く離れた外国の戦場に投下するという二律背反から生じる。主権者であり納税者である国民の説得が、その煩瑣な作業がより困難になるような状況下で意図的な情報操作による世論の動員に変質していく契機はいたるところに存在する。

「戦争と革命の世紀」であると同時に「民主主義と大衆社会の世紀」でもあった二十世紀の初めに、議会の頭越しに世論の直接説得という危険な橋へと一歩踏み出したのが、国際協調主義者で学者でもあったウッドロー・ウィルソン・アメリカ大統領であったという事実は皮肉というべきだろうか。そうした一種、ポピュリズムに近い世論説得と動員の政治をより全面化したのがフランクリン・ローズベルトであり、リチャード・ニクソンやロナルド・レーガンといった保守・タカ派の共和党大統領らのつくりあげた政策の中身よりもイメージ最優先のPR政治を民主党の若きビル・クリントンは強化こそしたが弱めることはなかった。

国民の高い支持率を追い求め続ける政治は、ホワイトハウスの連邦議会との関係や選挙運動に変化をもたらし、さらに政治に対する国民の期待が高められることが常態化し、その国民の期待を維持し続けるため国民を説得し続ける必要から政治運営自体が選挙運動化していった。

フランクリン・ローズベルト以降の歴代アメリカ大統領は、国民が期待するような指導者のイメージ維持が最優先事項またはそれに近くなり、国民を欺いてもその期待を満たしているかのように見せかけようとするような振る舞いが目立つ。国民と大統領は議会を飛ばし、メディアを通じて、直接関わり合い、いわゆる国民投票的大統領（職）が誕生。さらには、世論の支持への依存度が高くなればなるほど大統領の政治力は脆弱になるという、一種転倒的なシンボリック・プレジデンシー（象徴的大統領職）といったものも指摘されるようになってきた。(22)

大統領が国民を説得し、支持を動員するチャネルとしてメディアの重要性は高まった。しかし、同時にメディアも大統領およびその周辺からの継続的・安定的なニュース提供を求めるようになり、サウンドバイトなど、短くコンパクトに印象的な瞬間と言葉をパッケージ化した、メディアが飛びつきやすいようなビデオ映像を提供することによって、政権側による情報操作もより日常的に容易になってきた。

一方で、世論の支持動員を絶えず狙う政治手法はいわゆる政治的多元主義に危機をもたらしてきた。ブルース・ブキャナンによれば、現代のアメリカ大統領がもつ政治的資源の核は、国民の支持であり、支持率の高さは議会、諸外国、メディア、行政府・政界内部、自身の職務への忠誠心に対する政治力を高める。(23) 多元主義的状況が危機に瀕すれば、またしても政治エリートによる大衆動員モデルがより当てはまるような政治・社会状況が生まれてくることになる。

こうしたジャーナリズムのマスメディア化に伴う諸問題は広範かつ深刻なるものだが、すべてではない。ジャーナリズムの「原点」そのものが、アートシュールによれば、権力の代理人であり、歴史を通じて、そのようにありつづけてきた、ということになるのである。

注

(1) Altschull, J. Herbert, *Agents of Power: The Media and Public Policy*, 2d ed., Longman, 1995, p. xviii.

(2) *Ibid.*, p. xviii.

(3) *Ibid.*, pp. xviii- xix.

(4) *Ibid.*, p. xviii.

(5) *Ibid.*, p. xix.

(6) 小糸忠吾『新聞の歴史――権力とのたたかい』(新潮選書)、新潮社、一九九二年、二二―二三ページ

(7) 高瀬淳一『情報と政治』(シリーズ21世紀の政治学)、新評論、一九九九年、一〇五―一〇六ページ

(8) Altschull, *op. cit.*, p. xx.

(9) 大井眞二「リベラル・ジャーナリズムの思想史――アングロ・アメリカンの系譜」、小川浩一編著『マス・コミュニケーションへの接近』所収、八千代出版、二〇〇五年、二六―二七ページ

(10) 前掲『新聞の歴史』四六―四七ページ

(11) 梶谷素久編著『新・ヨーロッパ新聞史――ヨーロッパ社会と情報』ブレーン出版、一九九一年、三―四ページ

(12) 前掲『新聞の歴史』五四ページ
(13) Folkerts, Jean and Dwight L. Teeter, Jr., *Voices of a Nation: A History of Mass Media in the United States*, 4th ed., Allyn & Bacon, 2002, pp.50-52.
(14) *Ibid.*, p.47.
(15) 前掲「リベラル・ジャーナリズムの思想史」三一ページ
(16) 同書三五ページ
(17) フレッド・S・シーバート／ウィルバー・シュラム／セオドア・A・ピーターソン『マス・コミの自由に関する四理論』内川芳美訳（現代社会科学叢書）、東京創元社、一九五九年
(18) 前掲「リベラル・ジャーナリズムの思想史」二四ページ
(19) 大石裕「マス・コミュニケーションと近代国家」、前掲『マス・コミュニケーションへの接近』所収、八六―八八ページ
(20) 大石裕／岩田温／藤田真文『現代ニュース論』（有斐閣アルマ）、有斐閣、二〇〇〇年、八―一二ページ
(21) 前掲「リベラル・ジャーナリズムの思想史」二五ページ
(22) 前掲『情報と政治』一二〇―一二六ページ
(23) 同書一一六ページ

第2章　ナショナリズムの台頭とメディア

1　ナショナルなるものと軌を一にして発展

第1章でふれたように、近・現代マスメディアは、近代化に伴うプロフェッショナルなジャーナリズム組織として誕生した。ここでいう近代化とは十八世紀後半から西欧各国・アメリカなどで共通に見られた工業化、都市化、民主化、大衆化といったさまざまな社会変動の総称であり、これに十九世紀を通じての交通・コミュニケーション手段の発達も相まって、ニュース生産という仕事がジャーナリズム組織に集中していった。ニュースは商品化され、ジャーナリストという職業が誕生した。

ジャーナリストの活動の幅を広げるべく、言論・プレスの自由の幅も拡大され、速報性・事実性・客観性の重視、職業規範の確立といったニュースの近代化も図られた。

近代化はもう一方で国民国家の形成と確立を促し、国民意識も発達した。この過程、「想像の共同体」（ベネディクト・アンダーソン）としての国民国家の成立過程に、「国語」による記述で標準化された情報と規範の大量伝達をおこないながら、マスメディアは大きな役割を演じた。

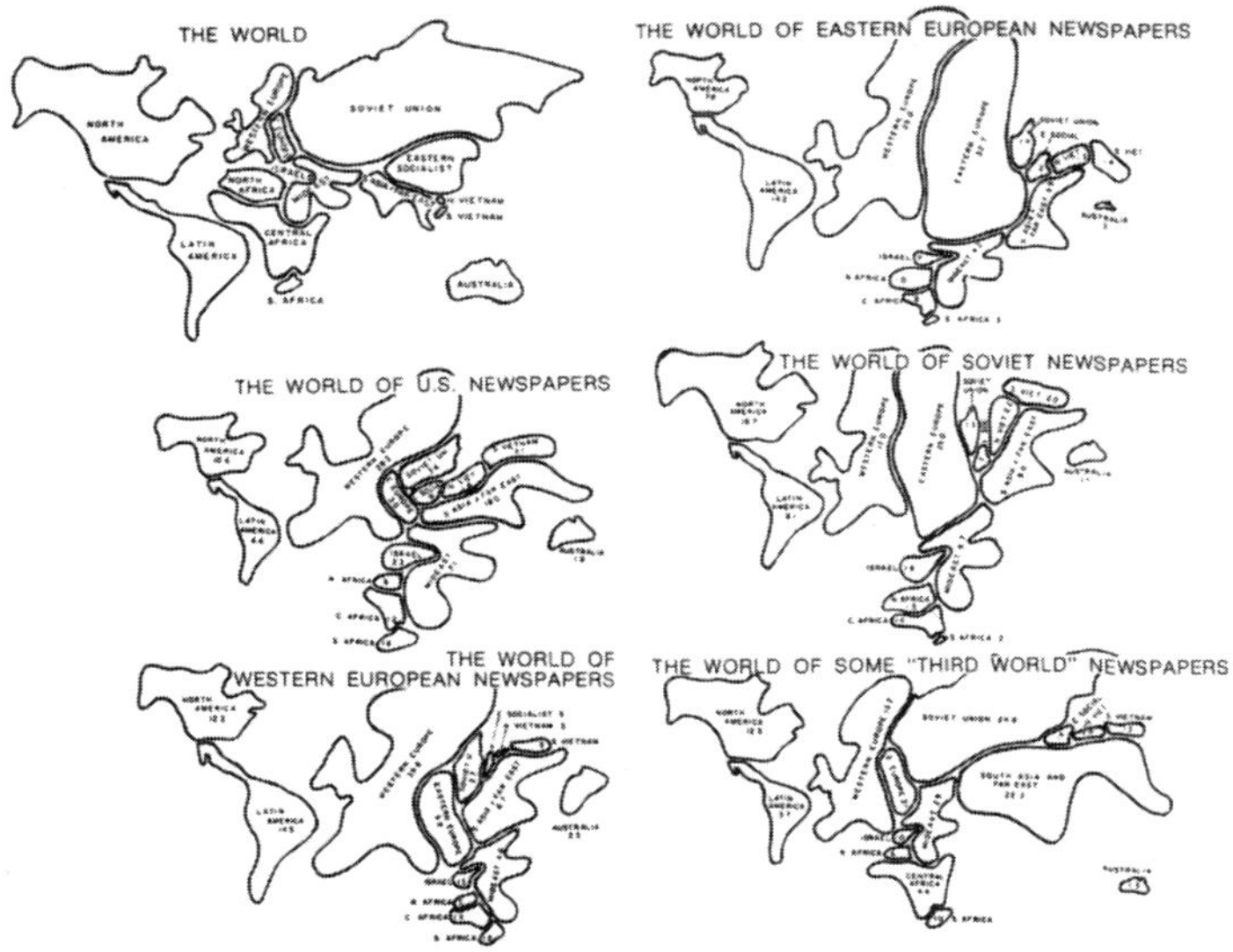

世界各地でメディアにより歪めて伝えられる世界
（出典；Frederick, *op. cit.*, p.133）

最も典型的なかたちで中央集権的な近代国民国家をつくりだしたフランス革命で権力を握ったジャコバン派が真っ先におこなった施策は公教育の導入、標準語としてのフランス語の普及などであり、「国民としてのフランス人とは何か」との問いに対しては「フランス語を話す者」との定義が考案された。現実には、革命から百年以上を経た十九世紀末になっても「フランス語を話す者」は今日のフランスの領土内に住む人々の六〇%にも満たなかったといわれる。「国民」とは近代西欧で人工的につくりだされたものであり、中央のパリ標準語を使って平易にその社会のさまざまな事象を伝える新聞は、その過程で少なからぬ役割を果したと考えられる。

主権国家は現在もなお、われわれの

生活圏で国際社会で最大の枠組み・プレーヤーだが、メディアの報道も日々、いかにナショナルな文脈でおこなわれているかは多くの説明を要しまい。日米首脳会談や主要国首脳会議（サミット）といった二国間・多国間の国際会議でもメディアがこれでもかとばかり情報供給するのは自国がらみの諸問題であり、それはオリンピックのような国際スポーツ大会の報道でも、遠い外国で起きた航空機事故での犠牲者をめぐる報道でも変わらない。国際報道とはあまりにも多くの場合、一国の視点を超えたグローバルな関心による報道ではなく、当該メディアの所属する国の利害に関わる重大事を、自国民向けに、その言語（国語）で伝えるものである。

マスメディアの社会的機能をめぐる古典的かつ今日でもその生命を失っていない議論に、現代マス・コミュニケーション研究の創始者というべきアメリカの政治学者ハロルド・D・ラスウェルが第二次世界大戦後に提起したそれがある。すなわち、メディアは、①社会を取り巻く環境を監視し、②環境に反応する際の社会的構成諸部分を調整し、③世代から世代へ社会的遺産を伝達する。[1]

換言すれば、メディアは社会・共同体を脅かすような環境の変化を見張り、環境変化に対応する際にはその構成員に情報を流通させ、合意形成を図り、さらに社会・共同体内の知識・文化の伝承にも寄与する。いずれもメディアが所属する社会・共同体の存続に不可欠な奉仕をおこなうことであり、メディアはおそらくこうした社会・共同体奉仕をその誕生のころからそのマンデートとして身体の奥深く刻印されている。

近代化とともに発展を遂げてきた近・現代マスメディアにとって、所属する社会・共同体として最重要の単位はいうまでもなく国民国家である。国家は現在もなお、身近な生活圏である地方自治体やグローバル化の時代でやはりますます近しいものになってきている国際社会をも凌駕して、われわれの日々の生活や意識を大きく規定する。刑事・民事の法による秩序と治安の維持、徴税と予算など国民の生活の基本的な部分に君臨するのは依然として、統治のための資源としての官僚集団、警察、軍、法、税制などを抱える国家であり、また、ひとたび外国に出てトラブルに巻き込まれれば当該国の法に従って裁きや調停を受ける個人が異国の地で頼みとできるのは母国の出先機関としての大使館や領事館くらいである。

マスメディアは日々の報道を通じて、絶えず「国民」をはじめとするさまざまな規範をつくりだし、オーディエンスの意識のなかに定着させる役割を担っている。ラスウェルと同じころ、ロバート・マートンとポール・ラザースフェルドは、メディアの活動のなかに地位付与、社会的規範の強化の機能および麻酔的逆機能を発見・提唱した。(2)

フランスの哲学者アルチュセールはこのような機能をもつメディアを「国家権力のイデオロギー装置」と命名した。アルチュセールによれば、国家による支配とは法、警察、軍といった秩序を維持するための規則や強制力によってだけ成立しているわけではない。国家はその支配維持のために国民の側からの絶えざる同意というプロセスを必要とし、その過程に大きな役割を演じているのが教会、学校などと並んでメディアなのだ。(3) こうした権力過程に深く絡めとられたメディア観は、イタリアの思想家グラムシを祖とする。

メディアはおおむね自国の外交政策に沿うような報道、論評活動をすることも指摘されている。ノーム・チョムスキーとエドワード・ハーマンがアメリカメディアの報道内容分析で明らかにしたように、メディアは当該国政府との関係では、政府の進める外交政策と並行的な議題設定をおこない（森羅万象のなかから「いま、何がニュース価値が高いか」を決め）、さらにはマクロ的にはその政策におおむね沿った議論（論調）を展開する。(4)

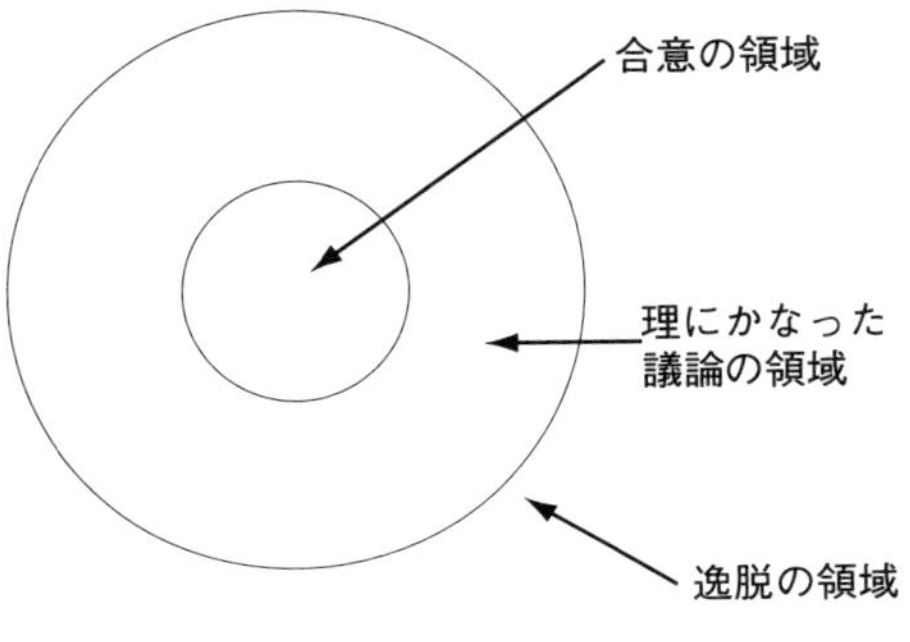

ハリンのモデル
（出典；Frederick, *op. cit*., p.199）

対国民では、やはりアメリカメディアのヴェトナム戦争報道の分析からダニエル・ハリンが結論づけたように、メディアは一定の理にかなった議論の領域内で起きた出来事にだけ真実性を認め、とりわけ中心的な、皆の合意が得られるような領域の問題についてはあえて反対の見解を示したり無関心な傍観者であろうとはせず、逆にこれらから逸脱した領域の出来事は黙殺しがちである。(5)

たとえば、一九九〇年代前半、アメリカ三大ネットワークの一つが流した内戦と飢餓に苦しむ人々の映像に介入を求めるアメリカ国民の世論が高まり、それに後押しされて当時のクリントン政権が決断したアフリカの角、ソマリアへの人道的介入（アメリカ軍派兵）は、その後、そのアメリカ兵らがモガディシオで現地の武装勢力に殺害され、遺体が引きずり回される光景が再びテレビ映像で流されると、今度は撤退を求めるアメリカ国民の声が大きくなり、アメリカ政府はただちに撤退の決断を下した。ソマリア情勢のその後はアメリカ軍や国連の介入前よりもさらに悪化していると伝えられているが、もはや国際政治のアジェンダにも有力なマスメディアのそれにも上ることはない。

メディアは自身が所属する共同体、社会、国家で支配的な議論に沿った報道、言論活動をおこなう。メディア企業のゲートキーパーらは、読者や視聴者が関心をもち、重要と考えるだろうと自ら想像することがらを選んでニュースとして取材・加工し、提供する。所属する社会への奉仕も、対象化された客体に対するものではなく、社会とその構成員主流派と高度に自己同一化したうえでおこなうものであり、それだけ所属する社会の不可分の構成要素となってしまっているともいえる。

2　ナショナル・ニュースエージェンシーと世界分割

メディアがナショナルなるものに寄り添ってその活動をおこなう現象は、十九世紀末からのヨーロッパ列強による世界分割、帝国主義時代に向けて、より顕著になっていく。電信技術の発達とともに登場してきたニュースの卸問屋、通信社の世界を股にかけた情報収集・発信活動に、ナショナリズムが極大化したものとしての帝国主義の影が色濃く差してくるのだ。

一八三五年、伝書鳩や腕木通信（建物の上に立てた腕木を手旗信号のように動かせてメッセージを送受信する機械）などの技術を使ってシャルル・アヴァスがパリに設立した史上初の近代的通信社は十三年後の四八年、電信の利用を開始した。

新技術の採用に合わせたように翌一八四九年、アヴァスで働いていたベルンハルト・ヴォルフがベルリンに自らの通信社を創設。同じくアヴァスの下で仕事を覚えたユリウス・ロイターは五一年、ロンドンに渡って株式市場などのニュース配信をはじめた。前者はベルリンから延びる、後者はドーバー海峡の下を通る電信線を利用しての国際情報通信事業だった。

三社は一八五六年、アヴァスはヴォルフ、ロイターと、ヴォルフはほかの二社と、といった具合に、ヨーロッパの株式市場ニュースの交換について複数の二社間協定を締結。三年後の五九年には範囲を一般ニュースにまで広げて三社間の協定とし、七〇年には三社で世界市場を分割する協定を結んだ。一九三四年まで六十余年にわたって続いたこの秘密協定によって、アヴァスはフランスとその植民地、南欧、南米、エジプトの一部、ヴォルフはプロシア、オーストリア・ハンガリー帝国、スカンジナビアおよびスラブ諸国、そしてロイターは広大な大英帝国に加え、北米、エジプトの一部、中国、日本などでの独占的ニュース収集・配信権を得た。

里見脩は世界分割協定の仕組みについて、以下のように説明している。

この協定に基づき、三社はその領域内の中小の通信社を系列下に置き、あるいはその地域の御用通信社のパトロン役を引き受けた。協定はそれぞれが支配する領域内で、ニュースの国外送受信の独占権を認め合い、さらにその土台に立ち、自国の国家的利益を考えながら国際ニュースを取捨選択し、色付けすることで完全なニュース統制をおこなう権限を握った。また重要な点は、支配下の各国通信社が、勝手に他の通信社と契約することを禁じたことである。例えばわが国の国際通信社が海外にニュースを配信したくても、ロイターが了承しなければ、それができないという取り決めである。(6)

たとえば日本について全世界に流されるニュースはそのチャネルをロイターが独占的に握ることにな

ったが、同様の状況が世界中で出現したのだ。電信線、海底ケーブルネットワークの支配を背景に、三社とりわけロイターは世界のニュースの流れを支配し、次のような状況が現出した。

日本やアメリカは、永らくロイター帝国の植民地であったといわれている。それは、ロイターとの間の協定のために、国際的なニュースの受信・発信をロイターを通しておこなうことになっていたからである。従って、日米それぞれの通信社が、自国のニュースを発信する場合でも、ニュースを選択するのはロイター通信であり、特に日本などはヨーロッパ人に受けるような「エキゾチックな」ニュースばかりが取り上げられ、必ずしも正確とはいえないイメージが植え付けられる一つの原因となった。また、日米が外国から受け取るニュースもすべてロイター通信のフィルターを通したものに限定されており、さらに日本とアメリカの間のニュース交換もロイターを通さなければできないという状態だった。(7)

イギリス・フランス・ドイツの当時の世界三大通信社が設立されたのと同じころ、アメリカではニューヨークの新聞各社が分担金を拠出するかたちでアソシエーティド・プレス（AP）が設立された。今日、アヴァスの後身であるフランス通信（AFP）、経済ニュース中心に最大規模を誇るロイターと並んで世界三大通信社の一つに数えられる、アメリカを代表する通信社である。

しかし、そのAPも、十九世紀の草創期にはイギリス・フランス・ドイツの当時の三大通信社による世界の情報支配に辛酸をなめさせられる。同社の東京支局長のちに総支配人も務めたケント・クーパーは当時のロイターによるアメリカ発のニュースについて書いている。

三大通信社は、西部の戦う先住民たち、南部のリンチ、北部での奇怪な事件について世界に伝えた。数十年間にわたって、アメリカに関して真実であると信用できるものは一度も送信されなかった。(8)

一九七〇年代初めから八〇年代半ばにかけて、発展途上国から提起された地球規模のニュースの流れをめぐる異議申し立てをほうふつとさせるエピソードである。こうした自国の対外発信が外国の通信社に支配され、その結果として自国の世界でのイメージが非常に歪んだものになってしまう現実は、十九世紀末の帝国主義化の進展とともに、自国の耳となり口となるナショナル・ニュースエージェンシーという概念を生み出した。

ＡＰは一八七五年に三社による世界分割協定に加わったが、すでに分割がおこなわれた後で国外での独自ニュース配信はほぼ不可能だった。三社とＡＰの間のニュース交換はすべてロンドン経由でおこなわれる、三社はそのニュースをアメリカ国内で配信する場合にはニューヨークＡＰ以外には配信しないのと引き換えにＡＰはヨーロッパおよび南米で独自の配信はおこなわない――が合意内容だった。(9)

三社の世界分割協定が終焉のときを迎えたのは両大戦間期の一九三四年。ＡＰのクーパーと国際通信社の後身である新聞聯合社の岩永裕吉らの、特にロイターとの粘り強い交渉の結果だった。

ユネスコ（国連教育科学文化機関）は文字どおり、教育、科学、文化の分野で唯一の国連機関だが、コミュニケーションはそのパリに本部を置く国際機関が担当するもう一つの柱の分野である。ユネスコは世界中の通信社を世界的通信社（ワールド・ニュースエージェンシー）、国家的（国家代表）通信社（ナショナル・ニュースエージェンシー）、専門通信社（スペシャライズド・ニュースエージェンシー）の三つに分類している。世界的通信社は世界規模で情報の収集と配信をおこなっているのに対し、国家代表通信社はその活動範囲、特にニュース配信がおおむね一国内にとどまる。専門通信社は写真配信など特化した領域での活動をおこなっている通信社である。

世界的通信社に数えられるのは、現在、ロイター、AP、AFPの三社だけである。かつてはアメリカのUPIも含めて世界四大通信社と呼ばれたが、同社は経済ニュースへの対応の遅れ、AP非加盟のアメリカ国内夕刊紙の減少、国際報道の縮小などで規模、影響力ともに著しく減少させた。旧東側陣営で強大な影響力を誇ったソ連国営タス通信は一九九一年のソ連崩壊でロシア国営イタル・タス通信として再出発したが、かなりの縮小を余儀なくされた。

国家代表通信社に分類されるANSA（イタリア）、DPA（ドイツ）、EFE（スペイン）、新華社（中国）、さらには日本の共同通信社、時事通信社などはニュースの配信先こそ自国中心で外国への情報発信は限定的だが、世界中に取材網を張り巡らせ、それぞれ自国に関心の深いニュースの取材にあたっている。

宅配制などに支えられて数百万部という突出した部数、会社の規模を誇る日本の全国紙、とりわけ「朝日新聞」「毎日新聞」「読売新聞」の三大紙は国内では完全に自前の取材網を備えており、共同通信社のニュース配信も受けていないが、こうした通信社が相対的に弱いメディア状況は世界では例外的だ。ヨーロッパでもアメリカでも新聞の部数は数十万部からせいぜい百数十万部くらいで、高級紙として名高いアメリカの「ニューヨークタイムズ」は百十万部余り、フランスの「ルモンド」に至っては四十万部を下回る販売部数だが、国際的影響力は大きい。しかし、規模の小ささに連動して必ずしも稠密ではない取材ネットワークを埋めるかたちで世界的通信社、特に自国を代表するそれぞれAP、AFPなどの記事が多用される。多くの発展途上国でも、それぞれの国を代表するまさに国家代表通信社が国営を含めて存在するのが一般的だ。

国家の耳となり口となるような国家代表通信社の考え方は、一八七〇年から六十年余にわたって続いたヨーロッパ三大通信社による世界的なニュース・情報支配下で生まれてきた。なんとなれば、それなくして特に自国についての正しい情報やイメージが世界に伝わらないような情報の収集、配信をめぐる固定的な構造が厳然として君臨していたからである。

日本ではこの国家代表通信社は一九三六年、当時の国内二大通信社だった日本電報通信社と新聞聯合社の国策による合併、いわゆる電聯合併によって誕生した。ロイター支配から脱して日本の正当な対外情報発信を目指して創設された同盟通信はしかし、まもなく泥沼の戦争へと足を踏み入れていく政府＝軍部の国策通信社として帝国日本の耳となり口となっていった。

3　情報主権と新世界情報通信秩序

ナショナリズムと軌を一にして発展してきた近・現代メディアが、そのナショナリズムの極大化としての帝国主義の進展のなかで自らも世界分割に乗り出していく。そして、それに対する反動として国家代表メディア（通信社）の考え方が誕生してきた。この議論をいま少しだけ敷衍して、次章の二度の世界大戦とメディアの問題を考える前に、その大戦後の世界でのナショナリズムとメディアの問題についてふれておく。

第二次大戦後の世界では、情報の自由な流通は平和や発展に寄与するという考え方が支配的となった。アメリカのマス・コミュニケーション研究の泰斗ウィルバー・シュラムもこうした時代の風に乗るかたちで、発展途上国の近代化にとってマスメディア、コミュニケーションの発展は不可欠でありそれらに期待されることとして、①国民意識の育成に寄与、②国家計画の広報活動に利用、③民衆に必要な技術を習得させるために利用、④市場拡大に利用、⑤開発計画の進展に伴い、民衆に国家社会の一員としての新しい役割を自覚させるために利用、⑥国民が国際社会における一員としての役割を果たしうるように導くために利用する――の六項目を挙げた[10]。

やがて植民地の相次ぐ独立に伴い、アジア、アフリカの新興独立諸国家で「コミュニケーションと情報はしだいに経済的資源としてみられ、したがって浪費されたり、外国の利益にゆだねられたりすべきではない、と考えられるようになった。情報の自由で制限のない流れを、メディアを支配する国々が旧植民地国家の発展に影響を及ぼすため、さらにはその基礎を覆すための口実とみる国もあった」[11]。コミュニケーションと情報の分野における主権と領土保全の権利、すなわち情報主権の概念が声高に自己主張をはじめたのである。

途上国は自国の発展のためにコミュニケーション、メディア、情報を自らコントロールして存分に活用する固有の権利があるにもかかわらず、現実は北米、西欧の先進国に情報を収集、編集、加工、発信するための資源と回路が寡占され、途上国はその情報の分野での主権を侵害されている――。こうした主張が一九七〇年代から、ユネスコを舞台に強硬に主張されはじめた。途上国が求めたのは、情報の自由な流れに対して、情報のバランスのとれた流れであり、後者に基づく新世界情報通信秩序（NWICO）である。

途上国によるNWICO提唱の背景には、当時の非同盟運動の高揚があった。一方、NWICOをめぐる論争の内容自体に新しいものはほとんどなかった。「論争は植民地独立という規定のプロセスからの当然の帰結だったからである。実質的にはすべての論点がかねてから、時には数十年も前から、政治的、実務的、学術的著作の中で指摘されていた」[12]。つまり、論争は植民地遺制をめぐるものであり、その解消を求める途上国の声が大きくなったときに白熱化した。

加えて、冷戦構造のなかで、西側先進諸国とそのメディアに非難の矛先を向ける途上国をソ連、東欧諸国が後押しした。その意味でNWICO論争とは政治（運動）的なものとしてはじまり、アメリカとイギリスのユネスコ脱退、途上国陣営の分化と全体としての弱体化という政治・経済的な現実の変化により急速に収束していった。

NWICO論争をめぐる動きを、まず非同盟運動のほうから見ていこう。

一九七三年、アルジェで開かれた非同盟諸国首脳会議は「過去の植民地支配の遺産で、（途上国間の）自由、直接かつ迅速なコミュニケーションを阻害している現存のコミュニケーションチャネルの再編」を要求した。さらに、七六年、コロンボ首脳会議は「情報とマス・コミュニケーション分野での新国際秩序が新国際経済秩序と同様に死活的である」と宣言した。

具体的には、NWICO論争で途上国側は、ロイター、AP、UPI、AFPの当時の世界四大通信社がアジア、アフリカ諸国の内戦、クーデター、飢餓、難民などネガティブな内容のニュースばかり世界中に流し、結果としてそれら諸国の発展を妨げている、と非難した。そうした事態への対応策として一九七五年、西側通信社の扱わない情報を収集・配信する目的で、ユーゴスラビアのタンユグ通信主導で非同盟通信社プールも創設された。

こうしたNWICOを求める途上国側の声はやがて教育、科学、文化と並んでコミュニケーションの問題も担当する唯一の国連機関ユネスコを舞台に発せられるようになった。早くも一九六九年、モントリオールで開かれた「マス・コミュニケーションと社会に関するユネスコ専門家会議」は「新世界情報通信秩序」の言葉を初めて使用し、問題の所在を具体的に指摘していた。

一九七六年、ナイロビで開かれたユネスコ総会では「マス・メディア宣言」をめぐり激論が繰り広げられ、採決は七八年まで延期、「コミュニケーション問題検討のための国際委員会（マクブライド委員会）」の設置を求める決議案が採択された。二年後の七八年、やはりナイロビでのユネスコ総会は宣言を満場一致で採択、NWICOは正式にユネスコのアジェンダに上った。

マクブライド委員会は一九八〇年、報告書『多くの声、一つの世界』をベオグラード・ユネスコ総会に提出、両論併記的ながらコミュニケーションの民主化を求めた。ベオグラード総会は、新世界情報通信秩序は不均衡と不平等の解消、独占のマイナス効果の解消、情報の自由かつバランスある流れへの障害の除去などに基礎づけられるべき、と決議した。

批判の矛先が向けられたアメリカやヨーロッパなど西側諸国では、NWICO論争をユネスコの政治化と情報の自由な流れに対する途上国、社会主義国によるコントロールの試みととらえ、反発の声が高まっていった。アメリカではヴェトナム戦争で傷ついた自国の栄光の回復を掲げるレーガン政権の登場以来、急速にユネスコからの撤退問題が語られはじめ、一九八三年十二月、翌年末をもってのユネスコ脱退の意向が発表された。はたして一年後の八四年十二月三十一日、アメリカはユネスコを脱退。さらに一年後、イギリス、シンガポールが後に続いた。

ユネスコでは一九八七年、事務局長選がおこなわれ、NWICOの推進役となってきたセネガルのアマドゥ・マハタール・ムボウが落選、スペインのフェデリコ・マヨールが新事務局長に就任した。マヨールはユネスコの「正常化」を進め、十年後の九七年、トニー・ブレア政権のイギリスがまず、ユネスコに復帰。九九年の松浦晃一郎の事務局長就任を経て、二〇〇三年、アメリカもユネスコ復帰を果たした。

既述のように、NWICO論争は極めて政治的なものとしてはじまり、世界の政治・経済上の情勢変化とともに終焉を迎えた。一九八〇年代半ば以降の途上国陣営の分化と最貧国のさらなる貧困化、非同盟運動の沈滞、ソ連・東欧諸国の経済の悪化、東側陣営の崩壊、冷戦の終結という大状況の激変がその運動の息の根を止めたのである。

NWICO論争自体は政治的な高揚と終息の一周期を見せたが、十余年に及ぶ論争で途上国側が提起したものは国際的なコミュニケーションをめぐる、今日なお色あせることのない根源的な内容を含んでいる。そのエッセンスはメディア帝国主義、文化帝国主義と呼ばれるものにつながっていく。

メディア帝国主義とは、オスマン・アラビによれば「先進諸国と途上国の間のマスメディア素材の流れにおける不均衡と不平等であり、その結果としての途上国の社会と文化への影響」であり、ボイド＝バレットによれば「ある国のメディアの所有、構造、流通または内容が個々にあるいは全体的に、その国による釣り合いのとれた影響力の交互作用なしに、ほかの国または国々のメディア利害が絡む外的圧力に晒されるプロセス」である。(13)

また、ハーバート・シラーは文化帝国主義を以下のように定義している。

ある社会が近代的な世界システムに編入され、システムの支配的中心部の価値観、構造にその社会の支配層が合致、時には促進するような社会的諸制度を形成するよう、魅せられ、圧力をかけられ、強制されるプロセスの総体。(14)

NWICOをめぐるユネスコを主な舞台とした論争は消滅したが、情報、ニュース、コミュニケーションをめぐる地球規模の南北問題は、情報通信革命の急激な進行がはじまった一九九〇年代になってデジタルディバイドという新たな衣裳をまとって再びわれわれの眼前に登場、深く、鋭い問いを突き付けている。

4　「われわれの戦争」から九・一一、イラク戦争の熱狂へ

メディアの所属する社会への奉仕機能は、国民国家形成に役割を果たし、帝国主義時代にはヨーロッパ三大通信社による世界分割や国家の耳となり口となるような国家代表通信社といったものを生み出した。第二次世界大戦後の植民地の独立で情報主権の考え方が広まり途上国中心に地球規模のコミュニケーションの民主化が提唱されるようにもなったが、今日でもなお、メディアはナショナルなるものから自由ではありえない。

ナショナルな文脈でのメディアの報道、論評活動は、その共同体や社会への最大の脅威となる環境変

化、すなわち戦争の際に最も排外的な姿となって登場する。二度の世界大戦＝総力戦とメディアの問題を検討する前にもう一つ先取りをして、今日の九・一一アメリカ同時多発テロとイラク戦争におけるメディアの問題を、ナショナリズムとの関係でふれておく。

二〇〇一年の九・一一同時多発テロでは、愛国心を高揚させたアメリカメディアが総立ちで進軍ラッパを吹き鳴らした。

二〇〇三年春のいわゆるイラク戦争では、「ヴェトナムでの失敗」からフォークランド紛争、グレナダ侵攻以降、一貫して強化されてきた限定戦争時のメディア統制を表面上は一転させるかたちで、六百人規模の大規模従軍取材が認められたが、同戦争でのアメリカ当局の対メディア政策はヴェトナム戦争時のそれとは根本的な断絶がある。ヴェトナムのときには従軍取材のグラウンドルールに「軍事作戦を報道する権利を認め、名誉を損なう、厄介な、ネガティブな、または礼を欠くような情報の発表を妨げない」と明記されていた。それに対して、ブッシュ現政権がメディアに対して寛容であるという事実は見いだしがたい。それは後述する従軍取材を離れた独自の「ユニラテラル（一方的）な」取材の試みを脅すような発言を政府高官が繰り返していたことからも明らかだろう。

アメリカ政府のメディア政策転換の公式理由は「戦闘の大半からメディアを遠ざけて行ったアフガニスタン攻撃のときの経験から、民間人に犠牲者が出たなどの敵方のプロパガンダに対抗する最良の方法は、信頼にたる記者らに自分の目で現場を見てもらうことであると確信するに至った」というものだ。コソボ戦争でユーゴ・セルビア側に一万人以上の民間人犠牲者を出し、既存メディアやインターネット上を通じて空前のプロパガンダ戦を互いに繰り広げながら、その後のアフガン攻撃でも記者らに前線へのアクセスを与えなかったことを考えると、あまりにも説得力に乏しい説明である。

では、アメリカ当局がイラク戦争でこれだけの規模の従軍取材を認めた真意はどこにあるのだろうか。まず、九・一一アメリカ同時多発テロ以来の「テロとの長いたたかい」でアメリカ国民の理解を得る必要があった。イラク指導部とテロを敢行したイスラム過激派組織とのつながりを示す具体的証拠は何もない状態のまま、ブッシュ政権はアフガニスタンの次の攻撃目標に多年にわたって中東地域最大の不安定要因の一つだったイラクを選んだ。

とりわけ、国連安保理決議なしの国際的に孤立したなかでの攻撃開始で、またしてもメディアまで敵に回すのでなく、メディアを通じて攻撃の正当性を広く国内および国際世論に訴えかける必要に迫られていた。

また、現場からの二十四時間ライブ中継を可能にする情報通信技術の高度化と、カタールの衛星テレビ・アルジャジーラをはじめとする国際的メディアが必ずしもアメリカの視点からでなく敵方の首都などから刻々送ってくるライブニュースが、フォークランド、グレナダ以来の〝メディア封じ込め政策〟を困難にしつつもあった。

もちろん、政策決定は必要だけが生み出すのではない。「インドシナの小国から不名誉な撤退を余儀なくされた原因の一つは、当時の政権当局者が国民に対する説明責任を十分に果たさなかったからだ」というのが、ジョージ・W・ブッシュ大統領やラムズフェルド国防長官らのヴェトナム戦争についての基本認識であるといわれる。このあたり新保守派と呼ばれる人たちの、基本は独善的な姿勢のなかに一種、理想主義的ともいうべき考え方が散見されないでもない。しかし、別の見方をすれば、国民の説得のためにメディアは最大限に利用すべき道具であるという歴代のアメリカ政権よりもさらに踏み込んだメディアコントロールを真剣に検討しているともとれる。

ともあれ、「ワシントンポスト」紙のボブ・ウッドワード記者の労作『ブッシュの戦争』を読むと、この政権がいかに「アンチ・クリントン・オプション」を取るかで一貫していることがよくわかる。すなわち、自陣から死者を出すのを嫌い、巡航ミサイルと戦闘機からの空爆だけでおこなう戦争には断固反対、何がしかの地上兵力は投入させるという選択である。(15) 地上部隊投入といっても、アフガン攻撃のときのように作戦に従事させるのが一部特殊部隊に限定されていれば、メディアをその戦闘現場から隔離するという統制は機能しうる。しかし、二十数万の正規部隊を投入した戦争でメディアに一切のアクセスを否定して敵に回すのはなかなか困難な選択である。それよりは、とメディアを逆に取り込んでの、難しい情勢のなかで踏み切った戦争への国民の支持獲得を狙った。

次章で詳述するが、自らの生命の安全を同行する兵士らに依存する従軍記者が、結果として、おおむね軍に好意的な記事を量産する現象は、百余年に及ぶ従軍記者の歴史のなかで繰り返し見られるものであり、今回のイラク戦争でもアメリカメディアを中心にそれは再現され、アメリカ当局は十分に元を取ったといえる。

大規模な従軍取材を認めることは、前線から記者らを遠ざけておくのはもちろん、湾岸戦争時のプール取材などによるメディア統制と比べても、軍にとって危険性の高い方法だ。しかし、同行する兵士たちに身の安全と食糧を依存する従軍記者は結果として、軍に好意的な報道をすることが多い。イラク軍や民兵との交戦で同行する軍が劣勢となれば、ただちに自らの生命に深刻な影響が及ぶのであり、また多くの記者らにとって付き従うのは自国の兵士たちである。「自国が巻き込まれた戦争では、従軍記者は中立的な第三者ではありえない。それは〝われわれの戦争〟なのだ」という熱狂が記者らを包む例を、十九世紀後半のクリミア戦争以来となる従軍記者の歴史のなかでわれわれは十分に目撃している。

このことは事前に十分予想されていた。湾岸、コソボ、アフガンなどでの苦い経験から、軍に対して働きかけをすべく国防総省担当記者や戦争特派員らが設立した団体「軍事担当記者・編集者（MRE）」を設立した「サンアントニオ・エクスプレスニュース」紙のクリステンソン記者は開戦前夜、「従軍記者による記事十のうち九つが軍に好意的なものとなるだろう。ペンタゴンの政策立案者たちもこのことを熟知しているのだ」と予言していた。ラムズフェルド長官お気に入りといわれる保守的なフォックスニュースはいうまでもなく、湾岸戦争でイラク当局から衛星回線の独占的使用を認められバグダッドから一貫して戦争の様子を流し続けたCNNでさえ、イラク戦争では途中で「嘘と噂を振り撒くプロパガンダ機関となった」（イラク情報省）として国外退去令を出されるほど、少なくともイラク当局からはブッシュ政権べったりと見られた。

また、イギリスBBCなどヨーロッパメディアは総じてキャンプになだれ込む難民など一般市民の側に焦点を当てた報道が多かったのに対し、アメリカメディア特にアメリカのテレビ報道は従軍取材でとらえた戦闘シーンや祖国の兵士たちの活躍ぶりを銃後の国民に伝えるものが多かった。現場のアメリカ軍司令官らのほうも、ライブ中継をおこなうアメリカテレビのクルーに進軍や戦闘の様子を見渡しやすい〝特等席〟を与えるなどの便宜を図った。

戦争当事国のメディアとして五百人もの従軍枠を与えられたため、バグダッドやイラク北部のクルド人自治区で取材活動を続けたアメリカメディアの記者らは一部にとどまり、大半は軍に好意的な記事や写真、映像を本国および世界に流し続けた。

九・一一同時多発テロで愛国心の高まったアメリカメディアの動向、国連安保理の決議を経ない国際社会の消極的・懐疑的な空気を振り切っての単独行動・先制攻撃、かつ長期に及ぶ「テロとのたたかい」で自陣からの犠牲者も覚悟しながら銃後の国民の支持を取り付けていく必要、アクセス・検閲両面で完璧な規制は難しい数日単位では終わらない戦争、やはり水も漏らさぬ検閲は困難となるインターネット・ビデオフォンなどの情報通信技術の進展——。こうした諸要素を勘案しながら、アメリカ政府・軍当局は、従軍記者の兵士との心理的一体化という古くて新しい現象がまたしても出現してくるはずと精緻な計算を重ねた。

開戦前に、アメリカ政府・軍当局者がメディアに対してイラク側からの取材について脅すような発言を繰り返していたこと、九・一一同時多発テロに対する報復としてたたかわれたアメリカとイギリスによるアフガニスタン攻撃に続いて、アメリカとヨーロッパとの異なる視点からの戦争像を世界に流したカタールの衛星テレビ・アルジャジーラの現地支局が空爆されたこと——こうした諸事実が物語るのは、少なくともアメリカ政府・軍当局が、ときに自陣に不利となってもメディアに自由な報道をしてもらおうと考えたわけではないということである。

近代以降の歴史のなかで、社会・共同体の内部に向けてはその統合に寄与したメディアは、その一方で外部に対しては自国と相手国相互の敵対感情を増幅させるような役割をときとして果たしてきた。戦時における敵国に対する全面否定的な、自国に対する絶対愛国主義的な報道がその最たるものだろう。

戦争が（国際）政治の延長であれば、銃弾の行き交う戦場での敵対する国家間の物理的な衝突と並行して、開戦の当初からその両国、両陣営間で戦後をにらんだ継続的な外交交渉、駆け引きがおこなわれるのも当然のことであり、交渉・戦闘双方の情報戦のなかで自陣の士気を高め、敵方を意気消沈させるべく、戦争努力を遂行する政府・軍当局は広範なメディア統制を敷いてきた。

しかし、この戦時に最高潮に達する所属社会への奉仕という点を考えれば、戦時にメディアが演じてきた役割は、戦争努力を遂行する政府・軍による言論統制やプロパガンダの結果、いたしかたなくそうしたというだけで説明を片付けるべきではない。戦争とメディアは深いところである種の共犯の契りを交わしているのではないか。何よりも、戦争は常に最大のメディアイベントでありつづけてきたという事実が、単に当該社会に対する脅威としての環境変化の監視という役割を超えて、メディアが戦争により積極的なコミットをしていることを示唆している。

自らの基本的な機能である所属する社会への奉仕がときとして外部の社会の否定、攻撃にまでエスカレートする性癖を、どこか身のうち深いところでメディアは備えてしまっているのではないだろうか。

次章では、そのメディアの生理とでもいったものを、すべての出発点となった第一次世界大戦に遡って検討してみる。

注

（1）ハロルド・D・ラズウェル「社会におけるコミュニケーションの構造と機能」、谷藤悦史／大石裕編訳、林法隆／吉岡至／藤田真文訳『リーディングス政治コミュニケーション』所収、一藝社、二〇〇二年、二ページ

（2）ロバート・K・マートン、ポール・F・ラザースフェルド「大衆の趣味、組織的な社会的行動」、ウィルバー・シュラム編『新版　マス・コミュニケーション――マス・メディアの総合的研究』所収、学習院大学社会学研究室訳（現代社会科学叢書）、東京創元新社、一九六八年、二七〇―二九五ページ

（3）ルイ・アルチュセール／柳内隆／山本哲士『アルチュセールの〈イデオロギー〉論』柳内隆訳（プラチ

ック論叢)、三交社、一九九三年

(4) Chomsky, Noam and Edward S. Herman, *The Political Economy of Human Rights*, 2 vols., South End Press, 1979.

(5) Hallin, Daniel, The "Uncensored War": *The Media and Vietnam*, Oxford University Press, 1989.

(6) 里見脩『ニュース・エージェンシー——同盟通信社の興亡』(中公新書)、中央公論新社、二〇〇〇年、二五—二六ページ

(7) 土屋大洋「大英帝国と電信ネットワーク——19世紀の情報革命」「GLOCOM Review」一九九八年一月号、国際大学グローバル・コミュニケーション・センター、一五ページ

(8) Frederick, Howard H., *Global Communication and International Relations*, Wadsworth, 1993, p.39.

(9) 倉田保雄『ニュースの商人ロイター』(朝日文庫)、朝日新聞社、一九九六年、二二二ページ

(10) 前掲「マス・コミュニケーションと近代国家」九五—九六ページ

(11) Frederick, *op. cit.*, pp.120-121.

(12) *Ibid.*, p.159.

(13) *Ibid.*, p.135.

(14) Schiller, Herbert, *Communication and Cultural Domination*, M.E. Sharpe, 1976, p.9.

(15) ボブ・ウッドワード『ブッシュの戦争』伏見威蕃訳、日本経済新聞社、二〇〇三年

第3章　総力戦とメディア

1　戦争に深く魅入られて

「二十世紀は戦争と革命の世紀であった」という、過ぎ去った前世紀に対する性格づけはおそらく不当なものではないだろうが、多少の注釈を必要とする。「その前半は二度の総力戦を、後半は幾多の限定戦争を目撃した」のだと。

二十世紀はまた、マスメディアの世紀でもあった。現在の姿に直結するようなマスメディアの成立は、印刷革命、市民革命を経て、購買力ある市民層と購読・広告収入の二本立てからなる近代新聞産業モデルを生み出した産業革命期を待たねばならないが、その購買力ある市民層がマス（大衆）にまで肥大化したのは、銃後も含めて諸国民の全面動員を強要した二十世紀前半の二度の世界大戦を契機とする。マス・コミュニケーション現象とはこの時期にはじまったのであり、現代マス・コミュニケーション研究もその出発点をハロルド・ラスウェルらによる第一次世界大戦時のプロパガンダの研究にもつ。いわゆるメディアの運ぶ情報の内容分析の起源は、第二次世界大戦中のラスウェルらによるナチスドイツ研究である。これらは、おそらく、偶然ではない。

二十世紀を特徴づける戦争とメディア。この二つはあまりにも深い絆で結ばれ合っているのだ。ラスウェルはいう。「(戦争は) ニュースのネタを供給するだけでなく、需要をも生み出す。戦争にあまりにも深く魅入られ、組み入れられているため、新聞はそのプラカードに売り上げを増大させてくれる「偉大なる戦争」と掲げるしかない」のだと。(1)

実際、戦争は売れる。第一次世界大戦の勃発から九十年の時が経った現在もなお、戦争は国際報道、いやすべての報道のなかで最大のニュースイベントでありつづけている。

史上初の戦争特派員が登場したといわれるイギリス・ロシア間のクリミア戦争(一八五三―五六年)では、ツァーの専制政治に対する宣戦布告を引き金に広がったイギリス国民の戦争への熱狂が、ニュースへの未曾有の需要をもたらした。この需要に応えるべく、「(ロンドン) タイムズ」紙はウィリアム・ラッセル記者を現地に派遣した。

クリミア戦争以前は、イギリス各紙は外国の新聞からニュースを盗むか、下級将校を使って前線から手紙を送らせていたが、将校たちは自身を第一義的に軍人とみなしていた。ラッセル記者の派遣は、民間の記者を使って銃後の国民向けに戦争報道をおこなわせた最初の組織的努力となる。(2)

ラッセル記者が電報によって送った現地リポートは、クリミア戦争でのイギリス政府の政策決定に大きな影響力を行使したといわれる。すなわち、同記者は、食糧不足、疾病、作戦の失敗などイギリス軍の惨状を伝える現地リポートを電報によって送った。激昂したイギリス世論は戦争と国内政策の転換を要求。ラッセルのニュースは「イギリス政府を更迭する一助となった」。(3)

しかし、同時に、ラッセル自らいうところの「不運な一族の哀れな生みの親」の活動とその周辺には、メディア自身の戦争努力への積極的関与や、二〇〇三年のイラク戦争で見られたような戦争特派員、従軍記者の兵士との自己同一化現象の起源といったものも散見される。すなわち、「タイムズ」紙は、自身の表現によると、「戦争にまつわる事柄の主たる記録者というだけでなく、主役の一員となる」ことにいっそう重点を置いたし、ラッセル記者自身が「自分を軍上層部の一員と勘違いした」。「一般の兵士を多数批判したが、これに反して将校を強く攻撃しすぎないように注意し（略）彼が一切疑ったこともなく、また批判もしなかったのは、戦争の制度そのものである。彼は戦争行為の批判そのものは適切におこない、また自分の送稿記事が「タイムズ」紙の編集方針に合致したことは悟っていた」

また、「幼児から軍隊生活にあこがれ、（略）朝早く起きて近くの兵舎で訓練する兵士を見るのが習慣とな」り、「自身、軍隊に応募すること数回に及んだ」ラッセルは、クリミアの戦場で「何らかの形の制服を着用すべきだと決め、金色の帯のついた兵站士官用制帽、ライフル銃兵の偵察用上着、コールテンのズボン、大型拍車つき長靴、大きい剣を入手し」た。さらに、「（様々な）勲章を受け、（略）「陸海軍新聞」を創刊、フラットを戦勝記念品で埋め尽くし、（略）戦争の恐怖を乗り越えて、むしろその栄光に酔っていた（略）既成の権力組織と戦いながらも基本的にはその一員に留まっていたし、すべて軍事的なものに魂を奪われていた」[4]。

こうしたクリミア戦争で見られる戦争ニュースへの高い需要、メディア自身の戦争への積極的関与という現象は、その後のイギリス・アメリカ両国が絡んだ諸戦争で再現されていく。

戦争特派員とその報道をめぐる古典的書物『戦争報道の内幕』を著したフィリップ・ナイトリーによれば、南北戦争から第一次世界大戦までの時代は、従軍記者の「黄金時代」だった。その理由としてナイトリーは、大衆紙の興隆、電信の利用増加、組織的検閲の導入の遅れを挙げる。特に大衆紙の隆盛と

南北戦争に従軍した記者たち
（出典；Smith, Jeffery A., *War and Press Freedom; The Problem of Prerogative Power*, Oxford University Press, 1999, p.107）

いう要素は重要で、「大衆紙の編集者や経営者にとって明らかになったことは、記事が主として冒険物語として書かれ、政治的論評が少なく、記事が堅苦しくなければ、戦争報道を求める大衆の需要が極めて大きいということだった」(5)。

ハーストとピュリッツァーのアメリカ二大新聞シンジケート間の競争が一因ともなって勃発したといわれるアメリカ・スペイン戦争（一八九八年）でのメディアと戦争の関係は、象徴的である。開戦前夜、現地は平穏で戦争の気配もないとの挿絵画家の打電に対し、ハーストが「絵を用意せよ。私は戦争を用意する」と返信したとのエピソードはあまりにも有名だ。はたしてハーストは、ハバナ港で戦艦メイン号が爆破・沈没したとき、一片の証拠もなしに「敵の秘密偽装爆破装置」のせいにして、アメリカを席巻した愛国熱の波に乗り、ついに自社特派員のために戦争を用意することができた。このアメリカ・スペイン戦争で、ハースト系新聞の部数は急伸した。

863,956 WORLDS CIRCULATED YESTERDAY The World. 863,956 WORLDS CIRCULATED YESTERDAY

NEW YORK, THURSDAY, FEBRUARY 17, 1898.

MAINE EXPLOSION CAUSED BY BOMB OR TORPEDO?

Capt. Sigsbee and Consul-General Lee Are in Doubt---The World Has Sent Special Tug, With Submarine Divers, to Havana to Find Out---Lee Asks for an Immediate Court of Inquiry---260 Men Dead.

IN A SUPPRESSED DESPATCH TO THE STATE DEPARTMENT, THE CAPTAIN SAYS THE ACCIDENT WAS MADE POSSIBLE BY AN ENEMY

Dr. E. C. Pendleton, Just Arrived from Havana, Says He Overheard Talk There of a Plot to Blow Up the Ship---Zalinski, the Dynamite Expert, and Other Experts Report to The World that the Wreck Was Not Accidental---Washington Officials Ready for Vigorous Action if Spanish Responsibility Can Be Shown---Divers to Be Sent Down to Make Careful Examinations.

メーン号爆発を伝える「ニューヨーク・ワールド」紙
（出典；Folkerts and Teeter, Jr., *op. cit.*, p.264）

カルル・フォン・クラウゼヴィッツがいうように、戦争が政治、外交の延長であることはすでに常識の範疇に属するが、メディアと戦争の切っても切れない関係の淵源もやはり、外交、紛争一般とメディアの緊密かつ不即不離の関係にまで遡及できる。

そもそもメディアとメディエイト（調停する）はラテン語の同じ語源をもつ言葉だ。古典古代の昔から為政者たちは宣戦布告し、戦争を遂行するため、そのときどきで利用可能なコミュニケーションのチャネルを使ってきた。同時に、和平を提起し、休戦条件を提示するためにやはり、そうしたチャネルを使ってきた[6]。

今日では組織化された巨大マスメディアがときとして、外交交渉の補助的チャネルとして機能する。ペルシャ湾岸危機・戦争で、敵対するアメリカとイラク双方の首脳らがアメリカのケーブルテレビCNNに出演してそのインタビューに答えたことが、伝統的な外交チャネルを一部補完し、コミュニケーション、交渉の迅速化をもたらしたことを想起しよう。空爆下のバグダッドからのリアルタイム中継や、イラク北部でのクルド人の反乱でアメリカとヨーロッパメディアが伝えた映像によって国際世論が喚起され、アメリカやイギリス、のちに国連による主権国家の壁を越えての介入へとつながった事実などと合わせて、こうしたいわゆるグローバルメディアの機能はCNN効果と呼ばれるに至った。

しかし、グローバル化の進行した一九九〇年代を待たず、それ以前の世界ですでに、マスメディアの外交補助チャネル化、和平仲介機能は目撃されている。一九七七年十一月、アンワール・サダト・エジプト大統領がイスラエルを電撃訪問して単独和平に向け大きく舵を切る直前の時期、アメリカのCBSテレビはサダト、ベギンの両国首脳に別個におこなったインタビューで、それぞれ「私の平和に対するコミットメントは並々ならぬものであり、それを討議するためイスラエルに行く用意もある」「喜んで迎える用意がある」と言わしめ、キャスターのウォルター・クロンカイトは、あたかも両首脳が直接会談したかのように、両首脳がサダトのイスラエル訪問で合意したと伝えた。(7)

一方でメディアは、紛争の解決に向け可能ないくつもの選択肢をあえて狭めるようなかたちで戦争を準備することもある。第一次世界大戦では当初、中立を保っていたアメリカを参戦に踏み切らせるべくイギリス情報機関による大がかりな反ドイツ・プロパガンダが展開されたが、そのプロパガンダはアメリカの世論形成者、すなわちアメリカの政府とメディアに照準を絞っておこなわれた。植民の時期にまで遡るイギリスとアメリカの紐帯、共通の言語、アメリカの新聞各紙の大戦報道の基盤となったのがロンドン発のロイター電であったこと、さらにはウィルソン政権の参戦への政策転換などによって、「ニューヨークタイムズ」など東部の名門紙中心に、アメリカの各紙はヨーロッパの戦争への介入の必要性

を訴える論調を強めていった。(8)

一九九〇年八月のイラク軍によるクウェート侵攻、いわゆる湾岸危機に際しても、アメリカ主要メディアは武力解決を初期の段階から信奉する大統領の姿勢をなぞるかたちで、解決に向け選択可能なさまざまな途について活発な議論を展開するのではなく、武力行使を支持するような報道を重ねた。一九八〇年代を通じて、イランによるイスラム革命の輸出を恐れるあまりこれとたたかうイラク（イラン・イラク戦争）を、クルド人に対する広範な人権侵害などその独裁的性格を知りながら後押しするアメリカ政府に付き従うように、湾岸危機以降になって初めてサダム・フセイン率いるペルシャ湾岸の独裁国家を国際秩序への脅威として描き出し、同危機以前のアメリカ政府の対イラク政策にふれる報道は活発にはおこなわれなかった。イラク軍による侵攻の直前、七月二十五日におこなわれたエイプリル・グラスピー駐イラクアメリカ大使とフセイン・イラク大統領との会談で、大使はフセイン大統領に断固とした警告をおこなわず、そのアメリカのあいまいなシグナルがイラクの冒険主義を助長したかもしれないことにも、アメリカメディアはふれたがらなかった。

メディアは国際紛争における受け身の観察者ではない。それ自身が政治的パワーであり、単に事件を伝えるだけでなく、その枠組みをつくったり解釈したりする自立性をもった実在である。(9)しかし、たとえば国際問題でのアメリカメディアの取材は日常的に著しくホワイトハウス、国務省、ペンタゴン（国防総省）の三者に集中し、その帰結として情報源（ソース）の面でも政府のそれへの大きな依存が見られる。そうした依存を背景に、メディアによる戦争の準備は多くの場合、政府の強いイニシアチブに付き従うかたちでおこなわれる。

外交、国際問題へのメディアの関与はまた、国際世論への訴えの局面でも際立つ。一九九九年十一月から十二月におこなわれたシアトル世界貿易機関（WTO）閣僚会議をはじめ、近年の大きな国際会議では反グローバリゼーション団体による抗議行動が活発だが、デモンストレーターたちはインターネットなどを通じて結集しながらも、既存マスメディアのカメラを通じて世界中に自らの主張が流されることを意識している。

さて、メディアの紛争・戦争への関与を段階別にまとめると以下のようになる。

武力行使、衝突を伴わない段階では、メディアは前述のように、外交交渉の補助的チャネルとなったり、開戦に向けての準備を多くの場合、政府の政策に付き従うかたちでおこなう。メディアはまた、ヴォイス・オブ・アメリカ（VOA）、ラジオ・フリー・ヨーロッパといったパブリックディプロマシー（広報外交）、プロパガンダのチャネルともなる。

テロ、限定戦争などの低強度・中強度紛争では、メディアの関与の度合いもさらに進む。テロリストたちは本質的に、自らの主張を世界に伝えるためメディアを必要とする。九・一一同時多発テロで乗っ取られた旅客機が世界貿易センタービルに突っ込んでいく様子がテレビで生中継されたのは記憶に新しいが、テロとメディアの不可分の関係はここにはじまったわけではない。ペルーの日本大使公邸占拠事件を引き起こしたトゥパク・アマル革命運動（MRTA）は四カ月余に及ぶメディアでの露出で、ライバルのセンデロ・ルミノソに比べ勢力を削がれていたとみられるなか存在証明を得ることに成功、メディアに取り上げられることによって「地位付与」機能の恩恵に浴した。さらにメディアの「状況監視機能」も利用され、メディアはテロが発生する土壌を解説する結果、それが必然的となるような状況を指摘してしまうことにもなった[10]。同時に、メディアの側もそのときどきで最大のニュースイベントであるテロ事件の報道で視聴率を稼ぐなど、テロリストがメディアを必要としているように、メディアもテロリストを必要としているといった側面も指摘されうる。

アメリカやイギリスなどがその領土外でおこなう限定戦争では「味方の損傷を出来るだけ軽微にしてかつ出来るだけ鮮やかな戦果をあげ、武器の精度と破壊力を向上させると同時に高度情報化を支える最も重要な社会的基盤を主要な攻撃目標とし、世論操作を重視する」[11]。実際、フォークランド紛争以降の限定諸戦争では、メディア統制とその裏返しとしてのプロパガンダが強化の一途をたどっている。

中強度戦争から総力戦たる高強度戦争では、最新鋭兵器を支えるのと同じ技術がメディアの活動を支えている。軍事力そのものが強力なコミュニケーションメディアであるし、今日の特にテレビなど視聴覚メディアの活動に不可欠のテクノロジーはカメラのレンズ、通信機器など、多くが軍事技術の民生転用の産物である。

戦争をおこなうための兵器や通信手段の開発は、カメラ（のレンズ）のほか、無線、テレックスから衛星通信に至る各種通信コミュニケーション手段の高度化に多大なる寄与をした。戦争によってメディアは読者、視聴者の飛躍的増大を得て、取材・編集・送信というジャーナリズム活動に不可欠な技術の高度化も得た、といえば言葉がすぎるだろうか。

さらには、「戦争特派員の文化」とでもいうべきものもある。メディアは日常的に高度の競争性を内包するが、〝国際報道の華〟である戦争に際しては、実際に現場で取材にあたる戦争特派員の功名心とでもいったものは最大になる。銃弾が飛び交い、ミサイルが降ってくる戦場で命がけの報道にあたる記者、カメラマンたちが危険の対価として名を上げることを欲するのは自然な衝動というべきだろうが、そうした衝動が非日常の極限たる戦争を最大の報道対象に押し上げ、メディアと戦争の緊密な関係をさらに緊密化するのに一定の役割を果たしてきてしまっていることもまた、否定しがたい事実だろう。

2　第一次世界大戦の衝撃

一九一四年、バルカンの火薬庫から発火するやヨーロッパ全域に戦火が広がった史上初の世界大戦が現代マス・コミュニケーション研究を生み出す契機となったのは、いうまでもなく大戦の史上まれに見るプロパガンダ戦としての性格ゆえに、である。ドイツ軍に占領されたベルギーで、保育器から取り出された赤ん坊たちが銃剣で突かれバドミントンのシャトルコックように宙に飛ばされる、女性たちが集団レイプされる、といったドイツ兵にまつわる残虐物語はあまりにも有名だ。当初、中立を保っていたアメリカを参戦させるためのイギリス政府・情報機関のプロパガンダだが、「歴史上のどの時期にもないほどになりふり構わぬ嘘が一九一四年から一八年の間にまかり通った」のであり、[12]またこの大戦こそは大衆宣伝メディアを通じて戦争のための諸国民の総動員がおこなわれ、近・現代プロパガンダ発展過程における分水嶺となった。[13]

メディアは戦争にあまりにも深く魅入られ、その一部に組み込まれてさえいるように見える。現代マス・コミュニケーション研究の出発点がラスウェルらによる第一次世界大戦時のプロパガンダの研究であることは、極めて示唆に富んだ歴史的事実である。第一次世界大戦では、ドイツ・イギリスの両国の、とりわけアメリカを自陣に引き入れるかたちで参戦させるための後者のプロパガンダが熾烈を極め、戦争終結後に研究者らの本格的な分析の対象となる。プロパガンダ研究はその後、ラジオ、テレビ、映画といった両大戦間期に出現して飛躍的な進歩を遂げた視聴覚メディアをも総動員しての第二次世界大戦におけるやはり、ドイツ・イギリスなどの宣伝戦を対象として蓄積を重ね、本格的な研究分野として確立していく。これらはおそらく偶然ではない。

実際、第一次世界大戦でのイギリス当局のプロパガンダはその後の諸戦争で、手を替え品を替え再生産されていった。ベルギーの赤ん坊たちにまつわる残虐物語は湾岸戦争（一九九一年）へとつながる占領下のクウェートでのイラク軍兵士らの蛮行についての（いわゆるナイラ証言＝占領下のクウェートの病院にイラク兵が押し寄せ、乳児たちを保育器から取り出してラケットのようなもので宙に打ち合った、とのクウェート人少女のアメリカ連邦議会公聴会での証言。のち、この少女は現地を知らない亡命クウェート政府の駐米大使の娘で、同政府が契約したアメリカのパブリックリレーションズ会社がシナリオを書いたことが判明）、集団レイプはボスニア・ヘルツェゴビナ内戦（九二―九五年）やコソボ戦争（九九年）でのイスラム教徒、アルバニア系女性らに対するセルビア兵による広範な人権侵害についてのそれと、寸分たがわぬ内容である。

このように、第一次世界大戦でのプロパガンダはその後の戦時プロパガンダのプロトタイプとなる、その意味で時代を画するものだが、その一方で、大戦自体がマス・コミュニケーションと正しく呼ばれるべき現象をつくりだしてもいる。すなわち、現代に直結する、購読・広告料収入からなる新聞社の経営モデルがかたちづくられたのは、市民革命と産業革命によって購買力ある市民層が生み出されたのを経て、十九世紀半ばのニューヨークにおいてだが、その時点でただちにマス・コミュニケーションと呼びうる現象が生まれたわけではなかった。購買力ある市民層がマス（大衆）にまで肥大化していくのは、徴兵・徴用というかたちで銃後も含めて諸国民の全面動員を強要した二十世紀前半の二度の世界大戦を待たねばならない。

こうしたマスを対象に、マスメディアのチャネルを駆使して展開されたドイツ・イギリス間の熾烈なプロパガンダ戦が大戦後、アメリカの研究者らの分析の対象となり、二度目の世界大戦を経て、心理学・社会学の理論と方法を援用しての効果研究へと発展していくわけだが、初の世界大戦には戦争とメディアの問題をめぐりやはりプロトタイプとなるようなほかの重要な現象も登場していた。従軍記者の兵士との心理的一体化、記事などの厳しい検閲、さらには従軍取材が認められるまでの当初の、すなわち開戦時から翌一九一五年五月まで十カ月に及ぶ戦場からの記者・カメラマン締め出し（アクセス拒否）である。

第一次世界大戦で当初、アメリカ兵の撮影を唯一許されたアメリカ陸軍通信隊員
（出典；Smith, *op. cit.*, p.199）

初の諸国家間の総力戦となった第一次世界大戦では、従軍記者の兵士との心理的一体化という現象が早くも観察されていた。イギリス軍の作戦行動で当初認められなかった従軍記者は、のちにイギリスがその参戦を働きかけていたアメリカの要請で一部導入されるが、そこでは徹底した記事の検閲がおこなわれただけでなく、従軍記者たち自身が軍と一体化していった。この戦争で従軍取材にあたったフィリップ・ギブズは大戦後に回想している。

われわれは戦場の軍隊と絶対的に一体化していた（略）個人的なスクープや将兵の任務を困難にし危険に陥れるような記事を書きたいとの気持ち、誘惑は、自分たちの心からすべて拭い去った。記事に対する検閲など必要なかった。われわれ自身が検閲官だった。(14)

戦場で部隊に付き従って報道にあたる記者たち自身が兵士らと一体化してしまえば、戦争努力を遂行する政府・軍にとって厳しい検閲をはじめとするメディア統制は不要となる。こうしたメディアと軍、記者と兵士の心理的一体化現象は、人的および物的資源の全面動員を史上初めて要請した第一次世界大戦で初めて登場し、戦時プロパガンダと同様、その後も繰り返し目撃されることになる。

南大西洋に浮かぶイギリス領フォークランド諸島にアルゼンチン軍が上陸して領有を宣言したのに対し、イギリス側が海軍艦隊を急派、同諸島の包囲作戦をおこない約二カ月半の戦闘で奪還したいわゆるフォークランド紛争では、イギリス政府・軍による徹底した戦場へのアクセス規制、検閲などに加えて、その戦争努力にごくわずかでも疑問を差し挟む新聞やテレビに対する攻撃が、ほかならぬメディア自身の側からもおこなわれた。戦争を現地で報道し、のちに同戦争の記録として名高い『フォークランドのためのたたかい』を著したマックス・ヘイスティングスは戦争中、イギリス紙の一面で、第二次世界大戦で従軍取材した父親の言葉を引いて、「自国が戦争を行っているとき、報道は戦争努力の延長となる」と宣言した。ＩＴＮテレビのヴェテラン戦争特派員も「（これまで自分が現場取材してきたいくつもの戦争は）他人の戦争だ。しかし、これはイギリスの戦争、私の戦争なのだ」と喝破した。[15] 戦闘の舞台はイギリス軍が包囲した同諸島および海上封鎖したアルゼンチン本土に限られ、イギリス本国はまったくの無傷であるにもかかわらずだ。

それから九年後の湾岸戦争でイギリス軍は早くも、イラク戦争での従軍取材をほうふつとさせる記者の取り込み策を試みている。イギリス軍に従軍したＢＢＣ記者は書いている。

> 新たな方法とは、検閲が実施されるなどコントロールされた状況ながらわれわれに完全なアクセスを認めるだけでなく、前線の兵士らと危険、苦難を分かち合ってわれわれが彼らと同一化するよう仕向けることだった。その方法は「ボンディング（緊密な結合）」と呼ばれ、軍の計画としては異例のことながら、機能した。[16]

フォークランド紛争と同様の「これはわれわれの戦争」とのロジックは、イギリスが紛争当事者などではまったくないボスニア・ヘルツェゴビナ内戦や、イギリス軍が北大西洋条約機構（ＮＡＴＯ）の一員として空爆に加わったコソボ戦争でもイギリスメディアの内部から沸き起こり、のちにアメリカやヨーロッパメディアによる大合唱がおこなわれることになるセルビア人の悪魔化・ナチ化に少なからぬ役割を演じた。軍の戦争努力をペンで支援していくレベルを超えて、旧ユーゴスラビアの崩壊過程で起きた一連の戦争、特にボスニア・ヘルツェゴビナ内戦では、セルビア人悪玉論に基づいて政府当局に懲罰的軍事介入を求める動きがイギリスの記者たちの一部であった。イギリスのジャーナリスト、マイク・ヒュームは一九九二年夏からのイギリスやアメリカなどのメディアによる徹底的な「セルビア人の悪魔化」がアメリカやヨーロッパの軍事介入の導火線の役割を果たし、九九年春のNATOによる「正義の戦争」につながったと指摘する。「それは一種の反ナチス十字軍であった」とヒュームは言う。「こうした「何かがなされねばならないクラブ」は特に、コソボ問題の道徳的解決を叫んだ労働党ブレア政権の下で本来の力以上の影響力を発揮することになった[17]」と。

九・一一アメリカ同時多発テロに際して、「アメリカ本土中枢が攻撃を受けたのは十九世紀初めの第二次米英戦争以来」「パールハーバー再び」といったヒステリックな叫びがアメリカメディアの内部から沸き起こってきたのは、まだ記憶に新しい。ナショナリズムが追い風となっての従軍記者の兵士との心理的一体化現象がイラク戦争で当局の計算どおり再現されたことは、第2章で説明済みである。

第一次世界大戦ではプロパガンダ、メディアの軍との一体化のほかに、イギリス政府・軍によるメディアに対する厳しい統制や戦場からの記者の締め出しも確実に存在した。世界初の情報省が設立されたイギリスでは、「国土防衛法のもとで検閲制度が創設され、(略)新聞経営者らは進んでこの規制を受け入れた。(略)政府は国内外を往来する無線通信を調査し、新聞を検閲でき」「(フランス駐留のイギリス軍の作戦行動について)パリで唯一の情報源は、軍が毎日発表するコミュニケだった。(略)ニュースに飢えていたほとんどの新聞は、現状を甘受するか、あるいは自ら進んで前線の非公式取材を組織し、その結果についてリスクを負うか、という事態に直面した[18]」。

以上、戦場へのメディアのアクセス制限、従軍記者はじめメディアの軍との心理的一体化、厳しい検閲、そして熾烈なプロパガンダ戦という、今日の限定戦争で見られるメディア統制のさまざまな手法の原型が第一次世界大戦で出揃っている。とりわけ着目すべきはドイツが不慣れな軍人による直接統制、プロパガンダに乗り出して失敗したのに対し、イギリスではメディア関係者が起用され成功を収めたことであり、また前者のあからさまな検閲に対し、後者はあえて報道禁止の範囲を明確にせず自己規制を促して成功したことだろう。イラク戦争でのアクセス、検閲面での大幅な統制緩和とその成功の原型もやはり第一次世界大戦に求められ、二〇〇三年春が戦争とメディアの問題をめぐる転換点とはならないことを示唆している。

後述するように、第一次世界大戦の衝撃のなかから、プロパガンダ研究として登場してきたマス・コミュニケーション研究はやがて、メディアの運ぶ情報内容がオーディエンスにどのような効果・影響を与えるかという、いわゆる効果研究へと収斂・発展していく。メディアと軍、記者と兵士の一体化現象は、銃後の国民の全面動員を史上初めて要請した第一次世界大戦で登場、その後も繰り返し目撃されることになるが、「これは他人の戦争ではない。われわれの戦争である」と、国家の存亡がかかっていることを理由に、政府・軍がおこなった統制に当のメディアの側からも強い抵抗が生まれない以上は、それを対象にした研究も全面開花するということにはならなかった。

しかし、より大きな要因となったのは、黎明期のマス・コミュニケーション研究を取り巻いていた時代環境だろう。一九二〇年代から三〇年代にかけてアメリカを中心に世界各国でラジオ放送が広まり、テレビも発明から実験放送を経て定期本放送へと進み、映画もサイレントからトーキーへ、モノクロからカラーへと発展を続けた、視聴覚メディアの興隆期である。一九三八年十月三十日に放送された「火星人来襲」のラジオドラマを、聴取者らが本当の出来事と勘違いして全米に大混乱が起きた時代である。初期のマス・コミュニケーション研究者たちはこうしたメディアとりわけ視聴覚メディアのオーディエンスに対する影響力に着目するあまり、情報の発信源の側がおこなうメディア統制については必ずしも大きな関心を寄せることにはならなかった。

さらに、一九四〇年代から五〇年代にかけての心理学、社会学の発展が効果研究に強力な理論的枠組みと分析のツールを与えたことについては、多くの説明を要しまい。

かくして、プロパガンダ・宣伝研究はラスウェルが定式化したマス・コミュニケーション研究の五つの下位研究領域（統制分析、内容分析、メディア分析、受け手分析、効果分析）のうち、(19)最後の効果研究へと発展し、第二次世界大戦後のアメリカでその盛期を迎えることになる。

3　権力行使過程としての政治コミュニケーション

二十世紀初めの時点で、当時の先進諸国だったアメリカやヨーロッパ各国では、工業化・都市化、交通・コミュニケーション手段の発達などの近代化によって伝統的な農村コミュニティから都市で形成された人工的社会集団が人々の主な生活環境となった。そうした都市で暮らす人々にとって自分たちの周りの世界のことを知るための主要な手段はコミュニティ内部の伝統的ネットワークから、やはり十九世紀を通じて発展してきた新聞というマスメディアに取って代わられた。メディアは政治、とりわけ説得と多数の同意を手続き上必要とする民主政治にとって、人々のオピニオンをある方向に導き、動員する

二度の世界大戦と視聴覚メディアの興隆をめぐる動き

注：ア＝アメリカ、イ＝イギリス、フ＝フランス、日＝日本、イタ＝イタリア、ド＝ドイツ

1895年	（フ）リュミエール兄弟がシネマトグラフ公開
1909年	（イ）映画法
	（ア）映画検閲全国委員会創設
1910年代	（ア）映画都市ハリウッドの形成・発展
1913年	（ア）ウィルソン、大統領に就任（～21年）
1914年	第一次世界大戦勃発
	（イ）戦争宣伝局創設　国土防衛法制定
1915年	（ア）グリフィス監督『国民の創生』
1916年	（イ）情報局（のちの情報省）設立
1917年	（ア）第一次世界大戦に参戦、クリール委員会創設、スパイ法制定
1918年	（ア）扇動法制定
1919年	パリ講和会議
	（ア）フランクリン・ローズベルト海軍次官補のイニシアチブにより国策ラジオ受信機会社ＲＣＡ設立
1920年代	アメリカはじめ西ヨーロッパ各国でラジオ放送開始、全盛に
1920年	（ア）ピッツバーグのＫＤＫＡ、世界初のラジオ定期放送開始　大統領選の開票結果を流す
1922年	（イ）ＢＢＣ（イギリス放送会社、のちのイギリス放送協会）設立、ラジオ放送開始
1925年	（イ）ベアードが機械式テレビを開発
	（日）ＪＯＡＫ（東京放送局、のちの日本放送協会）、ラジオ放送開始
1926年	（ア）ＮＢＣ設立
1927年	（ア）トーキー映画誕生
	（ア）連邦ラジオ委員会（ＦＲＣ、のちのＦＣＣ）創設、周波数を管理
1928年	（ア）ＣＢＳ設立
1929年	世界恐慌はじまる
	（イ）ＢＢＣ、テレビ実験放送開始

	（ア）第1回アカデミー賞授与式開催
1930年前後	オランダを皮切りに、ドイツ・フランス・イタリア・イギリスなどが相次いで植民地向けなどの短波による国際宣伝放送を開始
1930年代	（ア）40年代にかけてハリウッド黄金時代
	（ド）宣伝相ゲッペルスの指示でプロパガンダの手段として映画の活用盛んに
1932年	（イ）ＢＢＣ、エンパイアサービス（国際放送）を開始
	（イタ）ヴェネチア映画祭はじまる
1933年	（ド）ヒトラーが政権掌握
	（ア）フランクリン・ローズベルト、大統領就任（～45年）炉辺談話はじまる
1934年	（ア）連邦通信委員会（ＦＣＣ）創設
1935年	（ア）カラー映画登場（テクニカラー）
	（ド）テレビ定期放送開始
1936年	（イ）ＢＢＣがテレビ本放送開始
1938年	（ド）リーフェンシュタール、ベルリン五輪のドキュメンタリー映画『民族の祭典』制作
	（ア）ＣＢＳ特派員エドワード・マロー、ヒトラーのオーストリア進駐を実況生中継
	ラジオドラマ『宇宙戦争』放送、パニックに
1941年	（イ）政治戦争本部創設
	（ア）ＮＢＣ、ＣＢＳがテレビ本放送開始
1942年	（ア）戦時情報局、対外宣伝放送ＶＯＡ（ヴォイス・オブ・アメリカ）設立
1944年	（ア）ＡＢＣ設立
1945年	（日）玉音放送
1946年	（フ）カンヌ映画祭はじまる

ための不可欠かつ強力な手段となり、今日の「メディア仕掛けの政治」の原型もこの時期に誕生した。

史上初の総力戦である第一次世界大戦では、成年男子は兵隊にとられ、婦女子は軍需品生産のため徴用された。経済の全領域が戦争目的のために再編され、食料やエネルギーも配給制となった。また、十九世紀までの戦争と異なり、そこでは非戦闘員たる一般市民も標的となった。その士気を保つためにメディアが動員され、国家の存亡がかかっているとの理由でメディアに自主規制が求められた。最後の点は特にイギリスとアメリカで顕著に見られ、以後、メディアを通じての政治の側からの権力行使過程の強化、政官に対するメディアの側からの協力が戦時を中心に進み、まさに総力戦体制が整えられていく。

第一次世界大戦に際しては、アメリカ側でも、メディアなどをチャネルにしたイギリス政府の強力な参戦キャンペーン、プロパガンダに応えて、第二十八代大統領ウッドロー・ウィルソンが、自国がまだ正式には中立の立場を守っていた当時から強力なイニシアチブを発揮し、当初は意見が分かれていたアメリカ主要各紙の論調をも介入に引っ張っていった。[20] 実際に参戦すると、革新主義の新聞人を座長に委員会を設置して大統領自らの手になる自己検閲ガイドラインを発表させ、さらに「軍事作戦の妨げとなる意図的な虚偽の報告、故意の徴兵妨害、アメリカ陸海軍における不服従・不忠実・反乱・任務拒否の試み」などを取り締まるスパイ法（一九一七年）、「アメリカ政府、憲法、国旗、軍に対するいかなる不忠実、冒瀆的、下品、口汚い言葉」にまで取り締まり対象を拡大した扇動法（一八年）などの法律で反対派を封じ込めた。[21]

ウィルソンはさらに、上院の多数派が批判的だった国際連盟への加盟を実現させようと、メディアを通じて国民に直接呼びかけることによって広く世論を喚起する手法を、それまでの議会重視の慣習に背いて採用した。合衆国憲法を起草したアメリカ草創期の指導者たちは扇動的な演説政治家を排斥しようと議会重視の政治制度をつくり、大統領の発言も従来、エイブラハム・リンカーンやアンドルー・ジャクソンなどの危機に際してのそれを例外として連邦議会など政治機構の内部での言動に限定されていたが、この慣習をウィルソンは変えてしまった。

高瀬淳一によれば、アメリカ大統領政治をめぐりウィルソンが導入したのは、「大統領は演説によって世論を形成し、場合によってはそれを議会に自分の考え方を受け入れさせるための原動力としてよい」「人々を動かすには、人々の感情を喚起し、その願いを満たすようなレトリックを使ってもよい」という二つの考え方である。

ウィルソンの大衆動員政治への転換にはやはり、マスメディアの発達が大きな役割を果たした。ウィルソンを嚆矢とするいわゆるレトリカル・プレジデンシー（修辞的大統領職）はとりわけメディアという有用な手段の発達によって、①大統領が発するメッセージの増大、②反面、肝心のことが伝わりにくくなる、③メディアによるカットで内容が不正確に、④メディアのニュース探し、需要に応じ大統領が発言を強制される、⑤スピーチライターなどが作為的な役割を演じる――などの特徴を備えるに至った。

さらにこの時期、選挙運動の大きな変化もあり、レトリカル・プレジデンシーでは、①国民の政治に対する高い期待が常態化、②政治運営を選挙運動と同じ手法でおこなうことが一般化――した。[22]

ウィルソンは直接、自国を第一次世界大戦への参戦へと導く戦時大統領としてだけでなく、大戦後の国際秩序づくりのための国際連盟創設の提唱という〝平時の大統領〟としても、マスメディアを通じた世論の説得、大衆動員という、今日に直結するような政治の原型をつくりだしたのである。

ウィルソン大統領の新しいスタイルの政治手法は、折からの視聴覚メディアの急速な発達にも支えら

国民に向け演説するフランクリン・ローズベルト
（出典；Folkerts and Teeter, Jr., *op. cit.*, p.397）

れ、歴代のアメリカ大統領らに継承され発展していく。その最初の後継者が、三代続いた共和党大統領の後にホワイトハウスの主となったフランクリン・ローズベルトである。ローズベルトはホワイトハウスの執務室からラジオで国民に語りかける炉辺談話をはじめたほか、「大統領みずからが積極的に記者を呼んで食事をし、かれらとの円滑な関係の維持に励んだ(23)」。佐藤卓己はニューディール体制も資源の全動員を図る総力戦体制の一種であると指摘している(24)。

資源の全動員による総力戦体制の構築とは、現代アメリカを考えるうえで欠かせない要素である。有賀夏紀によれば、早くも二十世紀初頭、新大陸の移民国家は「企業・政府・研究教育機関が一体となって、科学的知識・技術を活用して、社会の発展を推進していくようなシステム」をつくりあげ、「これ（産学官共同体制）に軍も加えた、企業、大学、政府・軍の各機関の協力による技術の開発およびその経済的軍事的利用は今日のアメリカでは当然になっている」。第一次世界大戦、ウィルソン大統領時代を経て、ローズベルト大統領時代に「現代アメリカ」のシステム、すなわち政府・企業・研究機関の協力体制は、そのなかでどちらかといえば補助的であった政府の役割を、ニューディールの下で強化し、

アメリカ戦時情報局での会合
（出典；Folkerts and Teeter, Jr., *op. cit.*, p.433）

戦時体制へと進んでいくことになる」[25]。産学官の連携に軍が加わってくるのだ。

第二次世界大戦の勃発とともに再び、戦時の徹底した人的および物的資源の全動員が各国でなされ、先の大戦に続いてドイツはやはり軍人主導のメディア統制を敷き、アメリカとイギリスではメディア関係者やハリウッドの文化産業が統制とプロパガンダを担った。以後、アメリカの巨大な力を維持・発展せしめていくのは、原爆や航空宇宙開発、コンピューター、インターネットなど例外なく巨額の国家予算が投入され、研究者たちが動員された大規模軍事プロジェクトの産物だ。その共同＝総力結集体制のなかで、メディアも「革新主義の築いたシステムにおいて不可欠な存在」となった[26]。アメリカ・イギリスでの政府・軍当局とメディアの協力関係はまたしてもドイツの力による統制にまさり、資源の全動員と政官・メディア協力を核にした、よりソフトで精巧なシステムが戦後をも規定するかたちで発展していく。

4　総力戦・効果研究パラダイムの成立へ

現代マス・コミュニケーション研究の父、ラスウェルは第二次世界大戦後、同研究の世界で最も古典的かつ有名な定式を提起する。すなわち、「コミュニケーション活動を記述するのに便利な方法」として「誰が、何を言うか、どのチャネルで、誰に対して、いかなる効果が生じるか、の問いに答えること」を挙げ、さらに、それぞれの問いが「統制分析、内容分析、メディア分析、受け手分析、効果分析」という下位研究領域となるとした。

この時点ではある種の等価の状態にあったはずの五つの下位研究領域はその後、社会学、心理学の社会調査、統計の手法を導入した五番目の効果研究が、あたかもマス・コミュニケーション現象のすべてであるかのように圧倒的な中心領域となっていく。ラスウェルの関心の中心には常に、権力行使過程としてのコミュニケーション、具体的にはエリートによるシンボルを用いた大衆説得・宣伝の問題、すなわち効果の問題が位置していたからである。

ラスウェルはその著書『政治』で、社会的尊敬、収入、安全の三つの価値を最大限に獲得する者としてエリートを定義し、そうした価値獲得の手段にはシンボル操作による宣伝・暴力・財貨・政策を挙げた。そして、その宣伝による価値獲得過程では「どういうシンボルをどのように用いたら、求める行動がえられるか」を問うことが重要であるとした[27]。

こうしたラスウェルの関心が前述のようにラジオ、映画、テレビなどの爆発的な発達の衝撃もあって、メディアの運ぶメッセージが大衆・視聴者に与えると考えられた強大な影響の分析へと結実していくのは必然的な流れだった。弾丸効果―限定効果―強力効果と変遷していく、いわゆる効果研究パラダイムのはじまりである。

『大辞林』第二版によれば、パラダイムとは「科学研究を一定期間導く、規範となる業績を意味」し、「のちに一般化され、ある一時代の人々のものの見方・考え方を根本的に規定している概念的枠組みをさすようになった」。やはり長足の進歩を遂げた心理学、統計学、社会学などの実証主義諸学の方法を援用して、マス・コミュニケーション現象の研究といえば一にも二にもその効果・影響の問題の分析が意味あるものとされ、送り手と受け手の役割分化が進んで、メッセージの意味作用、それが社会統合や正当化に果たす役割に着目する、相互作用としてのコミュニケーションという見方が後退していった。(28)

効果研究パラダイムは一般に、弾丸効果モデル（一九二〇―四〇年代前半）、限定効果モデル（四〇年代半ば―六〇年代半ば）、強力効果モデル（六〇年代後半―現在）の三つの時期に区分される。

弾丸効果モデルは、大衆社会の成立、視聴覚メディアの興隆、戦時プロパガンダキャンペーンの全面展開といった諸現象を背景に、マスメディアの運ぶメッセージは不特定多数の大衆の態度、オピニオンを魔法のように変えてしまうという、いわゆる魔法の弾丸理論から命名された。初期のマス・コミュニケーション研究者らの目を瞠らせたマスメディアのとてつもない潜在的影響力が強調された時期である。

限定効果モデルは強力効果モデルに対する揺り戻しとして提唱された。すなわち、一九四〇年のアメリカ大統領選に際して、ポール・F・ラザースフェルドらはオハイオ州エリーカウンティの有権者六百人を対象に選挙キャンペーンの効果とオピニオン変化などをめぐり繰り返し質問調査をおこない、マスメディアと受け手の間にオピニオンリーダーが存在すること、コミュニケーションが二段の流れをとること、したがってマスメディアの効果は限定的であること、などを見いだした。[29] 限定効果の諸理論は本格的なテレビ時代を迎える六〇年代後半まで、多くの研究者の間で支配的な枠組みとして君臨した。

強力効果モデルは直前の限定効果モデルに対するさらなる揺り戻しである。一九六八年のやはりアメリカ大統領選でマックスウェル・マコームズ、ドナルド・L・ショーらはノースカロライナ州チャペルヒルの有権者百人に対するインタビュー調査とその町で利用可能なメディアの内容分析をおこなった。調査から二人は、マスメディアは人々の態度、オピニオン自体を直接変えるというよりも、どのような問題についてオピニオンをもつべきかについて影響力を行使するとして、アジェンダセッティング理論を提唱した。[30]

マス・コミュニケーション研究の下位研究分野である政治コミュニケーション研究でも、コミュニケーションの二段の流れの提唱につながったエリー調査、アジェンダセッティング理論を生み出したマコームズらの調査のいずれもアメリカ大統領選でのメディアの有権者への影響・効果測定であったことが示すように、効果研究パラダイムの下では選挙、世論調査といったテーマでの研究が主流を占めてきた。

マス・コミュニケーション研究の源ともいうべきプロパガンダ研究はパブリックリレーションズ研究とも絡み合いながら独自の研究領域として一定の存在・発展を続けるものの、統制分析やコミュニケーション行為における情報の送り手によるコントロール分析のほうは今日に至るまで、包括的な体系を確立したとはとうていいえない。政治（権力）とメディア、世論の三者の相互影響関係を考察する政治コミュニケーションにしても選挙、世論調査などが具体的な研究対象の多くを占め、一九八〇年代以降、活発化・顕在化したアメリカ大統領選時およびアメリカ政府によるメディア統制の試み、さらにそうした試みが頂点に達する戦時のメディア統制について、マス・コミュニケーション研究の側が有効な理論的・批判的分析の枠組みを提起しえてきたとは言い難い。

効果・影響分析に携わる研究者たちは自らの研究領域以外を、科学的・実証主義的でないとして敬して遠ざけてきた。統制研究、とりわけ戦時のメディア統制の研究には確かに、実験室で被験者に擬似メディア情報を浴びせ、実験の前後でオピニオン、態度がどう変わったかを統計処理して論文化するような科学性、自然科学的方法との近似性はない。積み重ねられてきたのは、個別の戦争、紛争での事例研究、戦争特派員による回想、軍・メディア関係の分析くらいで、領域の全体像に迫る学術的な研究はほとんどないのが現状である。(31)

理論化、包括的分析の困難さは確かに残る。しかし、たとえば冒頭で述べたように、ラスウェルらの初期マス・コミュニケーション研究が二度の全面戦争での諸国民動員のためのプロパガンダを主な研究対象としたのに対し、われわれはその後、二十世紀後半以降の数々の限定戦争の時代を生きてきた。戦争目的も、それに付随して動員させる兵士、銃後の国民も限定された、しかも多くの場合、自国から遠く離れた土地でおこなわれる限定戦争と、国家の存亡を賭けた全面戦争では、たとえば許容されうる検閲の範囲も大きく異なってくる。(32)

戦時メディア統制が強化される一方となったフォークランド紛争以降の現実はとりわけ、この研究領域の体系化と確立を急務としている。効果研究の領域で研究者らは、弾丸効果・限定効果・強力効果の諸理論を構築してきたが、アカデミーの世界のそうした論戦をよそに、限定戦争の当事者となったアメリカとイギリスの政府・軍は一貫して、戦時に銃後の世論を形成するものとしてのメディアのはかり知れない力を認定して、さまざまな統制強化策を講じてきたのだ。(33)

フォークランド紛争以降、積み重ねられてきた限定戦争時のメディア統制とプロパガンダの技術は、一九九一年のペルシャ湾岸戦争によって一種、完成型に到達したといわれるが、その後、九〇年代の人道的介入の理念が最も強硬なかたちで実行に移された九九年のコソボ戦争では、地上戦の不在による前線の消滅と戦場へのアクセス規制・検閲の不要化という新たな状況を現出させ、二〇〇三年のイラク戦争では一転、六百人規模の従軍取材許可で砂漠の真ん中からライブで送信されてきた大容量の動画映像が世界に振り撒かれ、戦闘とそれを映すカメラは戦争を構成すると同時に、不可分の要素であることが再確認された。銃後の第二戦線が実弾の飛び交う戦場に劣らぬ重要な舞台として浮上してきており、(34)二十世紀後半以降の限定戦争におけるメディア統制の問題の包括的・体系的な議論ぬきで、今日の戦争をめぐる問題もマスメディアをめぐる問題も語り尽くしたことにはなりえない。

本書は以降の章で、フォークランド紛争からイラク戦争に至る諸戦争・紛争でのメディア統制とプロパガンダの高度化を振り返りながら、限定戦争時のメディア統制を分析する際の枠組みづくりを試みる。さらに、限定戦争時のメディア統制とプロパガンダの観点から見て、「九・一一で世界は本当に変わったのか」を検討して、われわれのこの三十年の限定戦争の経験が戦争とメディアの近未来に示唆するものについても考察を加える。

注

(1) Lasswell, Harold. D., *Propaganda Technique in the World War*, Kegan Paul, 1927, p.192.

(2) フィリップ・ナイトリー『戦争報道の内幕——隠された真実』芳地昌三訳、時事通信社、一九八七年、四—六ページ

(3) Frederick, Howard H., *Global Communication and International Relations*, Wadsworth, 1993,

pp.220-221.

（4）前掲『戦争報道の内幕』六―七、一一―一二、一七ページ

（5）同書二〇ページ

（6）Frederick, *op. cit.*, pp.219-220.

（7）*Ibid.*, p.219.

（8）Carruthers, Susan L., *The Media at War: Communication and Conflict in the Twentieth Century*, Macmillan, 2000, p.36.

（9）Frederick, *op. cit.*, p.228.

（10）鶴木眞『情報政治学』三嶺書房、二〇〇二年、一六四―一六六ページ

（11）同書一五九ページ

（12）Ponsonby, A., *Falsehood in Wartime*, George Allen & Unwin 1928, p.19.

（13）Frederick, *op. cit.*, p.230.

（14）前掲『戦争報道の内幕』五三ページ

（15）Knightley, Phillip., *The First Casualty: The War Correspondent as Hero and Myth-Maker from Crimea to Kosovo*, Prion Books, 2000, pp.481-482.

（16）Bell, Martin, *In Harm's Way: Reflections of a War ZoneThug*, Hamish, 1995, p.12.

（17）Hume, Mike, "Nazifying the Serbs, from Bosnia to Kosovo," in P. Hammond and E. Herman [eds.], *Degraded Capability: The Media and the Kosovo Crisis*, Pluto Press, 2000, pp.70-78.

（18）前掲『戦争報道の内幕』四〇、四四、四六ページ

（19）ハロルド・D・ラズウェル「社会におけるコミュニケーションの構造と機能」、前掲『リーディングス政治コミュニケーション』所収、一ページ

(20) Carruthers, *op. cit.*, 35-36.
(21) Smith, Jeffery A., *War and Press Freedom: The Problem of Prerogative Power*, Oxford University Press,1999, pp.39, 139.
(22) 前掲『情報と政治』一一七—一二〇ページ
(23) 前掲一四八ページ
(24) 佐藤卓己『現代メディア史』(岩波テキストブックス)、岩波書店、一九九八年、一四六—一五二ページ
(25) 有賀夏紀『アメリカの20世紀』上(中公新書)、中央公論新社、二〇〇二年、七五—七七、一七二ページ
(26) 同書一〇一ページ
(27) ハロルド・D・ラスウェル『政治——動態分析』久保田きぬ子訳(岩波現代叢書)、岩波書店、一九五九年、二九ページ
(28) 大石裕『コミュニケーション研究——社会の中のメディア』慶應義塾大学出版会、一九九八年、一〇一ページ
(29) ポール・F・ラザースフェルド/バーナード・ベレルソン/ヘーゼル・ゴーテッド『ピープルズ・チョイス——アメリカ人と大統領選挙』有吉広介訳、芦書房、一九八七年
(30) MaCombs, M. E. and D. L. Show, "The Agenda-setting function of Mass Media," *Public Opinion Quarterly*, 36, 1972.
(31) Hallin, Daniel "The Media and War," in J. Corner, P. Schlesinger and R. Silverstone [eds.], *International Media Research: A Critical Servey*, Routledge, 1997, p.206.
(32) Young, Peter. and Peter Jesser, *The Media and the Military: From the Crimea to Desert Strike*, Macmillan, 1997.

（33）Carruthers, *op. cit.*, pp.8-9.

（34）前掲『情報政治学』一五七—一六二ページ

第4章　限定諸戦争とメディア

1　分析の枠組みづくりに向けて

第1、2章では、ジャーナリズムとはそもそも何者であったか、歴史のなかで揉みくちゃにされる新たなテクノロジーとメディア、そして近代以降、国家、ナショナリズムや市場に絡めとられたメディアの姿を見てきた。第3章では、国際紛争とメディアをめぐる問題の本編に入り、二十世紀前半の二度の世界大戦を中心に、総力戦体制下で動員されていくメディアの姿を確認した。こうした議論をふまえ、この章では、今日のフォークランド紛争からイラク戦争に至る諸戦争・紛争でのメディア統制とプロパガンダの高度化の歩みをたどり、限定戦争時のメディア統制を分析する際の枠組みづくりを試みる。

効果研究パラダイムが去った今日、マス・コミュニケーションをめぐる諸問題には、その解明が重要かつ急務のものが山積している。限定戦争時のメディア統制とプロパガンダという研究領域はその一つとなるだろう。何となれば、冷戦構造の成立、その崩壊とアメリカ一極集中、アメリカの「帝国化」といった情勢下でもはや諸国家の存亡を賭けた総力戦は想起しにくいが、「ヴェトナムのあと」、すなわちフォークランド紛争後にアメリカとイギリスがその領土外でおこなってきた限定戦争でのメディア統制とプロパガンダは強化されることはあっても基本的に逆はなく、また高度化する情報通信技術や戦争の仕方自体の革命、いわゆる軍事革命（ＲＭＡ）も相まって、戦時にメディアは何を伝えられるか、読者・視聴者はどれだけ正確な情報を得られるか、または歪められた情報の受け手となる可能性があるか、戦争とメディアの近未来は、といった諸問題の存在は、両大戦間期のようなやがて多くが効果研究へと収斂されていくプロパガンダ研究の枠組みでは解明できない現実があることを強く示唆している。この三十年の状況がマス・コミュニケーション研究の新たな下位研究領域の確立を要請しているのだ。

そもそも当局が戦時におこなうプロパガンダは、メディアに対する各種の統制と常に表裏一体の関係にある。戦争努力を遂行する政府・軍は、自陣に有利なもの、敵方の失点につながるものは徹底的に宣伝し、逆に自らに不利なもの、失点となりうるものは可能な限り伏せようとする。プロパガンダの問題を宣伝効果オンリーの問題として統制の問題と切り離して検討するのは、少なくとも戦時の当局とメディアの問題を考えるときにはあまり得策ではない。

ラスウェルのひそみにならって、この章では、「戦時メディア統制を記述するのに便利な方法」として「どのような戦場・前線へのアクセス規制がどれくらい敷かれ、どのような検閲がどれくらいおこなわれ、どのようなプロパガンダがどれくらいおこなわれたか、の問いに答えること」を挙げたい。それぞれは「アクセス分析、検閲分析、プロパガンダ分析」というさらなる下位研究領域を構成するだろう。

以下では、この枠組みで、われわれと世界が目撃したこの三十年間の限定諸戦争を検討してみる。

2 アクセス分析

「前史」はいうまでもなく、ヴェトナムである。インドシナの戦場で「アメリカ軍は戦争特派員たちを受け入れた。軍は彼らに全面的な協力・支援を与えるよう全兵士に指示を出し、食糧を与え、ブリーフィングをおこない、必要な場合は武装させ、護衛し、一緒に酒を飲み、兵士仲間のように遇した。その見返りとして軍が得たものは満足できるようなものではなかった。（略）戦争特派員たちは良い仕事をした、良いやつらだ、と心から言えるようなヴェトナム戦争に従軍したアメリカ軍人を探すことは困難であろう」[1]。メディアへの便宜供与に対してアメリカ政府・軍は報われなかった。それどころか、敵兵や自軍の兵士の遺体を一つ一つ数え上げるような生々しい戦場からの報道が銃後の厭戦・反戦気運を高めた、と考えた。ここで重要なのは、先にも述べたように、実際にメディアの映像や論調が世論に対してどれだけ影響を及ぼしたかという効果の問題ではない。強い影響を及ぼしたと政府・軍が考え、以降、戦時の自由な報道、情報の流れを規制する方向で模索がはじめられたという事実のほうである。

【ケース1】一九八二年、フォークランド紛争

最初の大きな実験の舞台は思わぬところからやってきた。南米アルゼンチン沖の南大西洋に浮かぶイギリス領フォークランド諸島（アルゼンチン名・マルビナス諸島）である。一九八二年四月二日、この島々を軍事政権下のアルゼンチンの軍が領有権を主張して電光石火の上陸作戦を敢行、瞬く間に支配下

におさめた。

これに対して、マーガレット・サッチャー首相率いるイギリスは海軍艦隊を派遣して反攻作戦を開始。同諸島の周囲二百海里を海と空から封鎖し、のちにアルゼンチン本土も海上封鎖して、イギリス軍・アルゼンチン軍の双方が砲撃・空爆をおこなう本格的戦闘に発展した。六月に入るとイギリス軍は中心都市ポートスタンリーの包囲攻撃を開始し、同十四日、アルゼンチン側の実質的な敗北で停戦が成立。約二カ月半に及んだ戦争は終結した。

戦争の期間中、メディアは思いがけない辛酸をなめた。アルゼンチン軍事政権は国内のメディアに大本営発表だけ報道するよう強要し、古典的な目に見えるかたちの戦時言論統制をおこなった。問題はイギリス側だった。あるときは公然と、あるときは密やかに、言論の自由が保障されているはずの民主主義国家でイギリス国防省は見事なまでのメディア統制を成し遂げた。最も近い陸地でも六百キロメートル以上離れた大洋の孤島群で記者たちにごく例外的にしか戦場へのアクセスを与えず、上陸を許可する場合でも記者らのプールを組織して島内での自由な取材活動は認めなかった。フォークランド紛争時のイギリス側の徹底した統制はその後、限定戦争時のメディア統制の古典的モデルとなった。

実際、イギリス当局は自国メディアの記者にしかイギリス海軍艦艇への乗船・同行を認めず、ほかのヨーロッパ諸国やアメリカ、日本など、紛争当事者でない第三国のメディアの記者には一切、従軍取材の機会は与えられなかった。従軍取材を申し込んだイギリスの記者についても身元調査が徹底的におこなわれ、軍に不利な報道をしそうな記者、カメラマンらは慎重に排除された。

結局、広報担当将校と検閲官による原稿・写真の事前チェックを受けることに同意する書類にサインして、記者十七人にカメラマン、技術者らを加えた計二十九人のイギリスメディアの人間が従軍を許可された。イギリス軍当局による一方的なメディア統制だが、戦場へのアクセスだけでなく通信手段も軍に依存するメディアが何がしかの現場リポートの機会を得るには、それを受け入れるしか道はなかった。

第三国のメディアでは、たとえばアメリカABCテレビが貨物船をチャーターして現地入りの計画を立て、ほかのアメリカメディアにも参加を呼びかけたが、莫大な資金がかかることに加えて、イギリス側が「全面的排他水域内のいかなる船舶も攻撃の対象となる。アメリカメディアの船も例外ではない」という警告を出したため、中止せざるをえなかった。

戦況についてはロンドンでイギリス国防省のブリーフィングがおこなわれたが、報道官の表向きの言葉とは裏腹に、メディアにとってはとうてい満足できるような内容ではなかった。一方、敵方の首都ブエノスアイレスでは、アルゼンチン当局は敵方のイギリスの記者たちも連日の記者会見、ブリーフィングに受け入れた。約五百人を数えた外国プレスのうち、実に百五十人がイギリス人記者たちだった。

【ケース2】一九八三年、グレナダ侵攻

翌一九八三年十月二十五日未明、「キューバによる革命の輸出阻止」「在留アメリカ人の保護」などを名目に、アメリカ海兵隊などの急襲部隊がカリブ海に浮かぶ島国グレナダに侵攻した。作戦には陸、海、空の三軍も加わり、兵士の数は総勢約六千人。しかし、隣国のバルバドスに集結した記者たちのプール第一陣（十五人）が紛争の島にようやく上陸を許可されたのは作戦開始から三日目の二十七日午後になってのことだった。

メディア各社はその間、ホワイトハウスやアメリカ国防総省の発表に基づく報道しかできず、当局への猛烈な抗議でようやく三日目に小人数の代表取材が認められたときには主要な作戦行動はほぼ終わっていた。当局が意図して流した侵攻目的や情勢についての発表はすでに国民の間に十分に広まっており、いまさら新たな報道で世論の大勢が覆る状況にはなかった。

戦場からのメディアの隔離は必ずしもプレス担当将校らの画策したことではない。むしろ、記者たちと日常的に付き合い、彼らとの緊張関係がもろに跳ね返ってくる立場の将校たちは、侵攻作戦開始から丸一日以上たった二十六日にようやく国防長官らの許可が出るや、その翌朝にはバルバドスに飛び、統合情報局（JIB）を設置するなど、プレスの現場取材実現に力を尽くしたという。バルバドスの首都ブリッジタウンにはその時点ですでに、アメリカ、外国プレス合わせて約三百七十人の記者が集まっていた。記者たちを拒んだのはグレナダ近くのカリブ海上の艦艇から指揮をとる司令官たちだった。

「ワシントンポスト」の記者らは、紛争の島へのプレスプールが編成されるのを待たず、バルバドスから小さな漁船をチャーターして緊張高まるグレナダに向かった。アメリカ軍による侵攻作戦開始から約六時間たった二十五日昼ごろには島にたどり着いたが、グレナダの軍に拘束され首都セイントジョージに留め置かれた。二十六日にはABCテレビ記者らの船が同じコースでグレナダ行きを試みたが、アメリカ軍機に威嚇射撃され途中で引き返した。

【ケース3】一九八九年、パナマ侵攻

グレナダ侵攻から六年後の一九八九年十二月二十日、アメリカ政府は「独裁者ノリエガ将軍を麻薬密輸容疑で逮捕する」目的で、中米パナマに二万四千の兵力を投入した。ヴェトナム戦争以来、最大となるアメリカ軍の作戦行動だった。今度はプールシステムが機能するものとメディア陣営は期待していた。しかし、プールに参加できた記者たちはアメリカ軍基地内に二日間にわたって留め置かれた。ナショナル・メディアプールは確かに組織された。ただ、「安全確保」を理由に、ひたすら取材の機会が先延ばしされたのである。一方で、プール参加を期待して軍に同行してきたそのほか約百人の記者らは、メディアの人間をこれ以上収容する余地がないとの理由ですげなく断られ、おとなしく帰国するしかなかった。

この報道管制、当局の発表する一方的な情報で「流血なき戦争」のイメージが広まったが、現実は大きく異なる。ラテンアメリカのスペイン語紙などによると、市民の死者は二千人、負傷者は実に七万人にのぼったという。

今日に直接つながる、限定戦争時のメディア統制強化の流れが、アメリカではなくイギリスからはじまったというのは、前述のとおり、二度の世界大戦＝総力戦での同国の強力なプロパガンダキャンペーンが現代マス・コミュニケーション研究の出発点となったことを考え合わせると、決して意外なことではない。

フォークランド、グレナダに共通している環境はいうまでもなく、メディアを締め出すのに好都合な洋上の島が戦闘の舞台となったことである。パナマは島国ではないが、記者らが留め置かれたアメリカ軍基地は同国内にありながら周囲から隔絶した島のような場所だったといえる。限定戦争時のアクセス規制強化の最初の段階は、こうした島ないし島的環境という、規制をかけるのに打ってつけの地が戦場となった戦争で敢行された。

メディアの排除の度合いはこの一九八〇年代の段階でも徐々に進行した。すなわち、フォークランドでは厳しい制約下ながらも一部プール取材は認められたが、グレナダ、パナマではプール取材さえ、戦闘があらかた終わった後に初めて許可された。こうしたメディアの「完全排除」が可能になった背景には、後二者では二、三日というごく短期間で作戦行動を終えたことがある。

また、フォークランド紛争で従軍、プール取材に参加するにあたって厳しい検閲を受け入れる条件に同意せざるをえなかった点は留意すべきである。なんとなれば、その後の情報通信技術の発展はメディア統制に関してやや異なる環境を生み出してくるからである

ところで、フォークランドでのイギリス軍とメディアの経験がアメリカ政府・軍にどのように取り入れられたかについては未解明の部分が多い。同紛争での軍とメディアの関係を研究したアメリカ海軍大学のアーサー・A・ハンフリー少佐（対外関係担当）は、紛争の翌一九八三年春に発表した論文で次のような諸点を指摘している。

一、戦争に対する国民の支持を維持するには、自陣側が冷酷な野蛮人と見られるようなことがあってはならない

一、政府の戦争目的に対する国民の信頼を損ないたくないなら、茶の間のテレビを通して彼らの息子たちが負傷したり、手足を切断されたりするのを見せるわけにはいかない

一、それゆえ、記者たちの戦場へのアクセスは制限しなければならない

一、敵とはっきりとわかっている、または疑わしい相手に有益な情報を与えるのを防ぐには、検閲という手段を行使せねばならない

一、本国および戦地で愛国心を高揚させるかたちで支援を結集せねばならないが、連日のように自軍の大勝利を喧伝することは慎むべきである

一、自陣側から見た発表を先にすべきである。相手方は政治的に追いかける立場となり、少なくとも心理的に優位に立てる
一、支持を喚起するために、また少なくとも国内の批判分子を混乱させるために、敵軍については実際のところを語り、相手方から寝返った人間にはその悲惨な体験を語らせるべきである
一、最後に、「好意的客観報道」に影響力を行使し、それを確実にするために、ある種の記者たちを戦場から遠ざけておくことができなくてはならない

ハンフリー少佐自身は、この論文について政府からの照会はなかったとしているが、明らかにここに述べられたような「イギリスによるレッスン」は、即座にレーガン大統領のアメリカがおこなった次の戦争に取り入れられた。より正確には、フォークランド方式の統制を採用したのは実際に戦闘を指揮する司令官たちであり、作戦行動を準備する国防総省、アメリカ国内各地の基地のプレス担当将校たちは侵攻がはじまるまでカヤの外に置かれたといわれている。

グレナダ侵攻作戦終了後、ジャーナリスト、ジャーナリズム専攻の大学教授、軍のプレス担当将校らからなる委員会が招集され、有事には国防総省担当記者らからなるナショナル・メディアプールをつくるべきとの勧告がなされた。軍による記事、写真の検閲についてはふれられなかった。メディア側からの抗議を背景につくられた同委員会の勧告は結局、ケース3にあるように、六年後のパナマ侵攻の際、実質的に骨抜きにされることになる。

パナマ侵攻作戦終了後にも、今度は元国防総省報道官を座長に新たな委員会がつくられ、国防総省報道官は次回戦争での改善を約束したが、「次の戦争」では改善どころか管理の徹底に至る。イギリス当

局によって導入され、アメリカ当局がのちに継承・発展させた限定戦争時のメディア統制の技術は、イラク軍によるクウェート侵攻に端を発した一九九一年のペルシャ湾岸戦争でより精巧なものとなる。

【ケース４】一九九一年、ペルシャ湾岸戦争

約一カ月半続いた戦争の間、アメリカ軍を中心とする多国籍軍側からの取材を試みた世界各国の記者たちは、アメリカ軍の対イラク軍事行動の出撃基地となり、統合情報局（ＪＩＢ）が設置されたサウジアラビアのダーランに集結した。

ダーランではＪＩＢの指示の下、主に新聞・通信社・ニュース週刊誌の記者、同カメラマン、テレビ、ラジオの四つのプールが組織された。最初のプリントメディア記者のプールは、前年夏、イラク軍のクウェート侵攻ではじまった湾岸危機の初期のころにやってきたアメリカ・イギリス十社によって創設された。十社とはＡＰ、ＵＰＩ、ロイターのアングロサクソン系三大通信社、「タイム」「ニューズウイーク」「Ｕ．Ｓ．ニューズ・アンド・ワールドリポート」の三つのアメリカニュース週刊誌、それに「ニューヨークタイムズ」「ワシントンポスト」「ウォールストリートジャーナル」「ロサンゼルスタイムズ」のアメリカ主要四紙である。のちに「ボストングローブ」「シカゴトリビューン」「ナイトリッダー」「ＵＳＡトゥデー」、ガネット・ニューズサービス、コックス・ニューズペーパーズの六社がメンバーに加わった。その影響力の大きさで記者プール枠をほぼ独占した十六社は、「セイクリッド16（聖なる十六社）」と呼ばれた。

テレビプールはＡＢＣ、ＣＢＳ、ＮＢＣのアメリカ三大ネットワークにＣＮＮを加えた四社が牛耳った。カメラマンプールは三大ニュース誌にＡＰ、ロイターを加えた五社の代表により運営された。ラジ

オプールはテレビプールの運営をなぞった。

特筆すべきはこれら各プールの運営がＪＩＢの将校からメディアの代表に任されたことである。これによってプール枠を得られない中小のメディアや外国メディアの記者、カメラマンらは、ミッションごとにどのメディアの人間が参加するかを調整する、前記有力メディアから出されたプールコーディネーターへのロビー活動に明け暮れた。評価の高い、中堅どころのアメリカメディアの記者らを中心に、プールを牛耳る最大手各社に対する強い反発が生まれ、ピーク時総勢千六百人を数えたダーラン詰めの記者たちの間に険悪な雰囲気が漂った。約三百人いた外国メディアの記者もＪＩＢなどへの陳情を再三おこなったが、アメリカメディアの記者らをさしおいて外国メディアの記者にプール枠を与えることはないという方針が基本的に変わることはなかった。

メディアにはメディアを――。古典的な分割統治の手法に、平時にも増して激しい競争にしのぎを削るメディアの側は分断され、陥落した。

こうしたプールを組織したのはアメリカ軍だけではない。多国籍軍に参加したイギリス軍やフランス軍も、それぞれ自国記者向けに同様の代表取材団を組織した。

グレナダ、パナマのようなごく短期間の侵攻作戦でなく、数週間を要する本格的な戦争で導入された水も漏らさぬ大規模なプール取材体制は、その後のアメリカとイギリスがおこなった限定戦争では登場してきていない。一九九九年のコソボ戦争ではそうしたアクセス規制自体が不要になる事態が現出した。

【ケース5】一九九九年、コソボ戦争

コソボ戦争（ユーゴスラビア空爆）では、北大西洋条約機構（NATO）軍による戦場へのメディアのアクセス規制はなかった。ペルシャ湾岸戦争でサウジアラビア・ダーランの基地でアメリカ軍が徹底的なプール取材体制を敷いてメディアによる戦争報道の機会自体を制限したのと、ある意味では対照的だった。

しかし、もちろん、アメリカ軍を中心とするNATO軍が寛容にも世界中のメディアに自由な戦争報道をしてもらおうと思ったわけではない。それは後述するNATOによる反セルビア、反ミロシェビッチ大統領のプロパガンダからも明らかである。NATOは自軍から一人の犠牲者も出さないよう五、六千メートルの高度上空からの航空機によるミサイル発射・爆弾投下と、アドリア海に展開する艦艇からの巡航ミサイル発射に攻撃の手段を絞った。ミサイルが着弾した地上で現実に何が起きているか、機上の兵士も肉眼で見ているわけではない。戦闘の前線はいわば高度上空にあり、NATO軍が制空権を奪い、記者やカメラマンが物理的にたどり着けない場所への規制をあえておこなう必要もなかったのだ。

ユーゴの外では、記者たちはアドリア海上のアメリカ艦や北イタリアのNATO軍基地から、巡航ミサイルが発射され、アメリカ軍機がユーゴに向けて飛び立つ様子をリポートした。しかし、それだけだった。

「アメリカ軍、NATOはユーゴの（地上の）戦場への記者のアクセスは妨げなかった」とする擁護論があるが、あまり意味をなさない。記者らは空爆開始前は空路ユーゴ入りし、開戦で空港が閉鎖されてからはハンガリー、クロアチア、ルーマニア、ブルガリアなどの隣接する国から陸路入国した。ハンガリーは空爆の最中に正式にNATOに加盟したが、ほかの国は加盟国ではないし、アメリカ軍、NATO軍が戦場ないしそれに隣接する地帯として作戦行動をおこなっていたわけでもない。湾岸戦争でアメリカ軍がプール取材規制を敷いたのはまがりなりにもサウジアラビア政府の許可を得て作戦行動に従事していた同国領内だ。湾岸戦争時とは事情が全く異なる。

コソボ戦争は、後述する軍事革命（ＲＭＡ）、見えない戦争化、サイバー戦争化の抗しがたい流れのなかで、近未来の戦争への萌芽がいくつも見て取れる。統制をおこなう側の政府・軍にとって、地上の前線が消滅し、そこへのメディアのアクセス規制自体が不要になってしまえば、これはある意味で完璧なアクセス規制となる。コソボ戦争は限定戦争時のメディア統制とプロパガンダという観点から見ると、一九八〇年代以降、最も重要な限定戦争となりうる契機をふんだんに秘めている。

【ケース６】二〇〇一年、アフガニスタン攻撃

九・一一アメリカ同時多発テロに対する報復としておこなわれたアメリカとイギリスによるアフガニスタン攻撃は、メディア関係者から「最悪の統制」といわれた。プールが初めてつくられたのは戦争開始から一カ月半以上たった十一月二十五日、プレスセンターの開設は十二月初め、プールの枠外での独自取材が認められたのは年末の十二月二十七日になってのことだった。記者、カメラマンは基本的にカブール北方のバグラム空軍基地に閉じ込められ、空爆に加えて、ハイテク武装した一部特殊部隊も投入されたものの、戦闘の現場からメディアは完全に遠ざけられた。見えない戦争化はさらに強まった。

アメリカ政府・軍によるメディアのアクセス規制策が大きく転換したのは、いうまでもなく、二〇〇三年のイラク戦争である。ラムズフェルド・アメリカ国防長官などはこれを「歴史的な転換」と自賛し

た。イラク戦争では確かに、空前の六百人規模の従軍取材が認められ、砂漠を進軍するアメリカ軍部隊や散発的な戦闘の様子が衛星回線経由でライブ動画として世界中に流された。長官の発言も一見、当を得ているように見える。しかし、再度の言及になるが、大規模な従軍取材が認められた第一次世界大戦での経験を想起すべきである。国家の存亡を賭けた総力戦で従軍記者たちが陥った軍との心理的一体化は、テロとのたたかいのスローガンの下、愛国機運の高まったアメリカメディアの記者たちに、しかし総力戦ではなく限定戦争下で、追体験されることになった。

グレナダやパナマのような数日間の侵攻作戦と対照的に、長い、半永久的にも続きうるテロとのたたかいで銃後のアメリカ国民の支持を繋ぎ止めていく必要もあった。国連安保理決議を経ず、国際世論の動向を振り切っての先制攻撃でもあればなおさら、メディアを敵に回して国民に対する影響に不安を残すよりは、いっそ懐深く抱き込んでしまったほうが得策との判断がなされた。

検閲のほうにより深く関わることだが、情報通信技術の発達も規制策転換に大きな役割を果たした。コソボ戦争では通常の携帯電話でベオグラードやコソボの一部から外国にいる相手とも自由に通話ができた。中国大使館にアメリカ軍機からミサイルが発射される様子を、テレビの記者だけでなく新聞記者まで携帯電話で本社に〝ライブで〟リポートする羽目になった。それが、イラク戦争では衛星回線を利用し、通話はもちろん、大容量の動画も生中継できるビデオフォンが登場した（正確にはアフガニスタン攻撃の際にすでに利用可能になっていたが、特殊部隊がアルカイダやタリバンの残存兵士狩りをする地上戦の現場から遠ざけられたため、出番がなかった）。戦地、戦場にいる記者、カメラマンが自前の通信手段で外の世界と連絡をとりうる状況下では、規制は不可能ではないが、抜け道の可能性が残り、困難になる。

アメリカ当局がメディアにヴェトナム戦争時のように自由に取材をしてもらおうと考えたわけではな

いことは、敵方の首都バグダッドからの報道の試みには戦争開始前から「重大な結果を招くだろう」と国防総省報道官が脅しとも取れる発言をしていたこと、実際にアフガニスタン攻撃に続いてカタールの衛星テレビ・アルジャジーラの支局が再び空爆されたことなどからも明らかである。西側メディアが陣取るパレスチナホテルへの砲撃と並んで、コソボ戦争で初めて登場したメディアに対する直接的・物理的な攻撃は、イラク戦争でさらにエスカレートした。大規模従軍取材の許可もあくまでもメディア統制上の計算からおこなわれたことであれば、「次の戦争」では状況・環境の変化により再び戦場へのアクセスを閉ざすことは十分に考えられる。

こうした諸要素を勘案すると、イラク戦争でのアクセス付与は、表面上の変化とは裏腹に、歴史的転換とは必ずしもいえないのではないだろうか。

3　検閲分析

今日に直結する限定戦争時の検閲の強化も、やはりフォークランドからはじまり、グレナダ、パナマを経て、ペルシャ湾岸戦争で一種、完成型に至った。

【ケース7】一九九一年、ペルシャ湾岸戦争

プール枠を確保して砂漠に出かけていった記者たちを待ちうけていたのは軍のプレス担当将校による行動の監視、書いた記事、撮影した写真・ビデオテープの事前検閲だった。あからさまで高圧的な禁

止は必ずしも多くはない。しかし、現場へのアクセスに加えて原稿、フィルムのダーランへの移送手段（さらにはいざというときの身の安全）まで軍に依存している記者たちが、「これは書かないでほしい」「これではなく、あの話を」とやんわりと注文してくる広報担当将校らに抵抗できる余地は大きくはなかった。

砂漠のただなかから意図的に原稿を遅らせるという巧妙な手段も多用された。二月四日、第一機甲部隊に従軍した「アーミータイムズ」のカメラマン、スティーヴ・エルファーズは、巨大な監視レーダーを積載したトラックの脇に伏せていたアメリカ兵が撃たれた現場に遭遇した。敵軍の迫撃砲を受けたと説明されたが、残骸を調べているうちにアメリカ空軍のミサイルに撃たれたものであることが明らかになってきた。付近にイラク軍がいた形跡はなく、トラックは一撃で粉々に破壊されていた。

撮影したフィルムを寄越すよう連絡将校に言われたが、エルファーズはプール用の原稿、フィルムを運ぶ輸送便に乗せてほしいと主張した。アメリカ軍マークの部分を外してレーダーを撮影していたので検閲は通ると考えた。機甲部隊司令官に電話するなどすったもんだのやりとりの末に、将校側が折れ、後方に控える陸軍第七軍団の筆頭連絡将校経由で輸送便に乗せるということで妥結した。

二日後、ダーランに帰還したエルファーズは問題のフィルムがまだ届いていないのを知って愕然とした。件の筆頭連絡将校に電話すると「便に乗せるのを忘れた」との返事。結局、フィルムが届いたのはさらに二日後だった。エルファーズは「フィルムのニュースバリューをなくすため、連中は少なくとも丸一日はそれを放置したのだろう」と当時を振り返る。「友軍の攻撃によるアメリカ軍兵士の死は、そのときはまだホットな話題だったからね」と。

その検閲がコソボ戦争でやはり、地上の前線の消滅とともに不要となる。

【ケース8】一九九九年、コソボ戦争

湾岸戦争ではプール取材に加えて、運良くプールに参加できた記者、カメラマンらの記事、写真をも徹底的に事前検閲した。しかし、戦闘の現場を見せないに越したことはない。

湾岸戦争でクローズアップされたピンポイント攻撃の精度はさらに上がり、ハイテク技術を駆使した空からの攻撃が、こうしたソフトだが、より精巧なメディア統制を可能にした。また、湾岸戦争は目的がイラク軍に占領されたクウェート解放という、その意味では伝統的な領土回復戦争だったが、ユーゴ空爆はコソボからのユーゴ軍、セルビア治安部隊撤収とアルバニア系住民に対する人権侵害を止めることが目的で、現状の国境線に変更は加えず争点となっているコソボの地の将来も未定といった具合に、より限定的な武力行使、政治の延長の性格が強かった。地上軍派遣は最終的に見送られ、十九世紀以来の伝統的なスタイルの従軍記者はそこでは姿を消した。

コソボ戦争でのNATO側のメディア統制は「何も見せず、本当のことは何も語らない」という、前線の不在とプロパガンダによって特徴づけられる。

アフガニスタン攻撃では空爆を主としつつ一部地上部隊（特殊部隊）が投入されたものの、記者・カメラマンはおおむね戦場から遠ざけられた。そこではコソボ戦争と似たようなアクセスだけでなく検閲も不要となる事態の再現と、アメリカ本国での有形無形の当局による圧力とメディア側の自主規制という二重構造が見られた。

イラク戦争では従軍にあたって数十項目にものぼるグラウンドルールに署名を求められながらも、砂漠の真ん中での厳しい検閲はあまり見られなかったことが実際に従軍取材にあたった記者らによって報告されている。しかし、コソボ戦争のころから浮上してきた「ソース段階のセキュリティ」という概念を考え合わせると、イラク戦争での厳しい検閲の不在にも一定の疑問符をつけざるをえなくなってくる。

この新概念は具体的には一九九九年のパシフィックストライクで登場した。同演習のプレス対応ガイダンスは以下のように書かれている。

アメリカ国民および世界中にわれわれの軍の力と決意を正確に示してやるために、ニュースメディアへの自由なアクセスを許可する。検閲などは禁止する。セキュリティはソースの段階で確保する。(2)

ソース段階でのセキュリティとは、すべての発言をオン・ザ・レコードにするかわりにオフ・ザ・レコードでしか語れないような重要なことは何も明らかにしないことである。また、検閲はおこなわないかわりに、ガイダンスには報道してはならない事項が列挙され、違反した場合は戦闘区域から追放となる。その報道禁止事項とは以下のように多岐にわたるものである。

特定の数字データ、中止ないし延期されたものを含む作戦行動の詳細、交戦ルール、諜報活動に関する情報、救助活動中の行方不明の航空機・艦艇に関する情報、特定の作戦計画、死者・負傷者・捕虜の顔を写す一切の写真・ビデオ撮影、等々。(3)

在英のメディア研究者ミリヤナ・スコッコとウィリアム・ウッジャーは、こうした実例をふまえ、アメリカ当局がそのメディア統制の方針を、プール、検閲などのあからさまな規制から、「限定されたアクセスは保障する。検閲は原則としておこなわない。その分、ニュースを提供するソース段階でセキュリティをかける」という、一見ソフトだが実はより固く扉を閉ざすやり方に変えてきたと指摘する。(4) 一見開かれたように見える「メディアとともに仕事をする」が新たなスローガンだが、実際は本当のことは何も明らかにしない、そのために個々のソース段階で鉄壁の防御をおこなうというものだ。

はたして、今回のイラク戦争の従軍取材グラウンドルールでも「オフ・ザ・レコードのインタビューを兵員に対しておこなうことは禁止する」と明記された。そのほかの項目でも両者は一致するところが多く、この時期からメディア統制の方法をめぐる基本的考えが大きくカーブを描いてきたことがうかがえる。

イラク戦争でアメリカ軍当局から従軍記者が署名を求められたグラウンドルールには、

―センシティブな情報は報道の前に司令官に相談する。記事などは「セキュリティ・レビュー（安全保障上の理由による事前チェック）」に付されることがある。

さらに、グラウンドルールには禁止事項として、

―完了した、またはほかの作戦行動について個別の説明をすること

―軍人にオフ・ザ・レコード（オフレコ）のインタビューをおこなうこと
―防衛施設や捕虜の写真を撮影すること
―家族が知るより先に戦死者について報道すること
―進行中および未来の作戦行動について詳細を伝えること

などが明記されている。

グラウンドルールは文字どおり基本原則であり、実際の細かなルールは各部隊司令官とそこに割り振られた記者、カメラマンらの間で個別に設定された。現場の司令官に実際の運用をめぐっては大きな権限が付与されていたが、いずれの現場でもグラウンドルールにあるように将兵らに対するオフレコの取材は禁止されていた。軍が自らの戦争努力遂行に障害となるような不都合な情報までオン・ザ・レコードで開示すると考えるなら、楽観的にすぎるだろう。アメリカ軍当局のメディア・情報統制は前線・戦場に記者らを近づけないというアクセス段階の規制から、情報源（ソース）段階での規制に移行したのだといえる。

一方、銃後のアメリカ本国では、アルジャジーラが殺害されたアメリカ兵捕虜の映像を流したのを受け、政府はメディア各社にこれを報道しないよう強い圧力をかけた。イラク兵の遺体の映像を流しながら自軍の犠牲者のそれは流さないというのはメディアの中立性・客観性が問われる事態だが、多くのアメリカメディアは政府の呼びかけに従った。

イラク戦争では確かに厳しい事前検閲は実行されなかった。しかし、それもソース段階でのセキュリティという新概念に基づく戦略的なものであれば、こちらの面でもやはり、イラク戦争は大きく時代を画すものとは必ずしもいうべきではないだろう。

4　プロパガンダ分析

限定戦争時のプロパガンダの問題は、アクセス規制・検閲とセットになった、それらと不可分の規制の一つとして検討されるべきである。湾岸戦争で特筆すべきアメリカ・イギリス側によるプロパガンダは、「病院に押しかけたイラク兵によって早産の未熟児らが保育器から無理やり外に出された」という、アメリカのパブリックリレーションズ会社の筋書きで亡命クウェート政府のアメリカ大使の娘が開戦前にアメリカ議会の公聴会でおこなった虚偽の証言と、原油まみれの水鳥の写真である。前者は武力行使をめぐるアメリカ政府、議会の決定や世論形成に決定的な役割を果たしたとみられ、後者はフセイン大統領を「環境の敵」とも決め付ける一大宣伝につながった。

コソボ戦争では、スロボダン・ミロシェビッチ大統領およびセルビア人の悪魔化・ナチ化のプロパガンダが、アメリカとイギリスによって徹底しておこなわれた。ボスニア内戦で登場した「エスニッククレンジング（民族浄化）」やこれに連動した「レイプキャンプ」「レイプファーム」、さらに「アトロシティーズ（残虐行為）」という一般的な言葉も多用されたが、紛争の一方の当事者を問答無用で人類の敵に仕立て上げるため、「ジェノサイド」「ホロコースト」といったナチスドイツを想起させる言葉が組織的に使用された。

ジョージ・ロバートソン・イギリス国防相（のちにＮＡＴＯ事務総長）は空爆中の記者会見で、「われわれはジェノサイドに専心する政権と向き合っている。空爆の唯一の目的はこの虐殺を止めることであり、こうした行為が止まないかぎり、続けられる」と宣言した。ナチスへの頻繁な言及にドイツからやんわりと異議申し立てを受けて一度は「もう言及は控える」と約束したはずのロビン・クック・イギリス外相も、「コソボにおけるファシズムの再現を許してはならないというのがわれわれの共通の信条だ。NATOは欧州の地でファシズムとジェノサイドが敗北した後に生まれたものであり、二十世紀がそれらの勝利によって幕を閉じるようなことは断固として許すまい」と激越な調子で訴えた。

しかし、いうまでもなく一九三〇年代から四〇年代のナチスドイツと九〇年代のユーゴスラビアはあまりにも多くの点で異なっている。当時のドイツはヨーロッパでも経済的・軍事的に卓越した大国であり、ヨーロッパおよび植民地での領土と権益の拡大を求めて対外戦争を仕掛けた。ミロシェビッチ大統領率いるユーゴスラビアは対照的に、九〇年代初めから相次いだ戦争で領土を段階的に失い、国連の経済制裁下で疲弊したバルカンの一小国だ。

ミロシェビッチ政権をナチスになぞらえることには、ナチスによって民族根絶やしの標的とされたユダヤ人からも強い抗議の声が出された。すなわち、「ナチスの行為はほかに比類なきものであり、コソボの紛争をそれに対比することは、われわれユダヤ人が味わった困苦・辛酸を歴史のなかで過小化することにつながる」「ユダヤ人だけがひとり苦しんだなどと言うつもりは毛頭ない。だが、アウシュビッツでのホロコーストとの対比には、空爆への世論の支持を獲得するという政治的意図でおこなわれているものがある」と。(5)

実際、六百万人のユダヤ人が強制収容所のガス室に消えたナチスの蛮行と、ミロシェビッチ政権のユーゴスラビアでは比べるべくもない。亡くなってもいないコソボのアルバニア系指導者を「セルビア治安部隊に殺害された」と発表、数日後に本人から「自分は生きている」と名乗り出られた。大量虐殺にしても、アメリカ国務省は戦争中の一九九九年四月十九日、五十万人のコソボのアルバニア系住民が行方不明となり殺害された可能性が高い、と発表。次いで、五月十六日、ウィリアム・コーエン・アメリカ国防長官がこの数字を十万人にまで下方修正。空爆終結後の六月十七日には、イギリス政府は「百回を超える虐殺で一万人のアルバニア系住民が殺害された」と発表した。はたして、空爆終結後、アメリカやヨーロッパの専門家チームの手で発見された遺体は約二千、検死をおこなったのはわずか百八十七人分の遺体で、しかもそのうちかなりがコソボ解放軍のメンバーや自然死によるものだった。アメリカの専門家もそれを認めた。ナチスはユダヤ人を列車に乗せてガス室に送り込んだが、コソボのアルバニア系住民が追いやられた先はアルバニアやマケドニアといった隣国だ。

コソボでセルビア治安部隊や民兵がアルバニア系住民に対しておこなった行為を過小評価すべきではないが、誇張もすべきではない。しかも、コソボには、セルビア部隊を刺激して最終的にアメリカ軍中心のNATOの軍事介入を引き出すために頻繁にテロ活動をしている組織の存在があった。ユーゴ・セルビア当局だけが一方的に責められるべきものではない。

コソボ戦争の引き金となったのは一九九九年一月のラチャクでの四十五人の「虐殺体」発見だが、現場に到着するや、日頃からセルビア嫌いの言動で知られる全欧安保協力機構(OSCE)コソボ検証団のウィリアム・ウォーカー団長(アメリカ人)は「セルビア治安部隊による虐殺」と断定。ユーゴ当局は「コソボ解放軍が戦闘で死んだ兵士たちに農民服を着せて虐殺を装った」と反論したが、アメリカやヨーロッパ諸国はほとんど聞く耳をもたず、一気に高まった緊張がそのままランブイエ、パリでの和平交渉決裂を経て空爆へとなだれ込んでいった。その後も当日、現地入りしていた「フィガロ」紙記者の証言などをもとに、フランス各紙が「NATOの軍事介入を呼び込むためにおこなったのではないか」と、コソボ解放軍側の自作自演の可能性に言及したが、ひとたび沸き起こった「虐殺許すまじ」の大合唱のなかで、アメリカやヨーロッパ諸国がミロシェビッチ政権に最後通牒を突き付ける流れのほうが不可逆的なものとなり、もはや真相解明は脇にのけられてしまった。

　コソボ戦争に先立つボスニア内戦でも、欧米当局、メディアによるセルビア人悪魔化のムードを決定づけた「世界を欺いた一枚の写真」は有名だ。ボスニア北部トゥルノポリエ、有刺鉄線の向こうから上半身裸のイスラム教徒青年がうつろな目でこちらを見ている――。しかし、現地を訪れて調査したドイツ人ジャーナリストによると、有刺鉄線はもともと農機具などを保管するためのもので、カメラの向こうの難民たちでなく、撮影したイギリスITNクルーの側を囲んでいた。(6)

ボスニア・ヘルツェゴビナのセルビア人勢力によるイスラム教徒「収容所」。実際は、有刺鉄線に囲まれた場所から外の難民たちを撮影したのだが、世界中のメディアに転電され、セルビア人悪玉論を決定づけた
（出典；Gow, James, Peterson, Richard and Alison Peterson, *Bosnia by Television*, British Film Institute, 1996, cover image, courtesy of ITN）

　コソボ戦争ではアクセス規制・検閲が不要になった分だけ、既存メディアに折しも急速に発展・普及してきたインターネットをもチャネルにして、アメリカとイギリスによるすさまじい反セルビア・プロパガンダがおこなわれた。アクセス規制・検閲がピークに達したのは湾岸戦争だが、プロパガンダ戦のピークはコソボ戦争にある。

イラク戦争は、大量破壊兵器の存在証明をめぐる疑惑がアメリカ・イギリス両国で後を絶たないことからもわかるように、イラクとテロリストグループのつながり、大量破壊兵器の有無もあいまいなまま、一種、プロパガンダによって先制攻撃が準備された戦争といえるだろう。ここでも、やはりアクセス規制・検閲の要素が弱い分、プロパガンダは広義のメディア統制に大きな役割を果たしたといえる。

もう一つ、プロパガンダ、情報操作に関わる問題として、改造を施したC130輸送機六機からなる部隊コマンド・ソロの暗躍がある。早くも戦争開始前の二〇〇二年十二月、イラク領空から、同国の既存のラジオ放送と同一の周波数で、すなわち一種の電波ジャックをして、アラビア音楽とアメリカポピュラー音楽を交えてイラク兵らに投降を呼びかけ、その具体的な方法を放送しはじめた。開戦が近づいた三月初めには、「アメリカ・イギリス連合軍は市民のみなさんを標的にはしない。危険を避けるためわれわれのラジオ放送を聴くよう」とのビラを空中から大量散布。戦争開始後の四月十日には、空からの一日五時間のテレビ放送も開始された。

メディアを通じたプロパガンダ戦の範囲を超えて敢行されたのが、メディアに対する直接的・物理的な攻撃である。アメリカ・イギリス軍は緒戦の段階でイラク国営テレビ、ラジオなどへの空爆をおこない、放送機能を停止させた。ここで思い出すべきはコソボ戦争時にセルビア国営放送（RTS）がミサイルの直撃を受けて従業員ら十六人の犠牲者を出した史上初のメディア直接攻撃事件だろう。

標的となりうるのは「サダム・フセイン体制のプロパガンダマシン」だけではない。アメリカ国防総省のビクトリア・クラーク報道官は「敵方の首都から報道するような非愛国主義的な姿勢は評価できない。われわれに決定はできないが、記者をバグダッドに置くことがいかに極度の危険を伴うものか伝えることはできる」と語り、別の制服組幹部はより直截に「イラク側から報道しようとする記者らは空爆

アクセス・検閲・プロパガンダの三要素でみる限定諸戦争

	アクセス	検閲	プロパガンダ
ヴェトナム戦争	おおむね自由	なし	
フォークランド	ほぼ完全排除	厳格に実施	メディア内部からも
グレナダ	完全排除	厳格に実施	反共キャンペーン
パナマ	完全排除	厳格に実施	「流血なき戦争」
湾岸戦争	大規模プール	厳格に実施	フセインの悪魔化
コソボ戦争	—	—	ミロシェビッチのナチ化
アフガン攻撃	ほぼ完全排除	メディア側の自主規制	「われわれの側につくかテロリストの側につくか」
イラク戦争	大規模従軍取材	実施せず	戦争準備段階から

される可能性がある」とメディア側を脅す発言をおこなっていた。その後のアルジャジーラ・バグダッド支局への空爆や報道陣が宿泊するパレスチナホテルへの砲撃についても、示唆的な言葉である。

ヴェトナム戦争以降、アメリカとイギリスがおこなった主要な限定戦争におけるメディア統制とプロパガンダをアクセス規制、検閲、プロパガンダの三要素からまとめると表のようになる。

戦時のプロパガンダはアクセス規制・検閲などの狭義のメディア統制と表裏一体のものとして考察すべきことが表から見て取れる。なんとなれば、記者、カメラマンらの前線へのアクセス規制・検閲などのメディア統制が不在または敷かれないコソボやイラクなどの戦争では、プロパガンダは空前の規模となり、二種の統制が厳格に敷かれた戦争では必ずしもプロパガンダは激化していない。戦時プロパガンダは狭義のメディア統制と表裏一体、反比例の関係にあるといえるだろう。

アクセス規制・検閲のピークは湾岸戦争で、プロパガンダのピークはコソボ戦争にあった。従軍取材にはその歴史のはじめから軍と心理的一体化の現象が見られ、銃後の支持を長く取り付けておく必要があったイラク戦争で、情報通信技術の発達で湾岸戦争型の徹底統制が難しくなってきていた事情もあり、長い中断を経て採用された。メディアを戦場から遠ざけるか、従軍取材で逆に懐深く抱き込むかは、国内外の世論や、作戦行動のおこなわれる期間と場所、テクノロジーなど、いくつかの変数によって決まってくるといえる。そして、アクセス規制・検閲、プロパガンダという三種の統制のうちどれかが緩くなれば、残りが強くなるという傾向もこれまでの限定戦争の経験から見られることである。「タイム」「ニューヨークタイムズ」「ワシントンポスト」などで記者を、その後、アメリカ議会図書館のコミュニケーション局長を務めたピーター・ブラストラップは湾岸戦争後、次のように書いた。「次回は事情が変わってくるだろう。テクノロジーの進展で軍の通信手段への記者の依存度は低下し、検閲をおこなうのはより難しくなるだろう。だが、(戦場への)アクセスは依然、死活的な問題であり、ロジスティックスも緊張を孕んだ難しいものとしてとどまるだろう(7)」

コソボ戦争、アフガニスタン攻撃を飛び越して、イラク戦争でのわれわれの経験で、この「予言」を検証してみる。前述のようにテクノロジーの進展でフォークランドやペルシャ湾岸で通信・送稿手段を軍に頼っていたメディアはついに自らの通信手段を獲得、砂漠の戦場で逆に兵士たちに衛星電話を貸すまでに至った。それに付随して確かに検閲も難しくなった。すでにコソボ戦争では、外国メディアの記者はもちろん、約一万人にのぼるベオグラード市民らがインターネット経由で欧米の情報を入手していた。アクセスはイラク戦争では大幅に認められたが、「次の戦争」での問題の行方は不透明だ。ロジスティックスについては、食糧はもちろん、先の通信手段の源(電源)も、そして身の安全(生命)も兵士らに全面的に依存していることに変わりはなかった。

ブラストラップのいうように、情報通信技術の進展で当局にとって検閲は難しさが増したが、アクセスの問題は、軍に依存するロジスティックスと合わせ、メディアにとって依然として不安定でかつ死活的なものとして残っているのではないだろうか。

こうした諸点から見ると、はたして本当に「九・一一で世界は変わった」のだろうか。アメリカ海兵隊のソマリア派遣、ボスニア・ヘルツェゴビナ内戦（でのＮＡＴＯによるセルビア人勢力空爆）、そしてコソボ戦争といった一九九〇年代流「人道的介入」の戦争から「テロとのたたかい」への、戦争自体の性格付けの、または名目上の変化は確かにあった。しかし、メディア統制の面では、大規模従軍取材許可という見た目の新しさは実は第一次世界大戦と通底する要素をもち、ほかの変数との関係のなかでとりあえず今回について決定された、必ずしも新しいものではない形態ではないだろうか。

限定戦争時のメディア統制とプロパガンダの問題で、今後大きな要素となりうるのはむしろ、軍事革命（ＲＭＡ）の進展による統制への甚大なる影響である。すなわち、コソボ戦争で萌芽の見られたサイバー戦争化、非対称戦争化の流れが進めば、地上の前線の消滅に伴う見えない戦争化の進行やアクセス規制・検閲の不要化も加速度的に進行する。その意味では、「九・一一で世界が変わった」わけでもないし、大規模従軍取材に浮かれている場合でもないだろう。

注

（1）Knightley, Phillip, *The First Casualty: The War Correspondent as Hero and Myth-Maker from Crimea to Kosovo*, Prion Books, 2000, pp.469-470.

（2）Scoko, M. and W. Woodger, "The Military and the Media," in P. Hammond and S. Herman [eds.], *Degraded*

Capability: The Media and the Kosovo Crisis, Pluto Press , 2002, p.83.

(3) *Ibid.*, p.83.

(4) *Ibid.*, p.83.

(5) Hume, Mick, “Nazifying the Serbs, from Bosnia to Kosovo,” in P. Hammond and S. Herman [eds.], *Degraded Capability: The Media and the Kosovo Crisis*, Pluto Press, 2000, pp.74-75.

(6) Deichmann, “The Picture that Fooled the World,” in R.Clark etal.,Thomas, Nato in the Balkans: Voices of Opposition, International Action Center, 1998, pp.163-178.

(7) Braestrup, Peter, *Forward to Hotel Warriors: Covering the Gulf War*, by John J. Fialka, Woodrow Wilson Center Press, 1991,xiii.

第5章　総力戦の文化と限定戦争の政治的現実

1　限定戦争概念のさらなる限定化

第4章では、フォークランド紛争からイラク戦争に至る限定諸戦争におけるメディア統制とプロパガンダの変遷を具体的に見ていった。では、第3章で見たような総力戦の時代から何が変わって何が変わらずに残っているのだろうか。序で問うたような「変わらぬものと変わりゆくもの」とはそれぞれ何なのか、以下で考えていこう。

まず、戦争自体の性格変化に関連して、限定戦争概念のさらなる限定化といった現象がある。ヴェトナム戦争、グレナダ侵攻は冷戦体制下の共産主義の拡大を防ぐための戦争だった。フォークランド紛争、湾岸戦争は古典的な領土回復戦争としてたたかわれた。冷戦終結後、一九九〇年代のソマリアへのアメリカ海兵隊派遣（九二―九三年）、北大西洋条約機構（ＮＡＴＯ）の枠組みによるボスニア内戦への介入およびコソボ戦争は、不完全な要素は含まれながらも勃興してきた人道的介入の理念が実行に移された戦争だった。そして、九・一一を契機とするテロとのたたかいの一環としてのアフガニスタン攻撃とイラク戦争。戦争目的自体が「人道的介入」「テロとのたたかい」と、伝統的な戦争におけるそれから大きく変化してきた。

限定戦争ではそもそも、動員される人的および物的資源が、総動員を要請する総力戦と異なり、有限である。徴兵制から志願兵制への移行に伴い、九・一一後にアメリカ本土でテロ警戒が強化されるなどの現象はあるものの、戦場となったユーゴスラビアやアフガン、イラクでは文字どおりの限界状況が繰り広げられるが、もう一方の戦争当事者であるアメリカ・イギリス本国ではふだんと変わりのない豊かな消費・社会生活が送られ、テレビのブラウン管などを通じて観る自国が関わった戦争は人々の意識のなかでますます遠くなる。ヴェトナム戦争は初のテレビ戦争、リビングルーム戦争であり、湾岸戦争では空爆の様子が衛星生中継で、イラク戦争では前述のようにアメリカ軍の進撃の様子が大容量リアルタイム動画で伝えられた。戦争をおこなっている一方の国で銃後の国民の観客化ともいうべき現象が加速度的に進行し、「二十世紀末の世界は、個々人の戦争からの引き離しと、メディアを通じてそれを観る／知る人々の意識のなかでの戦争と死の分離とを目撃した」(1)。第一次世界大戦の昔から、「完全に安全なる場で」、映画による再現された戦闘を観る観客は存在したが、その現実から切り離された観客性は第二次世界大戦後の限定戦争、とりわけ冷戦終結後のメディア仕掛けの戦争の時代にいや増しに増しているというべきだろう。

さらに「人道的介入の戦争」、九・一一テロ、「テロとのたたかい」といった低強度・中強度の紛争や戦争では、自国の存亡がかかっているとはいえない遠い外国でおこなわれる軍事作戦に兵士と巨額の予算を確保し動員するために、メディアを通じた国民の説得がますます必要になる。湾岸戦争終結直後、フセイン政権の圧政に対して蜂起したクルド人保護のためのアメリカとイギリスの介入、ソマリアへのアメリカ海兵隊派兵といったいわゆる人道的介入の戦争、ボスニア・ヘルツェゴビナ内戦、コソボ戦争でのセルビア人悪魔化の空前のプロパガンダキャンペーン、メディアイベントとして発生した九・一一テロ、そしてイラク戦争での大規模従軍取材による見せる戦争の演出など、一九九〇年代以降の限定諸戦争にはメディアの影がいや増しにつきまとう。これらは決して偶然ではない。

2　グローバル化、ＣＮＮ効果と「見える戦争」

ＣＮＮ効果とは「国際的メディアのアジェンダセッティング能力」であり、「政策立案当局の伝統的な外交・諜報のチャネルをも補完する」ものとされるが、[2] この新語、新概念はアメリカのケーブルテレビＣＮＮがその報道に八面六臂の活躍を見せたペルシャ湾岸戦争を機に登場した。すなわち、湾岸戦争で敵対するアメリカ・イラク両国の首脳・政府関係者は互いにＣＮＮに登場して敵方にメッセージや警告を発すると同時に相手側の真意を読み取ろうとし、さらには「湾岸危機・戦争に際してブッシュ大統領はアメリカ中央情報局（ＣＩＡ）よりもＣＮＮから多くの情報を得た」とされる。[3]

いま何が重要な国際問題かを提示するアジェンダセッティング能力についても、同戦争終結直後の一九九一年春、イラク北部クルド人地区での蜂起とこれに対するイラク政府・軍の弾圧という事態に直面してアメリカ・イギリス軍がトルコ領内の北太平洋条約機構（ＮＡＴＯ）軍基地から食糧や毛布などの空中投下作戦を敢行した背景には、アメリカとヨーロッパ主要メディアのカメラの存在があったとされる。同時期に同様の蜂起をしたイラク南部シーア派教徒地区にはその存在が見られず、国際社会による介入もないまま鎮圧されていったのは対照的な事例であると。

翌一九九二年十二月、氏族抗争・内戦状態の続くアフリカの角ソマリアへのアメリカ海兵隊派遣が決定された際にも、アメリカ三大ネットワークの一つによる現地からの詳細なリポートが国内世論を喚起、死活的利害をもたない第三国への介入に必ずしも積極的でない政府の背中を押したとされる。ソマリアからのアメリカ軍撤収も九三年十月、地元武装勢力によって殺害されたアメリカ兵の遺体が首都モガディシオ市街を引きずり回される様子がテレビで中継されるや、派遣開始から一年足らずで、当時のクリントン政権がただちに決断した。

一九九二年三月のユーゴスラビア連邦からの独立宣言をきっかけに、三民族が三年余にわたって血で血を洗うたたかいを繰り広げたボスニア・ヘルツェゴビナの泥沼の内戦では、アメリカとヨーロッパメディアが競って取り上げた収容所、集団レイプ、大量虐殺などのセルビア人勢力についての極めてネガティブな話題がアメリカ・イギリス政府などによる対セルビア人勢力強硬姿勢の追い風となり、(4)同勢力に対してNATOとして空爆を敢行し、力ずくで紛争を終結せしめた。

旧ユーゴ連邦崩壊過程の一連の紛争・戦争の最終段階となった、同連邦セルビア共和国コソボ自治州のアルバニア系住民に対する広範な人権侵害に対するNATOとしての介入の戦争、一九九九年三月から六月のいわゆるコソボ戦争でも、ボスニア内戦時と同様のセルビア人悪玉論と隣国に流出する多数のアルバニア系難民の姿がアメリカとヨーロッパメディアなどにより世界中に流され、七十八日間の空爆でミロシェビッチ政権を屈服させ、紛争を収拾せしめるのに一定の役割を果たした。

CNN効果は、折しも浮上してきた、少数民族などが広範な人権侵害に遭っているときに主権国家の壁を越えておこなわれる国際社会による介入、いわゆる人道的介入の理念や冷戦終結後の力の空白に各地で噴出してきた地域・民族・宗教紛争の犠牲者や流出する難民の姿と緊密に結合して、一九九〇年代を通じて国際政治を動かすプレーヤーの一つにまで成長、発展してきた。

しかし、いうまでもなく、衛星経由で二十四時間ニュースを流し続けるＣＮＮやＢＢＣなどのいわゆるグローバルメディアが本当に自らの力だけで他国の紛争への介入についてのアメリカ政府の決定を促し、国際政治を動かしているかどうかは、そのメディアが流す情報の出所（ソース）を考えてみると疑わしい。ニュースソースに関する古典的なシーガルの研究では、アメリカ主要紙の記事中、情報のソースが中央・地方・外国の政府・議会当局者だったものが実に八割近くにのぼった。(5) この数字が三十年の時を経たにしても大きく様変わりしたとは考えにくい。

アメリカメディア・ウオッチングを続けるティンダル・レポートによると、イラク戦争へとなだれ込んでいった二〇〇二年九月から翌〇三年二月までの間に三大ネットワークで放映された〝イラク情勢〟ニュース四百十四件のうち、実に三分の一の三四％は現地発でなくホワイトハウス、ペンタゴン、国務省を情報源とするものだった。(6)

二十四時間生中継の放送体制は、紛争地などに事前の知識が十分でないまま飛び込むパラシュートジャーナリズムなど、どちらかといえば報道の質の劣化を生みがちだ。

そもそもメディアは従来から外交の補助的チャネルとして機能してきたし、クリミア戦争のような十九世紀の戦争でもイギリス紙特派員の記事がイギリス政府の政策決定に影響を及ぼしたとされる。一定程度まで政治を動かしうるメディアの力は従来から指摘されており、その程度のことなら、一九九〇年代になってはじめて登場してきた現象ではない。

さらには、メディアの運ぶ記事や映像が読者・視聴者にどれだけの影響を与えるかという、いわゆるメディア効果の問題は、戦後のマス・コミュニケーション研究でパラダイムとして君臨してきた最大の下位研究分野であり、研究者らにより弾丸効果・限定効果・強力効果の各理論が展開され議論の的となってきたが、必ずしも全面的な合意はいまだ得られていない。ひとり世界的な展開をする、いわゆるグローバルメディアの国際政治における議題設定能力だけが確実に認定されうるとするならば、それはあまりにも乱暴な議論との謗りを免れえないだろう。

何よりも、「メディアが宣伝機関として行政府に取り込まれた時、「第四の権力」は三権と同じ側に立つ行政権力の一部の地位を占めることになったのである。こうした行政府と密接な関係を持つようになったメディアはしだいにアメリカ政治の中で一体感を強め、世論形成ばかりか、諸官庁間の、また政府と議会との非公式なコミュニケーション機関としての機能を担うようになり、三権の間の広報活動を常時手助けするシステムに組み込まれた」[7]とのアメリカメディアについての佐々木伸の指摘は、CNN効果やグローバルメディアの機能を考えるうえで示唆に富む。なんとなれば、「世論形成」「米政府・議会間の非公式コミュニケーション機関化」のメディア機能を国際的な文脈に置き換えて得られる「国際世論または国際問題についての自国世論の形成」「各国政府間の非公式コミュニケーション機関化」とは、CNN効果の言葉に象徴されるグローバルメディアの機能をかなりの程度まで正確に表現しているからである。すなわち、CNN効果とは権力行使過程としての政治コミュニケーション強化の裏面の性格を色濃く備えていると考えるべきである。

結局のところ、一部の世界的な展開をするアメリカやイギリスのメディアがそれ自体、国際政治をも動かす強力な機能を備えるに至ったというよりは、政治のほうが絶えずテレビカメラの存在を意識してその権力行使強化の過程でメディアを不可欠のチャネルとして組み込んできたといったほうが正鵠を得ているだろうか。

しかし、そうした事情をふまえたうえでなお、二十四時間、リアルタイムニュースを流し続けるグローバルメディアが刻々と、または瞬時に国際政治の当事者間の交渉・コミュニケーションの不可欠なチャネルとなり、政権を握る者たちがそのチャネルを敏感に意識しながら言動に及ぶという、従来は見られなかったレベルでメディアを介した政治がおこなわれていること自体は十分に留意をすべきだろう。テレビという視聴覚メディアが備える本来的なヴァーチャル性についてはすでに多くの指摘がある。CNN効果とは、われわれがいかにメディア仕掛けの遠い現実（国際関係）をさながら身近なもののように感じて生きるようになってきているかを如実に示すものといえるだろう。

3　テクノロジーの進展、軍事革命（RMA）と「見えない戦争」

前節でメディア仕掛けの「見える戦争」の側面について検討してきたが、今度は「見えない戦争」化という逆の事態の進展について考察を加える。「見えない戦争」とまでいうべき現実は情報通信技術の発展によって軍事の世界に押し寄せてきた大きなうねり、いわゆる軍事革命（RMA）によってもたらされつつあるものだが、まずはその前段階として「見えにくさ」をもたらしてきた戦場・前線への記者、カメラマンのアクセス制限強化の問題を整理しておこう。

一九八二年四月から六月にかけて、ブエノスアイレス沖の南大西洋に浮かぶ島々の領有権をめぐってイギリス・アルゼンチン間で戦火が交えられたフォークランド紛争では、イギリス政府・軍は自国メディアの記者・カメラマンら三十人弱からなるメディアプールに戦場の島への上陸を一度だけ許可したものの、それ以外はメディアを現場から完全にシャットアウトした。このほぼ全面的なアクセス拒否はアメリカ政府・軍に継承され、八三年十月のカリブ海に浮かぶ島国グレナダへの侵攻と八九年十二月のパナマへの侵攻では、それぞれ主要な戦闘がおこなわれた三日間、メディアは前者では隣の島国に、後者に際しては現地のアメリカ軍基地内に留め置かれるなど、完全なるアクセス拒否へと発展した。九一年の湾岸戦争ではプリントメディア記者、同カメラマン、テレビ、ラジオの大規模なプールが編成されてサウジアラビアの砂漠を進むアメリカ軍部隊に従軍が許されたが、原稿・写真の徹底的な事前検閲がおこなわれ、期間・規模ともに大規模な戦争時のメディア統制の一種、完成型ともいうべきものに到達した。

このようにフォークランド以降、湾岸戦争に至るまで漸次、強化されてきた戦場へのアクセス規制だが、空爆だけで敵方を屈服せしめた史上初の主要な戦争となった一九九九年のコソボ戦争では「前線の不在」という新たな要素が加わった。高度五、六千メートルの上空からの戦闘機によるミサイル攻撃、アドリア海に展開する空母機動部隊などからの巡航ミサイル発射だけでは、両軍兵士が文字どおり白兵戦を繰り広げる言葉本来の意味の地上の前線は形成されず、したがって記者・カメラマンの従軍取材、アクセスの問題も前提自体が成立しなくなる。最後まで地上軍が投入されなかったコソボ戦争では強化すべきアクセス規制の問題自体が不在となり、結果として当局にとって労せずしてほぼ完璧な規制が可能となった。

アクセス問題の不在に加えて、コソボ戦争ではやはり史上初めて、近未来のサイバー戦争の萌芽も見られた。アメリカ主要メディアによると、アメリカ政府は戦争中、ミロシェビッチ・ユーゴ大統領の海外の銀行口座に電子的に侵入して預金を消滅させる、ユーゴの軍・交通・電気・水道などを制御するネットワークに侵入して混乱を生じさせる、などの計画を検討、クリントン大統領も前者については実行を承認していたという。実際に、ユーゴ軍の防空システムは一時的に麻痺させた。[8]

九・一一アメリカ同時多発テロに対する報復としてたたかわれた二〇〇一年十月からのアメリカ・イギリス軍によるアフガニスタン攻撃では、空爆を主としながら、ハイテク武装した一部特殊部隊兵士らが地上の戦闘に投入されたものの、メディアはカブール北方のバグラム空軍基地などに閉じ込められ、アルカイダやタリバンの残存兵士狩りが続く戦場から完全に遠ざけられた。コソボ戦争で登場した「見えない戦争」化の流れはアフガン攻撃でもさらに強まった。

サイバー戦への動きもさらに進んで、コソボ戦争終結後の一九九九年十月にはアメリカ宇宙軍司令部（当時）が近未来の本格的なサイバー戦に備え、ネットワーク防衛の、二〇〇〇年四月には同攻撃の任務をアメリカ大統領から正式に付与された。二〇〇二年七月には、イラク戦争をにらんで、ブッシュ大統領がサイバー攻撃のガイドライン策定を命じる大統領令に署名した。[9] イスラム原理主義を奉じるタリバン政権下でインターネットへの接続はもちろんコンピューター端末の所有も禁止されていたアフガニスタンではサイバー攻撃もおこないようがなかったが、イラクは必ずしもそうではない、とは開戦前に関係者の間で囁かれていたことである。

六百人にのぼる大規模な従軍取材が許可されたイラク戦争でこうした「見えない戦争」への流れは止まったように見えるが、現実は決してそうではない。同戦争に際してもラムズフェルド・アメリカ国防長官の推進する「小型・軽量化」へのアメリカ軍の再編（トランスフォーメーション）は確認され、対イラク戦は湾岸戦争時の半数以下の兵力でたたかわれた。アメリカ軍のサイバー戦争への対応・再編は二〇一五年から二〇年ごろには完了するとされ、敵方の交通・エネルギー・食糧備蓄などを制御するコンピューターネットワークに侵入して、それを一時的に麻痺・停止・混乱させ敵方に甚大なる被害を与えるようなサイバー攻撃の激化は押しとどめようのない流れである。

情報通信技術の飛躍的進展はいま、戦争自体のありようを大きく変えつつある。いわゆる軍事革命（RMA）である。中村好寿はRMAについて、「二〇二五年ごろには広くいきわたる社会現象」としたうえで、たたかいの性格の変化として、装備・兵士といった有形の戦闘力を破壊・殺傷する従来の消耗戦に対し、情報・指揮統制・心理・士気など無形の戦闘力に焦点を当てる麻痺戦、ショック戦が中心となること、たたかいの形態の変化として、①火力戦に対して心理・宣伝・サイバー戦などの情報戦が重要になる、②空間次元の支配に対して時間次元の支配（敵発見―意思決定―行動のサイクルの迅速化）が重要になる、③前線重視のたたかいから戦場全域で同時に戦闘が生起するようになる（前線の消滅）――ことを指摘している。[10]

前線が消滅すれば記者、カメラマン、テレビクルーの従軍取材は存立が難しくなるし、敵方の軍事・エネルギー・交通などを司る基幹コンピューターに電子的に侵入してシステムを麻痺・破壊せしめるようなサイバー戦が大規模に展開されるようになれば、ジャーナリストが目撃者・証言者として立ち会える余地は小さくなり、「見えない戦争」化、近未来の戦争のヴァーチャル化はさらに進む。

前線の消滅もサイバー戦の萌芽も、地上軍を投入せず空爆だけで敵方を屈服せしめた史上初の主要な戦争となったコソボ戦争ですでにわれわれは目撃している。アフガニスタン攻撃、イラク戦争では敵方のコンピューター、ネットワークの不在などの事情で全面的な開花には至っていないが、テクノロジーの進展という一種不可逆的な流れと並行して、基本的に逆戻りすることはない近未来の戦争のありようといえる。

もちろん、戦争とメディアという問題の出発点となった第一次世界大戦の昔から視聴覚メディアが伝える戦争のヴァーチャル性、世界の一部を全体と錯覚させる機能が存在したことは周知の事実である。映画はフィクションであるがゆえに、戦場の兵士たちが事前に映画でつくられた強固な戦争イメージを基準にして眼前の現実をそれに重ね合わせるほどに青年たちの意識のなかでの戦争を準備してきたし、[11]テレビはその「視聴が習慣化されると、自然な知覚と人工的な知覚のいずれがリアルかも曖昧にな」り、その「体験は社会的経験の複雑性を減少させる」。[12]しかし、近未来に前線なき、目撃者なき戦争が広範に繰り広げられるようになるとしたら、問題はさらに次の段階に移行するというべきだろう。

4　パブリックリレーションズ技術の政治応用と「見せる戦争」

前述のように、イラク戦争では六百人規模の従軍記者、カメラマンの手によってペルシャ湾岸の砂漠を進軍するアメリカ軍部隊の様子が衛星回線経由の大容量動画映像で世界中に生中継され、それまでの「見えない戦争」への流れが一転したような印象を振り撒いている。しかし、同戦争での従軍取材許可はアメリカ政府・軍の綿密で周到な広報戦略に基づいて決定されたもので、その意味で当局側がメディアを通じて見せたいと考えたものを見せるための措置であり、イラク戦争は当局側の演出による「見せる戦争」の性格を帯びた。

問題を考える際のポイントは二つある。一つは従軍取材記者の軍との心理的一体化の問題であり、もう一つは一九八〇年代以降、アメリカとイギリスで本格化・システム化してきたパブリックリレーションズ技術の政治およびその延長としての戦争への応用という問題である。

従軍記者の兵士との心理的一体化は古くて新しい問題である。戦場で食糧や移動だけでなく身の安全自体を兵士に依存する記者・カメラマンが、しかも多くの場合、自国の若者である兵士らに自己同一化せずに過ごすのは至難の業である。早くも第一次世界大戦でフランスなど大陸ヨーロッパの戦場でイギリス軍に従軍取材した記者らの間でその現象は観察されている。イラク戦争に先立つこと十二年前、湾岸戦争でイギリス軍に従軍したBBC記者もやはり同様の「前線の兵士らと危険、苦難を分かち合ってわれわれ（記者ら）が彼ら（兵士ら）と同一化するよう仕向ける」イギリス軍の施策と記者らの心の動きを報告している。

従軍取材ではないが、自国の存亡まではかかっていない限定戦争でまでメディアがナショナリズムに走る現象も、フォークランド紛争など多くの戦争で目撃されている。イラク戦争での大規模従軍取材を構想した当局者はこうした戦時におけるメディアの心理・生理を十分に計算のうえ、導入に踏み切ったのである。

もう一つのパブリックリレーションズ技術の政治応用は一九八〇年代、レーガン政権時代に組織的な導入が図られた。メディアの懐柔・取り込み、政策の中身よりイメージ優先、予算・職員の広報活動への重点配置などを骨子とする、PR会社出身でレーガンのカリフォルニア州知事時代からの側近としてそのホワイトハウス入りにも辣腕をふるったマイク・ディーバー大統領次席補佐官の名をとって呼ばれる、いわゆるディーバーシステムである。

ウィルソンに淵源するホワイトハウスによるマスメディアを通じての国民に対する働きかけは、歴代大統領の下で漸次強化されてきた。

ウィルソンの後に三代続いた共和党政権の最後、ハーバート・フーバー大統領はホワイトハウスに報道官職を創設した。フランクリン・ローズベルトの後を襲ったハリー・トルーマンの時代に、ホワイトハウス記者団が誕生。またローズベルトの炉辺談話に続き、トルーマンは一般教書演説をラジオで生中継させた。

本格的なテレビ時代が到来した一九五〇年代、ドワイト・アイゼンハワーは早くも大統領選挙戦にテレビの活用を開始。また、同大統領は必要な情報は一定の範囲内で提供するかわりに、報道内容は詳細に監視。政権末期には、大統領の病状について虚飾された情報を流し、元気な姿を内外にアピールした。ジョン・F・ケネディは大統領選挙戦にテレビを徹底利用し、就任後は一日二度の定例記者会見を制度化、その記者会見もテレビで生中継させた。

ニクソンは今日まで続くホワイトハウスのメディア対策の基本的考え方をつくりだした。メッセージをコントロール、できるだけ単純化し、繰り返し伝えたのである。選挙戦でテレビコマーシャルを制作する一方で、本人への取材は厳しく制限。当選後もテレビを徹底利用し、歴史的な訪中も日程をテレビのニュース番組に合わせて調整した。ニクソンのメディア対策は総じて力によるコントロールといえる。報道官室のほかにコミュニケーション室を設置して、情報量を抑え、断片的情報をメディアに与えた。しかし、ウォーターゲート事件で連邦議会の公聴会の様子がテレビで生中継されてから、支持率は急速に低下した。

ジミー・カーターは政策そのものの内容には懸命に取り組んだが、それをどう売り込むかには無関心だった。こうしたカーターを象徴するようなエピソードがある。アメリカ大統領は超大国の最高司令官として、力の象徴でなくてはならない。ある朝、カーターがホワイトハウス周辺をジョギングしていたとき顔を歪めて苦しむ様子がテレビを通じて流され、その後の検査で異常なしと確認されたものの支持率に大きく影響した。

そして、レーガンである。同政権のメディア対策は、現在に直結するメディアコントロールの原点であり、その時代に一種のシステム化がはじまった。ディーバー大統領次席補佐官は、①大統領やホワイトハウスのニュースをメディアに取り上げさせる、②メディアを敵に回さず取り込む、③メディアのフィルターを通して情報を流す、④政策の中身よりイメージ優先——などからなるコミュニケーション戦略を確立。大統領が演説する場所や写真撮影の場所を事前に綿密に計算し、ホワイトハウスでのフォトオプ（写真撮影の機会）の際は失言を繰り返す大統領に質問は認めず、毎朝ディーバーら側近三人が「その日の筋書き」会議を開いて大統領のイメージアップのための重点広報目標に基づく諸決定を各省庁に一斉送付、政権の高官の二五％が広報活動に関与する大がかりな体制が組まれたのである。(13)

日常的に高度の競争関係にあるというメディアの生理を逆手に取り、大量の情報をタイミングを見計らって与えるといった、ディーバーがつくりあげた広報システムは平時だけでなく、情報の管理・メディア対策がより重要性を帯びる戦時にも適用された。レーガン政権がおこなったカリブ海に浮かぶ島国グレナダへの武力侵攻で記者を戦場の島から完全に締め出したのを皮切りに、以降のアメリカがその領土外でおこなう限定戦争でメディア統制が強化されていったのは既述のとおりである。

レーガンの後を継いだジョージ・H・W・ブッシュは、対立する民主党の候補で死刑廃止論者のマイケル・デュカキスを追い落とすため、テレビコマーシャルなどで徹底したネガティブキャンペーンを展開。ホワイトハウス入りすると、徹底した秘密主義を貫き、ブッシュ以下、ダン・クエール副大統領、ジェームズ・ベーカー国務長官、リチャード・チェイニー国防長官、ジョン・スヌヌ大統領首席補佐官、ブレント・スコウクロフト国家安全保障担当大統領補佐官、ロバート・ゲーツ同次席補佐官（のちにCIA長官）、コリン・パウエル統合参謀本部議長ら、ビッグ8と呼ばれる側近政治を敷いた。湾岸戦争に際しては、大がかりな軍事力行使を正当化するためイラク軍の強大さを強調、フセイン・イラク大統領をヒトラーになぞらえるなどの情報操作、プロパガンダを展開した。

レーガン政権時代にはじまったパブリックリレーションズ技術の政治応用は、一九九〇年代、民主党のクリントンによっても継承されていった。ランニングメイト（副大統領候補）のアル・ゴアとともに、若さと変化をキャッチフレーズに、より近いところで有権者にふれられるバスで全米を遊説し、選挙運動中も大統領就任後も女性問題や徴兵逃れ、マリファナ吸引などの数々のスキャンダル・疑惑に悩まされながらも二期八年の任期を全うしたクリントンは、日常的に異常なまでに世論調査の支持率の増減にこだわった。アメリカ大統領政治はここにきて、内容よりもイメージこそが問題とされるものになり、同大統領の二期目には、ホワイトハウスにスピンドクター（政治の世界で支持率の維持・上昇のためにメディア対策に従事する専門家）のポストを報道官とは別に設置もした。

大統領選の投開票をめぐるフロリダでの前代未聞の大混乱を経て、疑義を残したまま就任したブッシュ・ジュニア現大統領のメディア対策については詳述の必要はないだろう。キリスト教福音派（原理主義）の影響を色濃く受けているとされる現大統領の、「テロリストの側につくか、われわれの側につくか」といった世界を単純化する正邪二分法や、アルカイダとのつながりや大量破壊兵器の存在を理由にしての対イラク開戦は主要な戦闘の終結から三年近くたってもいまだに肝心要の開戦理由が立証されないままであり、イラク戦争へとなだれ込むプロセスそのものが、一種の巨大なプロパガンダともいえる。話を戦時のメディア対策、プロパガンダに戻そう。湾岸危機・戦争でのイラク兵の残虐行為に関するクウェート人少女のアメリカ議会公聴会でのニセ証言、ボスニア内戦からコソボ戦争に至る一連の旧ユーゴスラビア連邦崩壊過程の諸戦争でのセルビア人の悪魔化などの背後にパブリックリレーションズ会社があったことも、周知の事実である。(14)

そしてイラク戦争での記者取り込みのための従軍取材許可。この施策はやはりPR会社出身で当時、アメリカ国防総省報道官を務めた人物らによって構想された。ここで従軍記者の兵士との心理的一体化とPR技術の政治応用の問題は大がかりな一体化をみる。「見せる戦争」とはいうまでもなく、演出であり、戦場の現実を可能な限りありのままに伝えることとは根本的に性格を異にする。その意味で、やはりメディアを通じて世界の観客に受容される戦争イメージのヴァーチャル化は、イラク戦争という「見せる戦争」によっても促進されたのである。

以上、限定戦争概念のさらなる限定化に伴う銃後の国民の観客化、権力行使過程としてのコミュニケーション行為のシステム化に伴う記者の戦場からの隔離やプロパガンダの熾烈化、CNN効果などに象徴されるメディアを媒介にした政治の進行、そして情報通信技術の進展に伴う戦争のヴァーチャル化、「見えない戦争」化の進展という現象は、二十世紀最後の十年、冷戦終結後の一九九〇年代にとりわけ顕著なかたちで姿を現し、いまなお急激な勢いで進行しつつある。われわれはますますメディア仕掛けのヴァーチャル化された戦争を観客として見せられ、そのブラウン管に浮かぶ人工の光の粒子も一点の曇りもない「見せる」映像により影と輪郭をぼやけさせつつある。

「見える」「見えない」「見せる」と表面に浮上してくる形態は変わっても、グローバルメディアが伝達の役割を担わされた「見える戦争」と戦争の仕方自体の変化に伴う「見えない戦争」、さらに広報上の計算に基づく演出としての「見せる戦争」の三者いずれも、戦争のヴァーチャル化を推し進めてきたというべきだろう。われわれがいま目撃しているものは、戦争をめぐる「見える」「見えない」「見せる」の同時進行、同義化ともいうべき現象である。

ハリンによれば、「戦時コミュニケーションをめぐる抗争の多くは総力戦の文化と限定戦争の政治的現実との衝突に由来する」[15]。限定戦争がさらに限定化し、人間と物資の有無を言わせぬ総動員が難しくなった分だけ、遠く離れた外国の戦場に息子たちを派兵するための世論説得の必要性が増してきているのだ。政治、戦争、メディアのいずれをもすさまじい速度で変容させつつあるテクノロジーの進展も相まって、世界大戦＝総力戦の枠組みからもう一段階進んだ戦争とメディアの関係性は見いだしうるのではないか。もし、そうだとしたら、その変容はイラク戦争や九・一一ではなく、二十世紀末のある時期にすでにはじまっているのではないだろうか。

5　メディア、権力、オーディエンス

総力戦から限定戦争への移行とそれに伴う戦争とメディアという問題の枠組みの変化をこれまで見てきたが、ここでしばし立ち止まる。戦争とメディアの関係性を考察するにあたっては、メディアは当局の権力行使、その極限としての戦争を監視するが、戦争努力を進める政府・軍当局から常に何らかのか

たちで統制を受ける、という前提だけではおそらく不十分なのだ。換言すれば、メディアはおそらく一方的に統制されるだけのものではない。

現代マス・コミュニケーション研究の父ラスウェルが第一次世界大戦におけるプロパガンダの問題を分析した記念碑的論文で、「(戦争は)ニュースの素材を供給するだけでなく、需要をも生み出す。戦争にあまりにも深く魅入られ、組み入れられているため、新聞はそのプラカードに売り上げを増大させてくれる「偉大なる戦争」と掲げるしかない」と書いたことはすでに紹介した。内容分析というマス・コミュニケーション研究で一般的な方法は、第二次世界大戦中にラスウェルらのアメリカ議会図書館の戦時コミュニケーション研究実験部門とアメリカ連邦通信委員会(FCC)の外国放送情報部などがおこなったプロパガンダの研究、特に後者がおこなったナチスドイツとその同盟国の動きを察知・予測するための敵国の国内向け放送の分析で、初めて大規模かつ実践的に適用されるようになった。[16]

戦争の影がつきまとうのは、マス・コミュニケーションという社会現象、社会過程を対象にした研究だけではなく、ジャーナリズム、マスメディアそれ自体にも、である。古代ローマの辺境の有力者に派遣されて首都の政治・経済情報を主人に送り続けた知的奴隷たちこそが「最初のジャーナリストたち」であり、メディアはその歴史を通じて「権力の代理人」でありつづけてきた、とのアートシュールの苦い認識は第1章で紹介した。

大石は、「国民」意識の創生と近代国民国家の形成に一定の役割を演じ、いわば国民国家の発展とともに歩んできた近・現代マスメディアについて、「戦時下では(略)国民的関心事である戦争報道を積極的に行う。その報道は、当然のことながら自国の正当性を主張し、「国益」の擁護を強く主張する。この「国益」意識の高揚と関連しながら、「国民」意識は再生産され、強化される。その一方で、敵国に対して述べられるさまざまな非難の言葉もニュースの中で伝えられる」と、その戦時にナショナリズムを高揚させるメカニズムを説明した。[17]

一方、ハリンはアメリカ三大ネットワークによるヴェトナム戦争報道の内容分析をおこない、一九六八年一、二月のテト攻勢のころまでは、実際の戦闘を扱った映像は全体の約二二%、死者や負傷者の姿が映し出されたものも約二四%にすぎず、「アメリカ政府のヴェトナム政策に一方的なまでに好意的である」とした。[18] 解放戦線、北ヴェトナム軍によるサイゴン市街を含む南ヴェトナム全土での蜂起を境に、三大ネットワークはヴェトナムの泥沼での犠牲者の姿やアメリカ本国の反戦運動などを頻繁に扱いはじめるが、ハリンによれば、この報道のトーンの変化をもたらしたものは〝客観報道〟そのものである。すなわち、六八年二月のアメリカ大統領選の民主党ニューハンプシャー州予備選で反戦派のユージン・マッカーシー上院議員が四〇%を超す票を獲得して現職のリンドン・ジョンソン大統領に再選出馬を断念させる、公民権運動などとも連動して全米の大学キャンパスで燃え上がったスチューデントパワーなど、アメリカ社会で異議申し立て、反対派の声が大きくなってきた現実を忠実に反映した結果に、それはすぎない。このように、テト攻勢を境にした報道の変化は、ヴェトナム戦争に対するアメリカ社会のオピニオンが、ジャーナリストだけでなく社会の構成員の大半に物議をかもすようなものとはみなされない社会的事象の場である「合意の領域」から、社会の主流から廃棄された意見の処分場たる「逸脱の領域」との中間にある、一定の議論が許容される「理にかなった議論の領域」に移行、メディアもその移行に波長を合わせた結果とされる。[19]

ハリンの説く、ニュース生成に果たすオーディエンスの役割については、いわゆるニュースフレーム理論、メディアフレーム理論と呼ばれる一連の先行研究がある。

ゲイ・タックマンは「ニュースが現実世界の客観的な反映ではなく、ニュース制作や生産に携わる人々の現実世界への主体的関与によってもたらされるととらえ、（略）ニュースによって見えるものと見えないものが作られるのだと指摘した」[20]。

トッド・ギトリンは「マス・コミュニケーション過程がヘゲモニックな過程であるととらえ、ニュース生産の過程が、ヘゲモニックな原則による社会的現実の認識・解釈・提示の持続的様式によって成立するととらえる」。メディアフレームは「通常はニュース生産過程に携わる人々に意識されることなくそれらを拘束するが、それらフレームが社会政治状況の認識フレームとしてある程度の可塑性を有しているために、それらフレームによる現実の認識や解釈の有効性や正当性に疑念が生じたとき、フレームの転換が生じる」[21]

ハリンによる三領域のモデルの後にも、パメラ・シューメーカーらは、ニュースが①個々のジャーナリストの思想、家庭環境、教育、ジェンダー、エスニシティなど、②メディア組織のルーティン、③メディア外組織、社会勢力、ソース、④イデオロギーの四層にわたる要因によって決定されていくと論じた[22]。

メディアの報道は、所属する社会の主流、多数派が当然のことと合意しているか少なくとも冷静な議論は可能と考えている範囲に集中し、そこをはみ出た議論は積極的には扱わないか、扱う場合にでも「珍奇な異端」として提示しがちである[23]。所属社会の多数派がナショナリズムに傾きがちな戦時ではこの傾向はいや増しに強くなる。かくして、ハリンとギトリンが言うように、「戦争とは正真正銘、ポピュラーカルチャーの一部」となるのだ[24]。

ニュース生成過程にオーディエンスの一定の役割を見いだしたギトリン、ハリンらの理論は、おそらく現代マス・コミュニケーション研究がはじまった直後から、「先進産業社会を中心としてコミュニケーション過程におけるマス・コミュニケーションの比重が増大し」「送り手と受け手の役割分化が進み、相互の役割交換の可能性が著しく減少するにしたがい、相互作用としてのコミュニケーションという見方が後景に退くようになってきた」[25]流れに対して、一種「オーディエンスの再発見」ともいうべきものである。

「再発見」以前の、プロパガンダ研究から効果研究に至る一連のパラダイムの背景には、国家による社会の統合、メディアによる大衆の動員といった二十世紀を特徴づける社会的現実が横たわっていた。

政治学者でもあったラスウェルは、コミュニケーションを権力行使過程としてとらえる政治コミュニケーション研究の祖でもあるが、その研究枠組みでは「政治コミュニケーションとは、次に示す目的を持って送り手が受け手に対し、政治的メッセージを意図的に伝達することである。その目的とは、そのメッセージが伝達されなかったならば、行われなかったであろう行動を受け手にさせること」と規定された。

ラスウェルの理論体系では、勢力の主体であるエリートがどのようなかたちで社会的価値を最大限に獲得できるかに初めから焦点が当てられ、エリートによるシンボルを用いた大衆説得・宣伝、その効果の問題が中心に位置していた。

ここから初期のプロパガンダ研究はやがて効果研究へと発展、後者はパラダイムとして君臨していく。政治コミュニケーション研究も長きにわたって、選挙、世論調査などが中心的な研究テーマでありつづけてきた。「コミュニケーションの二段の流れ」の提唱につながったエリー調査（一九四〇年、オハイオ州エリーカウンティ）も、アジェンダセッティング理論につながったマコームズとショーの調査（一九六八年、ノースカロライナ州チャペルヒル）も、政治コミュニケーション研究というよりは効果研究に分類されるものだが、アメリカ大統領選でのメディアの運ぶ情報のオーディエンスへの効果を測る調査だった。

しかし、ラスウェルの権力、エリート、オーディエンス論、少なくとも前二者を今日、そのまま受け入れることは難しい。

ラスウェルの権力観は、「権力とは意図した政策に対する不同意がある場合、事実上であれ脅迫であれ、地位剝奪の力を借りて他人の政策に影響を及ぼす過程である」[26]との言葉に最も特徴的に表われている。佐々木毅によれば、これは典型的な権力のゼロ・サム・ゲーム現象としての把握である。権力とは希少価値をめぐる競争・闘争と不可分であり、人間のエゴイズムに源泉をもつ悪魔的世界を示すものとなる。[27]

このような権力把握は、ハンナ・アーレントのように権力を関係者全員に価値付与をもたらす集団的能力ととらえる考え方と大きく立場を異にしているのはもとより、「権力には二つの貌があり、第一の貌は関係者相互間の直接的紛争、対立の場での影響力を発揮し、第二の貌は公的意思決定の場に登場しないよう争点を抑圧、隠蔽する作用を及ぼす」という二次元的権力観や、さらに「権力を対立、紛争に着目してとらえようとすること自体に疑問を呈し、権力の最も巧妙なかたちは争点が公の場に登場するのを防ぐことにあるよりも、いかなる意味においても紛争、苦情が発生しないようにすること」とする三次元的権力観と比べても粗削りの観は否めない。

エリートについては、ラスウェルは「社会的尊敬、収入、安全といった諸価値を最大限に獲得する人々であり、そうした諸価値を獲得する方法はシンボル操作による宣伝、暴力、財貨、政策である」[28]

としている。ここで問題になってくるのは、エリートが諸価値を獲得する手段として強調されているのが宣伝と暴力であり、とりわけ人間を操作する技能に大きな比重が置かれている点だろう。ここにも効果研究に至る自明の前提とでもいうべきものがはっきりと見て取れる。

このように、ラスウェルの権力論、エリート論のいずれも今日ではそのままでは通用しにくいものだが、最後のオーディエンス論はとりわけ問題をはらんでいるというべきだろう。ひたすら受動的で、パワーエリートの操作になすがままにされる人民像がやはり自明のものとして語られているからである。

諸社会科学における二十世紀初頭までの人民観とは、「民主主義は人民による人民のための政治」という考え方に直截に現われたるものだった。そこでは、人民の間で公共の利益の認識が広く分有され、人民自身が十分な問題解決能力をもって決定をおこない、代表者たちはそれを便宜的に執行する存在である。しかし、人民のための政治が独裁、一党支配と結び付きうること、ルソー流の一般意思の理論がプロレタリア独裁の名の下に容易に全体主義へと転化しうることを、われわれは戦争と革命の一世紀の経験から知ってしまっている。

こうした自立した市民像に対して登場してきたのが、「人民が共有する公共の利益といったものは存在しないし、一般意思の存在を想定することには根本的疑問がある。人間は身近なことについてはかなり合理的な判断ができるにしても、遠い、自分に直接関係ないことについては責任感を感じることができず、適切に理解しようとする意思を欠き、結果、無知と判断力欠如に見舞われる。人民の意志、一般意思とは政治家、政党が人為的に形成したものであり、政治の推進力どころかその産物でしかない」という、たとえばヨーゼフ・シュンペーターによる批判である。(29)

ラスウェルもこのような受動的で、いささかペシミスティックな人民観、オーディエンス観を共有していた。

　現代アメリカを代表する政治学者ロバート・ダールによると、多数者の意思といったものは存在せず、選挙のときなどに現われてくるのはさまざまな意思の組み合わせの結果でしかない、ということになる。ダールはこの認識に基づいて、政治家と政治階層（利益集団、メディアなど）による共同統治を提唱した。

　しかし、ダールに代表される多元主義の閉鎖性を批判する参加民主主義論者たちは、参加そのものの意義を強調した。わが国でもこの十数年来なじみとなっているハーバーマス流の公共圏をめぐる議論に見え隠れすることが多い主張で、コミュニタリアニズムなどが代表的な思想的立場となる。

　こうした立場と相互に影響を与えながら、メディアの世界では、草の根の市民の参加による新たなジャーナリズムを構築していこうとするパブリック・ジャーナリズムなどの運動や、またオーディエンスの能動性を説き、受動一方のオーディエンス像を前提にした効果研究パラダイムを突き崩すのに一役買ったイギリス発祥のカルチュラル・スタディーズも表舞台に登場してきて久しい。

　パブリック・ジャーナリズム、カルチュラル・スタディーズほど全面的な能動的オーディエンス観をもつものではないが、前述のニュースフレーム、メディアフレーム理論もマスメディアの流す情報内容から、それが強力であろうと限定的であろうと、一方的に影響を受けるだけのオーディエンス像を説得力に満ちたかたちで否定した。ラスウェルのオーディエンス観はこうした観点から一定の修正を受け入れざるをえない。

　政治コミュニケーションをエリートによる大衆操作モデルでなく、政治（権力）⇅メディア⇅オーディエンス関係、三要素間の相互権力行使（作用）過程としてとらえ直す作業が必要とされている。

政治権力⇄メディア⇄オーディエンスの相互権力行使過程の図

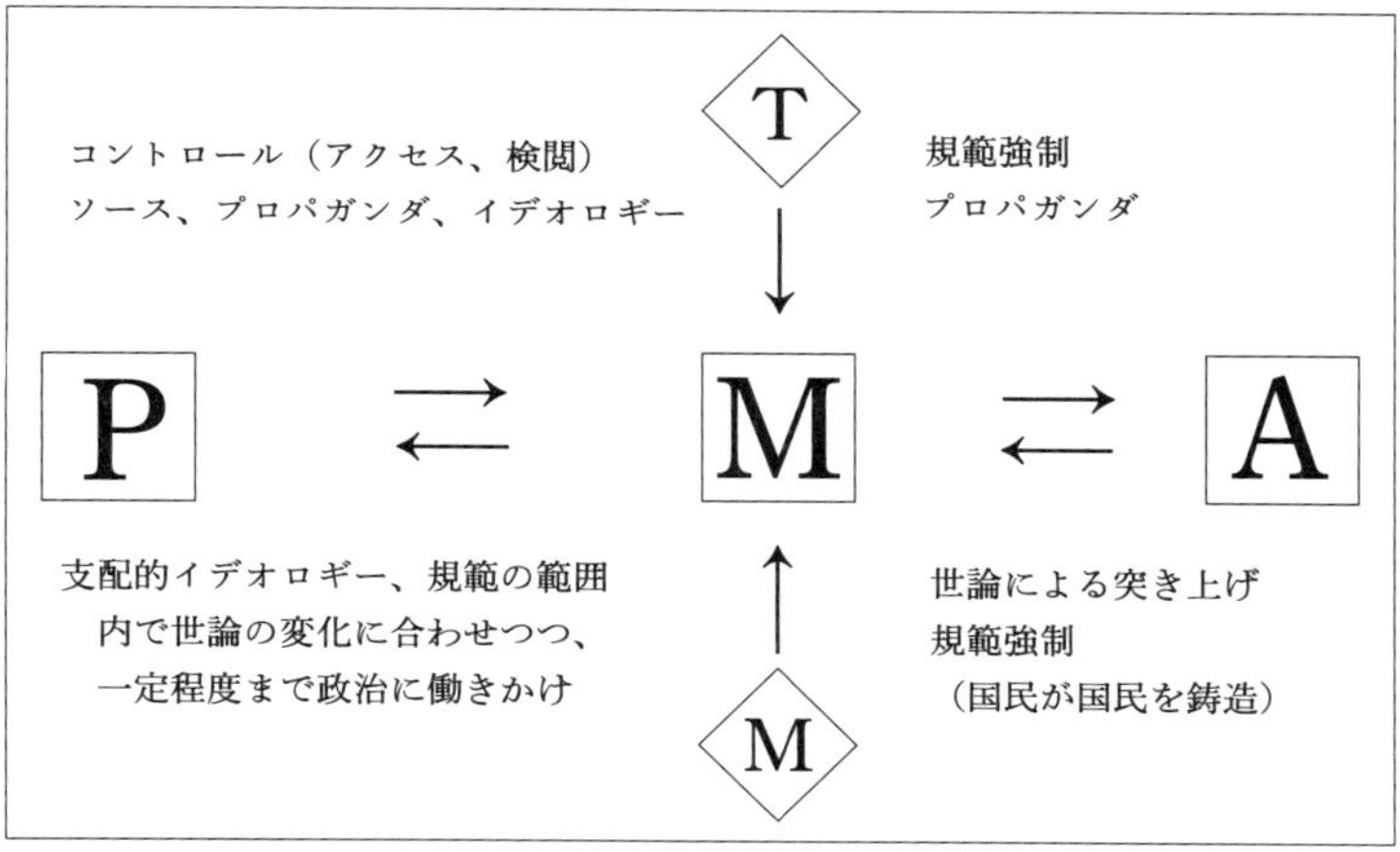

マートンとラザースフェルドは、マスメディアがもつ地位付与機能、社会的規範強制機能、麻酔的逆機能を指摘した。一方で、メディアフレーム論者たちはニュース生成過程におけるオーディエンスの役割に注目する。両機能を合わせると、ニュースはメディア外組織、当該社会の支配的イデオロギー、さらには世論の動向から強い影響を受けながら生成され、社会に対して規範の強制・維持・定着をおこなう、ということになる。

本書は、プロパガンダ、とりわけ戦時のそれをアクセス規制・検閲などのメディア統制と表裏一体でおおむね反比例するものとしてとらえ、さらに上図のような政治⇅メディア⇅オーディエンス三者の相互権力行使（作用）過程の一部分を構成するものとしてとらえることを提起する。政治コミュニケーションにおける分析枠組みを「プロパガンダ研究→効果研究」から「政治（権力）⇅メディア⇅オーディエンス三者の相互権力行使（作用）過程」へとする試みといってもいいだろうか。

上段はメディアの安定化・現状維持機能である。権威主義、ソビエト共産主義モデルはメディアのこの部分の機能が強調されたものと理解されうる。政治（権力）からメディアへは平時・戦時を問わず、出来事が起きている現場へのアクセス制限・自粛を含めた有形無形の検閲のほか、オフィシャルな情報源（ソース）へのメディアの日常的な依存を逆手に取るかたちでもコントロールがおこなわれる。平時のパブリックリレーションズが戦時にはとりわけプロパガンダというあからさまなかたちをとるが両者は連続的である。

メディアからオーディエンスに対しては、ラザースフェルドらが発見した規範強制などの機能が働く。ラスウェルの三機能はおおむね、環境の監視が権力からメディアへ、環境の変化に反応する際の情報流通・合意形成と世代から世代への社会的遺産の継承の二つがメディアからオーディエンスへの働きかけと位置づけられよう。

下段はメディアが、支配的イデオロギー・規範・世論の変化に合わせて、一定の範囲内で変化を促す機能である。自由主義、社会的責任モデルはメディアのこの機能を重視したものといえる。オーディエンスからメディアへは世論によるメディア批判・突き上げのほか、支配的イデオロギーおよび世論の動向をにらみながらメディアがその論調をつくりあげていく現象も含まれる。オーディエンスからメディアに対して出ている規範強制の矢印は一方向的なものではなく、いわば当該社会の構成員がメディアを利用するかたちで、たとえば国民としての規範をほかの構成員に強要する作用である。

メディアから政治（権力）へは、支配的イデオロギー・規範の範囲内で、世論の変化に合わせながら、一定程度まで政治に対して働きかけをおこなう。

当該社会で支配的なイデオロギーの強制は、政治（権力）とオーディエンスによる協働の結果として、メディアに対しておこなわれる。

　このモデルによれば、CNN効果とは以下のように説明される。まず、政治（権力）がメディアに対して情報ソース面および人道的介入の理念（イデオロギー）による影響力を行使する。メディアはオーディエンスに対してグローバル市民という規範を与え、逆にオーディエンスはメディアに対して普遍的な人権の理念に基づいて介入・不介入の世論による突き上げをする。最後にメディアは政治に対してその世論の動向変化に合わせながら介入・不介入をめぐり働きかけをおこなう——。

　九・一一テロ後に、メディアがナショナリズムを煽った現象も同様に、政治がメディアに対して「テロとのたたかい」というイデオロギーによる影響力を行使、次いでメディアはオーディエンスに対してナショナリズムの規範を強制、オーディエンスのほうもメディアに対してナショナリスティックな世論の突き上げをおこない、最後にメディアが政治に対して軍事行動支持の働きかけをおこなう、といったように説明されうる。

　アクセス規制・検閲、プロパガンダおよび従軍記者の兵士との心理的一体化などから戦時メディア統制を「記述」していく方法は、このモデルの重要な、しかし一部分を構成するにとどまる。戦時メディア統制の主要三要素からの分析は文字どおり「どのような」と「どれだけの」を問うだけの、ある意味で平板な分析に終始してしまうのだ。なぜか。オーディエンスが不在だからである。アクセス規制も検閲もプロパガンダも、オーディエンスを意識しながらではあるが基本的に権力からメディアへの一方向的な正負の働きかけがあるだけだ。そこには、オーディエンスの影は見え隠れするものの、メディアフレーム論で指摘されたようなオーディエンスを慮りながら論調を変化させ、ときには支配的イデオロギー、規範の範囲内で政治（権力）に働きかけもするメディアという視点が欠落している。また、戦時から出発してより広く平時まで射程に収めるような権力行使過程としてのコミュニケーション行為の分析の枠組みを構築していくことも重要だろう。

CNN効果、すなわちグローバルメディアのアジェンダセッティング機能がもたらす見える戦争では、メディアがオーディエンス（世論）を動かし、最終的に政治が動く（メディア→オーディエンス→権力）。情報通信革命、軍事革命（RMA）がもたらす見えない戦争では、オーディエンスを意識して政治がメディアを現場・前線から遠ざける。パブリックリレーションズ技術の政治応用による見せる戦争では、第一次世界大戦期以来のオーディエンスに直接語りかける政治手法が一段と精巧にシステム化されてきている（権力→メディア→オーディエンス）。

一九九〇年代にはじまった情報通信革命とグローバル化、その戦時メディア統制への影響においてはいずれも、オーディエンスのプレゼンス、存在感が強まってきている。この要素を入れ、権力の代理人、ウォッチドッグの双方の機能を含めてメディア側から権力へのアクションも射程に入れた包括的な分析の枠組みが必要とされているのだ。

そのほか図に登場してくるのは、メディアに対する、テクノロジーと市場の双方からの働きかけの矢印である。前者は新たなテクノロジーと合体するかたちで、権力によるコントロールと異議申し立てをする側の双方からプロパガンダの有用なチャネルとして利用されてきたメディア、後者は近代以降特に市場による囚われの身となったメディアの姿を想起しよう。

これら市場とテクノロジーも加え、とりわけ政治権力とオーディエンスにいわば挟撃されたメディアの姿が浮かび上がってくる。これまでに見てきたように、そのメディアの力、影響力とは、図の上段の安定化・現状維持機能のほうが古来からの伝統的なものである。政治権力からメディアに対する働きかけはメディアの「権力の代理人」としての性格を色濃く備えていて、メディアからオーディエンスへの働きかけは国民国家形成に役割を演じたような、ナショナルなるものに絡めとられたメディアの機能である。

もちろん、メディアには変化を促す機能もある。その機能に着目することはいわゆるプレスの自由主義・社会的責任モデルに着目することだけでなく、特にオーディエンスからメディアへの働きかけの矢印の存在を認めること自体が効果研究パラダイム、エリートによる大衆操作モデル自体の見直しにもつながるものである。しかし、そこで忘れてはならないのは、その働きかけが支配的イデオロギー、規範の範囲内で、しかもオーディエンスの世論の動向に合わせながら、という幾重にも限定のついたものであることと、加速度的に進む「観客主義」の存在である。

シューメーカーらのニュース決定要因のうち、明確にひとり政治権力に関わるものは情報源（ソース）くらいであり、個々のジャーナリストの思想・家庭環境・教育・ジェンダー・エスニシティ、メディア外の組織・社会勢力、そしてイデオロギーなど、多くが政治権力とオーディエンス双方に関わる。メディア組織のルーティンは権力、オーディエンスに加えて市場の影響も強く受ける。ここで重要なのは、個々のジャーナリストの思想・家庭環境・教育から当該社会で支配的なイデオロギーまで、実に多くのジャーナリスト・メディアの外のニュース決定要因がそれらのなかで内在化されていることである。この内在化の作用があってこそ、ギトリンやハリンが指摘したように、メディアは所属する社会の世論・空気の微妙な変化に波長を合わせながら、その論調の修正をおこなっていく。また、その内在化があってこそ、政治権力、オーディエンス双方からメディアに対するさまざまな権力行使作用も隠蔽されていく。

「観客主義」はより厄介な存在である。ここでいうメディア情報・映像の観客は、効果研究パラダイムが想定したようなひたすら受動的なオーディエンス像に合致するものではない。民主主義社会で市民権や公民権、言論の自由を保障され、主権者としてまつり上げられ、マスおよびオルタナティブなメディアの回路をも所有する豊かな市民なるも、結果としてまたは現象として、政治や公共的なるものへの参加も発言も活発ではなく、むしろひたすらメディア情報の消費者および再現・増幅者として権力と密やかな共犯関係を結んでいく人々をイメージすればいいだろうか。ここではメディアこそが常に、最大の批評・批判対象であり（メディア批判ほど実に多くの人々に愛される行為はない！）、CNN効果といった現象が生まれてくる土壌もそのあたりにあるのだろう。最初のリビングルーム戦争だったヴェトナム戦争から一貫してヴァーチャル性を高めてきた第二次世界大戦後の限定諸戦争で、この「観客主義」も増幅の一途をたどってきたことはいうまでもない。

以上見てきたようなメディアを取り巻く、またはメディア自身もそのプレーヤーとなったさまざまな権力作用は、日常的に働いているのはもちろん、戦時にはほぼすべての機能が増幅され、最大となるのである。

注

（1）Carruthers, Susan L., *The Media at War: Communication and Conflict in the Twentieth Century*, Macmillan, 2000, p.275.

（2）*Ibid.*, p.199.
（3）Stech, F., "Preparing for More CNN Wars," in J. Petrie [ed.], *Essays on Strategy ?*, National Defense University Press, 1994, p.236.
（4）たとえば、Hume, Mike, "Nazifying the Serbs, from Bosnia to Kosovo," in P. Hammond and E. Herman [eds.], *Degraded Capability: The Media and the Kosovo Crisis*, Pluto Press, 2000. など参照。
（5）Sigal, Leon V., *Reporters and Officials: The Organization and Politics of Newsmaking*, D.C. Heath and Company, 1973.
（6）Cunningham, Brent., "Re-thinking Objectivity," *Columbia Journalism Review*, July/August, 2003.
（7）佐々木伸『ホワイトハウスとメディア』（中公新書）、中央公論社、一九九二年、六ページ
（8）橋本晃「ユーゴスラビア空爆におけるメディア統制とプロパガンダ」、日本マス・コミュニケーション学会編「マス・コミュニケーション研究」第六十二号、日本マス・コミュニケーション学会、二〇〇三年、一六五―一七七ページ
（9）橋本晃「戦争、メディア、ナショナリズム」、青弓社編集部編『従軍のポリティクス』（青弓社ライブラリー34）、青弓社、二〇〇四年、六一―七九ページ
（10）冨澤暉編著『シンポジウム・イラク戦争　軍事革命（ＲＭＡ）の実態を見る』（かや軍事叢書）、かや書房、二〇〇四年、二三―三二ページ
（11）Carruthers, *op. cit.*, pp.279-280.
（12）前掲『現代メディア史』二〇一ページ
（13）前掲『ホワイトハウスとメディア』四六、四八―五七ページ
（14）MacArthur, John R., *Second Front: Censorship and Propaganda in the Gulf War*, University of California Press, 1993., Lituchy, Barry, "Media Deception and the Yugoslav Civil War," in R. Clark etal., *Nato in the*

Balkans: Voices of Opposition, International Action Center, 1998, pp.203-209. など参照。
(15) Hallin, Daniel, "The Media and War," in J. Corner, P. Schlesinger and R. Silverstone [eds.],*International Media Research: A Critical Survey*, Routledge, 1997, p.209.
(16) クラウス・クリッペンドルフ『メッセージ分析の技法――「内容分析」への招待』三上俊治／椎野信雄／橋元良明訳、勁草書房、一九八九年、一三一一六ページ
(17) 前掲『現代ニュース論』一三一一五ページ
(18) Hallin, Daniel, The *"Uncensored War"*: The Media and Vietnam, Oxford University Press, 1989, pp.110, 129-130.
(19) *Ibid.*, pp.52-55, 116-117
(20) 谷藤悦史「マス・コミュニケーションへの接近――マス・コミ研究の展開と現在」、前掲『マス・コミュニケーションへの接近』所収、一三ページ
(21) 前掲一三ページ
(22) Shoemaker, Pamela J., and Stephan D. Reese, *Mediating the Message: Theories of Influences on Mass Media Content*, 2nd ed., Longman, 1996.
(23) 前掲『コミュニケーション研究』一一〇ページ
(24) Hallin, Daniel and Tod Gitlin, "The Gulf War as Popular Culture and Television Drama," in W. Bennett and D. Paletz [eds.], *Taken by Storm: the Media, Public Opinion and US Foreign Policy in the Gulf War*, University of Chicago Press, 1994, p.149.
(25) 前掲『コミュニケーション研究』一〇一ページ
(26) Lasswell, H. D. and Kaplan, Power and Society, Yale University Press, 1950.
(27) 佐々木毅『政治学講義』東京大学出版会、一九九九年、五〇一五一ページ

(28) 前掲『政治』二九ページ
(29) 前掲『政治学講義』一三〇―一三一ページ

第6章　デジタルメディア革命と戦争、メディア

1　インターネットと戦時メディア統制、プロパガンダ

メディア、ジャーナリズムの最大のマンデートは所属社会への奉仕だが、それはナショナリズムや狂信に絡めとられることなく、言葉本来の意味のパブリックなるものへと向かわなければならない。この章からは、激化の一途をたどる限定戦争時のメディア統制、さらにはナショナリズムなどに強く絡めとられたメディアがどのようにパブリックなるものに十全なる奉仕をしていけるようになるか、その契機を探る。契機はおそらく、限定戦争時のメディア統制をめぐり変化がはじまった一九九〇年代以降の二つの大きな潮流のなかに隠されている。インターネットに代表される情報通信革命とグローバル化の二つの大きなうねりである。戦争とメディアの問題をいっそう困難な場所にもっていきつつある二つの流れの内部からこそ、本来の公共奉仕への契機も見いだしうるのではないか。まずは、インターネットをめぐる諸問題である。

「戦争と革命の世紀」最後の戦争となったコソボ戦争は、一九九〇年代初めからはじまった新たなメディア革命の申し子・インターネットの活用が、戦争両当事者らによる戦時プロパガンダとメディアによる戦争報道の両面で全面開花した、史上初のインターネット戦争だった。

早くも一九九一年一月から三月のペルシャ湾岸戦争で、アメリカ国防総省が敷いたプール取材と検閲による徹底的なメディア統制の網の目をかいくぐって、閉じたネットワーク内での活動ながら、市民団体ピースネットが世界約一万五千人の購読者に先駆的にオンラインで現地情報の発信を試みた。[1]

しかし、一九九二年から九五年の三年余にわたって旧ユーゴ連邦ボスニア・ヘルツェゴビナを舞台にした三民族による血で血を洗う泥沼の内戦では、サラエボを拠点に一握りの戦争特派員、フリーランスの記者、カメラマンらが命がけの取材で得た情報がアメリカやヨーロッパ主要メディアを主要なチャネルに世界に流されるという、伝統的な戦争報道のありように一時回帰した。

一九九四年のメキシコ南部チアパス州の先住民蜂起で、武力や資金面などで政府軍に圧倒的に劣るサパティスタ国民解放軍がインターネットを武器に、先住民の置かれた苦境を世界に発信して国際世論を喚起するのに一定程度成功するなどの例もあった。しかし、それも湾岸戦争での市民団体のオルタナティヴな情報回路づくりと同様、依然ゲリラ的な手法の域を出ていなかった。[2]

その戦時におけるインターネットによる情報のやりとりが、コソボ戦争で本格的な開花をみた。ヴェトナム戦争ではウォルター・クロンカイトらテレビキャスターのリポートが迫真の映像とともにアメリカの一般家庭に持ち込まれ、湾岸戦争では空爆下のバグダッドからのライブ中継を世界が注視した。そしてついに、二十世紀の最後にバルカンの地を襲った大規模な戦争で、マスメディアの情報独占を突き崩す可能性を秘めた、国境を超える市民間の情報の水平なネットワークが本格的に出現したのだ。

コソボ戦争では、ネット上でプロフェッショナル・メディア、非プロフェッショナルの個人・団体発の各種の報道・情報が飛び交い、戦争当事者の北大西洋条約機構(NATO)・ユーゴ当局双方が既存メディアにインターネットもチャネルに加えて一大プロパガンダ戦を繰り広げた。国内メディアによる報道がかなりの程度まで当局の規制を受けていたユーゴ国内からは、市民らがインターネットを使って西側情報の入手を試みた。

団体・個人発の各種報道・情報では特に、外国人記者の入国が厳しく制限されたコソボ自治州やセルビア共和国で何が起きているのかを、ウェブサイトや電子メールを通じて外の世界に伝える試みが広範におこなわれた。空爆開始前夜に何度目かの放送業務禁止命令を受けた独立系ラジオB92は、インターネット上のホームページで世界に向けてニュース発信を継続、一日当たり百万件のアクセスを数えた。

セルビア共和国コソボ自治州の中世以来の教会から反ミロシェビッチの急先鋒だったセルビア正教の僧が運営していたウェブサイトは、NATOがコソボ自治州内のいくつもの民間施設や住宅地区にミサイルを投下したことも世界中に伝えた。「セルビア系、アルバニア系双方の過激派による民間人を標的にした攻撃を強く非難してきたわれわれは、こうした犯罪行為に抗議する道義的な権利を全面的に有するものである」と。僧がネットを通じて世界に発信し続けた戦争の定点観測は、そのバックグラウンドの豊かさ、洞察力の深さ、アクセスの困難な現場からのリポートであることなどの点で、世界の主要メディアの最良の報道をも十分に補完して余りある質を備えていた。

デジタルネットワークが稠密なアメリカ東部で発生し、事件に巻き込まれた人々の安否情報を求めてインターネット上のトラフィックが急増した九・一一アメリカ同時多発テロはさておき、端末やネットワークが不在または極めて限定的にしか存在しなかったアフガニスタンやイラクでは、戦時プロパガンダの面でも報道の面でもインターネットの目立った活用は見られなかった。しかし、第5章でも書いたとおり、テクノロジーが戦争自体のありようと戦争報道の両者に与えるであろう根本的な変容は、中・長期的には不可避のものと考えられる。インターネットが戦時メディア統制とプロパガンダおよび戦争報道に与えた、ないし、これから与えていくであろう変容について、以下で考察してみよう。

まず、インターネットの発達・普及は当局による戦時メディア統制を困難にした。湾岸戦争中、イラク当局は同国発で送られる外国メディアのあらゆる記事を英語で書かせて内容を検閲したが、コソボ戦争ではユーゴ・セルビア当局はテレビのビデオ映像こそ事前検閲したものの、新聞・通信社の記事は事実上ノーチェックだった。アメリカ・NATO陣営でも、湾岸戦争中のサウジアラビア・リヤドでアメリカ中東軍司令官らがアメリカ東部時間のプライムタイムニュースや朝刊の締め切りに合わせて記者会見を設定し、ピンポイント爆撃のビデオを回しながら、さながら大学の教室での教授と学生のように、ハイテク兵器の知識を欠く記者らを相手にレクチャーしてみせるといった銃後の世論を狙ったテクニックは、コソボ戦争では使いにくくなった。インターネット上の情報は二十四時間流れ、読者は自分の好きな時間にアクセスして必要な情報を探すからだ。

その分、といっていいだろうか、新聞・テレビ・ラジオなど既存メディアにインターネットという新たなチャネルを加え、双方のプロパガンダ合戦は熾烈を極めた。ユーゴ連邦セルビア共和国では戦争の前年である一九九八年十月に国内独立系メディアの息の根を止めるような新情報法が成立。ミロシェビッチ連邦大統領の強権体制下で、当局はセルビア国営放送やタンユグ通信を主なチャネルに国内向けに愛国心を煽る内容の番組、ニュースを流し続け、国外には「アルバニア人のテロ、NATOによるナチスドイツ以来の侵略」を喧伝した。

それに対して、NATO陣営は亡くなってもいないコソボのアルバニア系指導者が「セルビア治安部隊により虐殺された」と、ロンドンを本拠とする亡命アルバニア系組織の情報に基づいて発表、のちに本人から「自分は生きている」と名乗り出られるといった失態を演じた。すなわち、空爆がはじまって五日目の一九九九年三月二十九日、NATOはフェイミ・アガニ氏ら六人のコソボのアルバニア系知識人がセルビア治安部隊の手で殺害された、と発表した。アガニ氏はイブラヒム・ルゴバ〝コソボ共和国大統領〟の腹心で、社会学者、穏健派の指導者としてアルバニア系住民の敬愛を集めていた人物で、NATO諸国でもその「殺害」のニュースは大きな反響を呼び、アメリカやヨーロッパの各紙が一面で大きく報じた。しかし、自らの「殺害」をラジオで知った同氏は四月七日、ロンドンで自分がいかにしてコソボから隣国のマケドニアに脱出したかを縷々説明し、やはりセルビア部隊に殺害されたと伝えられたほかの人たちも無事であることを明らかにした。

セルビア国営放送に対してNATOは「ユーゴ・セルビア当局のプロパガンダマシン」として、ベオグラード市街の同放送本社ビルにミサイルを撃ち込み、中にいた技術者ら計十六人の犠牲者を出すという、史上類例を見ないメディアに対する直接的・物理的な攻撃も敢行した。

プロパガンダ戦の激化がメディアに対する物理的な攻撃へとエスカレートした事実は、インターネット時代のメディア統制の問題を考えるうえで示唆的である。国内のネット網も国外とつながっていてはじめて内外での情報送受信の機能を果たす。一九九六年のイラン・リビア制裁強化法成立に基づいて、アメリカ当局はイランの国外へのインターネット接続を遮断する決定を下した。ユーゴスラビアではセルビア国営放送空爆後、国外とのインターネット接続が切られる恐れが現実のものとなり、西側情報を求めるユーゴ国内のユーザーの抗議がアメリカ衛星通信会社に殺到し、同社がアメリカ議会に要請して

かろうじて切断を免れた。(3)

戦時におけるメディア統制とプロパガンダのありようを一変させる勢いのインターネットだが、当局の力による統制の前には脆弱な側面も当然ながらある。ヴェトナム戦争以来のヴェテラン戦争記者ドン・ノースは、ABC記者がアメリカ軍最上層部から直接聞いた話として、「軍は作戦が脅かされたと感じたときには、インターネット接続の妨害、ついには通信衛星の撃墜、自軍に都合のいい情報を流せるため記者のインターネット接続の操作なども検討している」(4)ことを伝えた。

イギリスのメディア研究者ジム・ホールは「(国内世論を味方につけるため)自軍から一人の死者も出さないというアメリカの戦略が、湾岸戦争で有効に機能した包括的なメディア統制を再び実行することで成功をみると信じて、アメリカは空爆に突入。しかし、インターネットがそれを打ち砕いた」と、インターネットがアメリカなどNATO陣営のメディア統制の試みを脅かした様子を書いたが、(5)軍当局は新たな統制手段の検討に早くも入っており、そこではインターネットも安全圏にいられないどころか、主たる標的とされている。

2　インターネットと戦争報道

インターネットが戦争報道のありように与えた影響も大きい。デジタル情報ネットワークの発展は、現場へのアクセスなど取材と情報収集が最も困難になる戦争時に、記者同士、さらに読者と膨大な情報を瞬時に共有させるという、従来ない状況を現出させた。コソボ戦争ではベオグラードやコソボ発だけでなく、アメリカ・ヨーロッパ諸国での非プロフェッショナルの情報発信も活発で、ロンドンの戦争・平和報道研究所がコソボ戦争の初期の段階で流したオリジナルの記事は、「シカゴトリビューン」「ボルチモアサン」「マイアミヘラルド」のアメリカ中堅三紙を合わせたものよりも多かった。(6)

国際報道、とりわけカネの切れ目が命の切れ目ともなりかねない紛争・戦争の現場報道はカネ食い虫である。だが、それに反比例するように、国際報道一般の〝視聴率〟は決して高くはない。結果、一九九〇年代を通じて、アメリカメディアの国際報道部門は縮小を重ねた。

海外特派員を取り巻く環境も厳しい。特派員は多くの場合、担当する数カ国の外交、安全保障、戦争、政治、経済、社会問題、事件までたった一人でカバーする。さらに常にインフラが整ったオフィスにいるわけではなく、出張すれば資料も通信手段もないところから何とかして原稿を送らなければならない。日本の記者クラブの閉鎖性がしばしば取り沙汰されるが、報道の現場でのインナーサークルは実はどの国にもあって、門外漢の外国人特派員がそう簡単に奥の院に入り込めるものではない。言語の障壁も大きい。

そうした海外特派員の取材活動を阻むさまざまな要因は、戦闘による混乱や地理と現地事情の不案内、情報の錯綜、物理的な生命の危険、広範で強力な報道管制など、戦争時に最大値となる。

こうした事情を背景に、近年ますます顕著な各メディアにおける国際報道の縮小傾向が生み出す隙間に、インターネットの安易な多用が入り込む可能性も生まれてきている。

コソボ戦争では「史上初めて無名の個人、団体が既存の新聞よりも多くの情報を流す(7)」という事態が現出し、戦争特派員の役割に根本的・永続的な変容を迫った。(8) 命知らずで戦場に飛び込む記者はもはやごくわずかで、貴重な現地からの情報を流す、情報の風上にいると安穏としていられない。戦争当事者を除いた現場の唯一の中立的目撃者として、銃後の世界に情報発信と意味付けをおこなう戦争特派員の特権的な役割が絶対的なものでなくなる事態の前兆は、コソボ戦争で十分すぎるほど散見してしまった。

インターネットはまた、戦争報道の広がりだけでなく、そのペースをも加速させた。メディア統制に与える影響にも関わってくることだが、ユーゴ・セルビア当局にとって目障りな記事を書けば、記者はごくわずかのタイムラグでクロアチアとの西部国境から国外追放された。NATO陣営のセルビア人悪魔化のプロパガンダも、メディア、読者・視聴者の反応をリアルタイムに近いかたちで見ながら次々と展開されていった。

既存メディアによるネット情報の利用だけでなく、既存メディア自身によるインターネット上の報道も急浮上してきた。九・一一同時多発テロ報道で、アメリカ主要メディアのオンライン部門は健闘した。CNN.com はふだん一日平均で約一千百万ページビューなのが、このときはピーク時の一時間で九百万、当日一日では一億六千二百万ページビューにまで跳ね上がった。MSNBCやABC.com、「ニューヨークタイムズ」などのニュースサイトも軒並み、同様のアクセス急増をみた。(9)

にもかかわらず、ピュー・リサーチセンターが九・一一テロと報道の関係についておこなった調査によると、事件発生から一週間のアメリカ国民の主たる情報源は、テレビが八一％、ラジオ一一％、インターネット三％――だった。(10) テレビ、ラジオと比べると、インターネットは依然、補助的な情報入手媒体の地位にとどまっているのがわかる（しかし、新聞による情報入手は数字にも現れてこないほど小さなパーセンテージであることも着目すべきである）。

こうした統計から、「大事件になればなるほど主要メディアのニュースサイト中心にアクセスが急増、極めてつながりにくい状態となるなどの弊害が出てくる。テレビのように不特定多数に向けてたった一つの電波信号を送り出せば数千万、数億人が同時に受信可能な媒体と異なり、インターネットはマス・ニュースメディアとしては必ずしも最適の性格を備えているわけではない。どちらかといえば、それは一部一部印刷が必要な新聞に似ている」との厳しい指摘も生まれてくる（ここでも新聞との一種の相似性は見過ごすべきではない）。

しかし、九・一一テロがメディア産業全体として広告の入りが少ないとき、とりわけオンラインメディアがアメリカのいわゆるドットコム・ブーム時と比べてアクセスが減り、人員も最小になったときに発生した点は、所与の条件として考慮に入れるべきである。インターネット時代最大のニュースは、黎明期のオンラインジャーナリズムがいまだ産みの苦しみを脱していない時期に、それを直撃したのである。

テロ発生直後の数時間、トラフィック急増による麻痺状態を緩和すべく、CNN、MSNBCなど多くのアメリカ主要メディアのニュースサイトが広告や写真、図表など、テロ事件の続報という当面の重大事以外は外し、ウェブサイトを軽量版にしてダウンロードしやすいようにする緊急措置をとった。「ニューヨークタイムズ」は登録済み読者に対してメールを配信して事件の進展を知らせた。その自主的な広告外しが、アメリカメディア全般を取り巻くただでさえ苦しい台所事情の悪化に拍車をかけた。購読・広告という二本立ての収益・産業モデルが確立した新聞と異なり、基本的に無料で情報を提供する、いまだ十分な収益確保の途を見つけていないオンラインジャーナリズムは今回のテロ事件で短期的には減収をみてしまった。

しかし、「光ファーバーケーブルの損傷、ユーザーによるアクセス殺到で、テロ発生後最初の数時間こそ一部のサイトが麻痺する状態が続いたが、総体として行き交ったデータ量は減少しなかった」との報告もある。[11] 短期的には減収だったが、ニューヨークやワシントンD.C.などアメリカ北東部のインフラの充実という所与の条件にも助けられ、新聞による記事の引用の多発やチャットによる情報交換を含めて、広義のオンライン報道・情報がこれまでにない高みに達したことは疑いを入れない。この逆境下での健闘が将来の商業的な成功も準備する、と期待する声もある。

テロ事件では条件付きながら健闘したネット報道も、約一カ月後の十月八日にはじまったアメリカ・イギリス軍によるアフガニスタン攻撃では、コソボ戦争時と比べて質量ともにかなり見劣りする内容を余儀なくされた。ニューヨークやワシントンD.C.が舞台となった同時多発テロの際は、オンライン報道は所与の条件下で最高度のパフォーマンスをみせた。しかし、アフガニスタンは旧ソ連による侵攻に端を発する二十年来の内戦で疲弊しきった国で、さらに外国からの情報の流入を規制するタリバン政権下でインターネットへの接続自体が禁止されていた。CNN、BBCといったアメリカがおこなった近年の限定戦争で必ずといっていいほど現地から独占的なライブ中継をものしてきたアメリカとイギリスのテレビ局の特派員も、カブール入りにはかなりの時間を要した。こうした状況下で、オンラインジャーナリズムの分野でもコソボ戦争と比べるとかなり貧弱な現地からの報道を強いられた。コソボ戦争時、ABC.comはアルバニア系難民が多数流入する隣国のマケドニアに、オンラインジャーナリズムの歴史上初めて自前の記者の紛争地派遣を実現させた。しかし、アメリカ・イギリス軍によるアフガニスタン攻撃では、アフガン現地および周辺国から活発な情報発信を試みるオンラインジャーナリズムの記者は出てこなかった。

自前の記者による現地からのオリジナル報道はないが、その速報性と情報入手の容易さなどから、ネット上を駆け巡った既存メディア記者の手になるオンライン報道記事が一種の通信社記事のように新聞に転載されるという傾向は、コソボ戦争を経て、同時多発テロ、アフガン攻撃、イラク戦争でさらに強まった。ネット情報の転電にまつわる問題点はすでに見たとおりである。

同時多発テロ、アフガン攻撃をめぐるオンライン報道でもう一点、言及しておくべきことがある。大事件、海外からのニュースサイトなどへのアクセスの増加である。アメリカ同時多発テロ発生後十一時間のCNN.comへのアクセスの三六％は海外からだった。ちょうど一週間前の同じ曜日、同サイトへの海外からのアクセスは二二％だったから、アメリカを代表するニュースサイトに海外からも情報を求めるアクセスが殺到したのがわかる。同じ日のアメリカ連邦捜査局（ＦＢＩ）のサイトへの海外からのアクセスは過半数に達した。地球の反対側の情報をリアルタイムかつ安価で容易に入手できるインターネットの特性が発揮されたかたちだが、そのネットを介して発信するオンラインジャーナリズムの近未来にも示唆するところは多い。

3　インターネットがつくりだす情報空間

これまで、インターネットは戦時メディア統制や戦争報道をいかに変えていくか、その際の問題点は何かを考えてきた。以降は視点を変えて、インターネットはジャーナリズムをいかにその内部から変えていくか、換言すればジャーナリズムはインターネットをいかにその内部に取り込んで自らを変容せしめるかについて議論の素材提供を試みる。そのための前提として、まずはインターネットがつくりだす地球規模の情報空間とはどのようなものか、その考察からはじめよう。

アメリカ東部時間二〇〇一年九月十一日午前八時四十五分、乗っ取られた最初の一機が世界貿易センタービルのノースタワーに激突するや、事件の全容や家族・知人の安否などの情報を求める人々はCNNなど既存メディアのサイトに殺到した。各ニュースサイトは麻痺し、Googleのような検索エンジンもテレビやラジオで情報を得るようアクセスした人々に呼びかけた。非常事態下で電話は不通か極めてかかりにくい状態となった。そうした状況下で全米数百万人の市民が頼りとしたのは電子メールや掲示板への書き込みによる、多くは一人称の情報のやりとりだった。主要なニュースサイトにアクセスが集中するマスメディアモデルとしては、インターネットは十分な対応をできなかったが、多くの市民同士が互いに情報を送受信する双方向モデルとしては、その潜在的能力をいかんなく発揮した。

「夏の終わりの美しい朝、陽射しがツインタワーの壁面を照らしている。と、そのとき、窓ガラスが砕け散り、紙吹雪のように舞い落ち始めた」といったリアルタイムの現場報告、そして「戦争か」「核兵器は使われたのか」「標的は何だったのか」といった緊迫した情報交換――。心引き裂《しろうと》かれるような感情に冷静な分析、無謀な行動に対する自粛呼びかけが同居した、おびただしい数の素人発信のニュースがネット上で行き来し、インターネットは愛する者たちの安否を知るライフライン、こらえがたい激情をぶつけ、心の回復の方途を見いだすためのフォーラムと化した。事件発生時、ツインタワーのなかにいたとみられる人々の消息をオンライン上でリストにして、現場から脱出できた人に直接、情報追加を呼びかけるサイトもあった。

こうした事態を見て、専門家のなかには、「インターネットはこうした攻撃のときのため、戦時のためにつくられたのだ」と断じる者も出てくるほどだった。

しかし、その裏でネガティブな側面もあった。アメリカ同時多発テロの発生時に、電子メールやウェブサイト、チャットなどで事件の真相をめぐってさまざまな噂が駆け巡った。いわく、「ユダヤ人の陰謀」「パレスチナ過激派の犯行」「ノストラダムスの予言どおり」「巨大な黒煙のなかにサタンの顔が見えた」「ペンタゴンの焼け跡に無傷の『聖書』が発見された」「新たなテロが九月二十二日に予定されている」――。同様の事態はアメリカ・トランス・ワールド（TWA）機墜落時やダイアナ元イギリス皇太子妃の事故死のときにも見られた。TWA機は「ミサイルに撃墜され」、ダイアナ元妃は「イギリスとイスラエルの諜報機関に謀殺された」などというものだ。[12]

インターネットの可能性も問題点も、多くがその万人参加性、グローバル性に起因する。パーソナルコンピューターとネットへのアクセスさえあれば誰でも簡単に地球の反対側で起きている事態のにわか専門家になれるし、自分から情報・メッセージを発信していくことも可能である。従来、不可能だった社会階層や組織の垂直の壁、国境の水平の壁を超えて、直接対話が可能になる。物理的・自然的および社会的な距離は、少なくとも情報のやりとりの面では意味をなさなくなってくる。

そこでしばしば問題とされるのが、こうした信頼性を欠く情報が意図的・非意図的含めて飛び交うことによって引き起こされる混乱である。匿名性の闇に隠れて無責任な言辞がさながら公衆便所の落書きのように書きなぐられたり、意図的な誹謗・中傷、さらにははっきりと特定の相手の地位・活動を困難に陥れることを計算した言葉による攻撃がエスカレートするのを止める有効な手立ては現状、あまり多くはない。コソボ戦争時にはインターネット上でもユーゴ・セルビア当局、NATO陣営双方のプロパガンダ戦が熾烈化したが、こうしたネット上の攻撃的言辞の応酬が最大規模で組織的におこなわれた事例であり、その延長線上にあるといえる。

必ずしも意図的でない情報への不安も消えない。新聞記者のように情報の取り扱いについて職業的な訓練を受けていない一般の人々が常に、有象無象のあふれる情報を精査・吟味してまず信頼に足ると思われるものだけ提出するという保証はない。むしろ衆愚政治に堕する危険のほうが決して少なくないことは、戦後日本で半世紀以上にわたって続いた「結果の平等主義」がいかに深刻な知的劣化を生んだかをみれば明らかだろう。

インターネットのもつ万人参加性が既存のプロフェッショナル・メディアをも質量ともに凌駕するような情報発信の可能性を個人、非メディア団体に付与するのが光の面とすれば、そこを行き交う情報の信頼性に疑問の声が生まれてくるのは影の側面といえる。カリフォルニア大学ロサンゼルス校コミュニケーション&メディア・センターのナンシー・スノー副所長（現カリフォルニア州立大フラートン校助教授）は「利害関係と宣伝目的が適切な情報のやりとりを困難にしている」と指摘している。(13) 悪意に基づく、または無意識の噂の跋扈を「憶測とゴシップが既定の知識としてまかり通った中世の村に回帰したようだ」と嘆くメディア研究者もいる。この問題に対する抜本的な方策はいまだ見つかっていないのが現状だ。

こうしたネット情報の信頼性に対する疑念の延長上に、インターネットがつくりだす世界についてのやや悲観的な像も生まれてくる。すなわち、インターネットはその情報の地球規模の流通性でより自由で風通しのよい世界をつくるのではなく、逆に地球上の各地に同じ意見・思想・信条・嗜好を共有する者たちだけが固まって住み、外の世界に頑なに扉を閉ざした偏狭な城塞都市群を生み出す、というものだ。こうしたインターネットが及ぼす地球規模の影響について、ホールは「世界のバルカン化」と命名した。マーシャル・マクルーハン的な「グローバル・ヴィレッジ」の概念はここでは楽観的に信奉されえず、逆に電子メディアの加速度的な発展がセグメント化された世界をもたらすとして、いささかアイロニカルにインターネット社会の近未来像に警鐘が鳴らされている。(14)

4 「信頼に足る瞬間」と「大いなるいま」

二〇〇一年十月末、カリフォルニア大学バークリー校で開かれた第二回オンラインジャーナリズム賞授賞式で、主催団体のオンラインニュース協会が実施した「デジタルジャーナリズムの信頼性をめぐる研究」の興味深い結果が発表された。同年七月、全米の一般ニュースサイト読者とメディアプロフェッショナルを対象におこなった同調査で、「オンラインニュースサイトはニュースの全貌をきちんと伝えているか」との信頼性をめぐる問いに対して、「イエス」と答えたメディアプロフェッショナルは一七%しかなかったが、前者では同様の答えは四七・九%にのぼった。(15)

オンラインジャーナリズム賞は前年の暮れ、ネット上にニュースを執筆・編集・配信する全米の記者・編集者らをニューヨーク・コロンビア大学に集めて発足した。「総合」「報道」「企画」「創造的利用」「評論」などの八部門からなり、ゆくゆくはピュリッツァー賞に匹敵するようなアメリカジャーナリズム最高の栄誉に、と夢をふくらませるものの、現実はまだその第一歩を踏み出したばかりだ。そんななかで発表された調査結果は、既存メディア側からの極めて低い評価をよそに、一般読者がそれなりの評価を下したことで、デジタルジャーナリズム関係者らを一定程度、励ます内容となった。

「ウォールストリート・ジャーナル」の元ホワイトハウス特派員だったリッチ・ジャロスヴォスキー・

オンラインニュース協会会長は「CNNが登場してきたときも、既存の三大ネットワーク各社は、成り上がりのケーブルテレビには自分たちと同様の信頼性の基準が欠けているとの理由で、ホワイトハウス・プールへの参加を拒否して大騒ぎになったものだ」と、オンラインジャーナリズムの報道内容がとりわけ既存メディアの記者らから低い評価しか与えられていない現状を分析した。(16)

同研究では、読者がニュースサイトを訪れる最大の理由は「正確さ」と「速報性」を求めてのことであることもわかった。両者はしばしば競合するものだが、「サンフランシスコ・クロニクル」紙のデジタル部門責任者であるロバート・コーソーンは「われわれはケーブルテレビ時代に生きている。読者はまだ事態が完全には進行していない状態から、変化し、進展するのをライブ中継で観ることに慣れている。オンラインジャーナリズムも自ら情報を更新し、訂正する限り、読者は受け入れてくれるはず」と語る。そのうえで、コーソーンは新聞が締め切りぎりぎりまで情報の収集と吟味に努めたうえで印刷に踏み切るときのような「信頼に足る瞬間」をデジタルジャーナリズムの世界に導入、リアルタイムに近い「大いなるいま」と共存させる試みの重要性を説く。(17)

オンラインジャーナリズムの世界に伝統メディア並みのスキルと認知度をもたらしていこうとする試みはヨーロッパでも見られ、ロンドンに本拠を置くデジタルジャーナリスト団体が一九九九年、ヨーロピアン・オンラインジャーナリズム賞を創設。こちらは「総合部門」として「報道」「フィーチャー」「調査報道」など、「特別部門」としては「科学」「環境」「スポーツ」「旅行」など総計約二十もの賞を毎年、ネット上の報道活動で優れた功績を上げた団体と個人に授与している。

本章第2節で紹介したように、ピュー・リサーチセンターの調査で九・一一テロ発生時の主たる情報源を新聞と答えたアメリカ人は数字に現れてこないくらいの少数派だった。ニュースメディアとして黎明期のインターネットもわずか三%だが、情報の発信方式がテレビのような一対多モデルでなく、どちらかといえば一部一部印刷する新聞に近いかたちをとっている。テロ発生時、多くのアメリカ主要紙は特別版（号外）を発行したが、メディア産業全体を取り巻く厳しい環境下で、臨時の出費増はさらに経営を圧迫する元となっており、少なくとも紙媒体をかなりのレベルまで補完するような新媒体を育成することは有用性がある。そして、何よりもメディア企業にとって最も重要な資産であり、黎明期のオンラインジャーナリズムがいま、最も必要としている「信頼性」の伝統・蓄積は新聞社で最もよく受け継がれてきているものだ。こうした事態が示唆するのは、オンラインジャーナリズムの可能性はテレビ局よりも新聞社にとってより重要な意味をもちうるということである。

デジタル情報時代の新しいジャーナリズムのありようについて、フォン・デュッセルドープらは、双方向性や情報ソースへのガイド、コミュニティ形成などの機能が求められ、採算面も含めてデータベース型への移行が不可避であると指摘した。移行に際して重要なポイントはやはり、（新聞社にとっての最大の財産である）信頼できる（される）内容づくりの伝統と、整然と組織化されたニュース生産方式となるという。(18)

アメリカ同時多発テロでのオンライン報道の健闘を受けて、アメリカのメディア研究者、スティーヴ・アウティングは、具体的に大事件を迅速かつ正確に報道しうるだけの十分な予算と人員の新聞社内オンライン報道部門への配分、伝統的媒体（新聞）と新媒体（オンラインジャーナリズム）の有機的統合を提唱している。オンライン報道部門は単体ではまだ収益性を確保しえない。採算のとれる既存の紙の新聞と一体となって新たなビジネスモデルを模索していくべき、との議論である。(19)

オンラインジャーナリズムは確かに、いまだそれ自身の新たな産業モデルを構築できないでいる。無料の情報流通を原則として発展してきたインターネットの世界に参入してきたとき、既存のメディア産業も同様の原則を採用した。いったん無料にした記事情報を有料化するのはアクセスの激減を招きかねず、圧倒的多数のメディアのサイトが踏み切れていないのが現状で、広告収入の伸び悩みもあり、財政圧迫の原因となっている。

紙の新聞は十九世紀、活字文化の発展と購買力をもった市民層の形成とともに産業として確立した。グーテンベルク革命にも比すべきデジタルメディア革命とポスト産業主義の時代には、それに見合うような新たなメディア産業の形態が生まれてこなくてはなるまいが、それがどんなかたちになるかはいまだ見えてきていない。

しかし、インターネット上のジャーナリズムには既存メディアにない特質も多く、産業として成立しえないことを理由に伝統メディアに回帰するのでは失うものがあまりにも多すぎるだろう。

十九世紀の産業資本主義と活字文化の進展がつくりあげたのは産業としての新聞だけではない。紙の新聞の定着とともに記事の書き方も定式化してきたのであって、事実上無限の容量をもち、クリック一つで関連記事や資料に移行でき、それ自身データベース性も備えるインターネット上のジャーナリズムはおのずから活字の新聞とは違った書き方を求められてくる。

これらに加えて、速報性、グローバル性、双方向性、締め切りの無化、おびただしい数のサイトのなかから読者を引き付ける必要性、記事と広告の境界が比較的小さいことなども、新たなジャーナリズムの確立を促している。

インターネットは一対多のマスメディアとしては、どちらかというとテレビよりも新聞に近く、即時性・同時性という点ではテレビの特徴を備える。さらには双方向性をもち、物理的距離を無化、事実上無限の容量をもち、クリック一つで関連記事や資料に移行でき、それ自身データベース性も備えるなどの独自の特質も備えている。

前掲のデジタルジャーナリズムの信頼性をめぐる調査ですでに、オンラインジャーナリズムはアメリカ各地の地元紙よりもニュースメディアとして高い信頼性を読者から得るという結果が出ている。主催者側は「一部プリントメディアと比べ、公正・公平性の高さや親しみやすさ、双方向性が評価された」と胸を張る。インターネットのさまざまな利点を生かしたかたちで、単なる便利さや安価さだけでなく、ニュースと情報の質自体が問われるようなジャーナリズムの世界の地殻変動はすでにはじまりつつあるのかもしれない。

前述のように、ABC.comはコソボ戦争中、オンラインジャーナリズムのメディアとして初めて、本体のABC放送とは別に自前の記者を紛争地に派遣した。同記者はコソボ自治州のアルバニア系住民が大量に流入したマケドニアから連日、ライブのリポートを送り、ウェブ上で展開した。

ペルシャ湾岸戦争の緒戦をバグダッドからライブで伝えた、当時CNNの看板記者だったピーター・アーネットはまさにそのコソボ戦争中の一九九九年春、CNNを辞めて二十四時間放映のインターネットテレビForeign TV.comに移った。AP特派員として携わったヴェトナム戦争報道でピュリッツァー賞を受賞したヴェテラン戦争特派員が狙っていたのが、「次の戦争」での戦場からのインターネット・ライブ報道だったが、アフガニスタン攻撃では結局、オンラインジャーナリズムの目立った活躍は見られなかった。アーネット自身はその後、イラク戦争に際して、NBCの記者として再びバグダッドからの報道に挑戦したが、イラク国営放送での発言などで「反米的」の烙印を押され、静かに舞台から降りていった。

黎明期のオンラインジャーナリズムはまさに、産みの苦しみの渦中にある。しかし、歴史を思い出そう。テクノロジーの進展はメディアの主役たちを変える。湾岸戦争報道を経て押しも押されもせぬ存在となったCNNのような特権的なメディア以外にも、いまやチャンスが到来しつつある事実は変わらない。インターネットメディアは大がかりな装置は必要なく、電源と通信回線さえあれば戦地からの報道が可能なのだ。

前述のように、オンラインジャーナリズムの全面開花には商業ジャーナリズムとしての経営モデルが確立していないことが主たる障害だが、ソフト面でも、それを担う記者らに戦争特派員の世代がいない、すなわち経験不足の問題があることも事実だ。[20] こうした問題が一つ一つ解決され、記者たちが経験を積んでスキルを向上させていけば、最大のメディアイベントたる戦争の報道で主役として華々しい活躍を見せることも決して夢物語ではあるまい。

史上初のインターネット戦争といわれたコソボ戦争から二年余を経て発生した九・一一同時多発テロでは、オンラインジャーナリズムはトラフィック急増による麻痺などでテレビなどの既存メディアの報道を補完する役割しか果たせなかった。しかし、電子メール、電子掲示板などインターネット上の、多くは非プロフェッショナルによる一人称情報のやりとりは、根拠を欠く噂の温床となった側面もあるが、デジタルメディア網の稠密なアメリカ東部という地の利も得て全面的に開花し、非常時のライフラインとして機能した。

インターネットへの接続がタリバン政権によって禁止されていたアフガニスタンに対するアメリカと

イギリスの報復攻撃でもやはり、オンラインジャーナリズムが現地からの報道の主役として躍り出るような機会はなく、もっぱら本体の新聞・テレビの記者、クルーが取材・執筆した記事をウェブサイト上に転電、それがまた別の新聞などに引用されるという、無料の通信社としての役回りを演じたにすぎなかった。アフガン攻撃では、コソボ戦争時にその萌芽が見られたサイバー戦争は、やはり現地社会のコンピューター依存度の低さから登場しなかったが、首都カブールに西側メディアがなかなか入れないなど「見えない戦争」化はますます進行し、インターネット上での情報の行き来の活発化はその傾向を促進したきらいもある。

オンラインジャーナリズムが運ぶ情報に対する信頼性は既存のメディアプロフェッショナルの間では低いが、一般読者の評価は必ずしもそれとは一致しない。黎明期のオンラインジャーナリズムは自身の産業・収益モデルをいまだ構築できずにいるし、それを担う記者たちも多くはまだ経験が浅く、既存メディアの第一線の記者らと比べるとスキルにも見劣りがすることが多い。

しかし、それらを理由に苦境に置かれているデジタル時代の新しいジャーナリズムに積極的意味を見いださず、伝統的メディアに回帰するだけでは、印刷革命に匹敵する新たなメディア革命を生きる者として失うものがあまりにも多いといえるだろう。

既存メディア、とりわけ新聞で最もよく受け継がれている信頼性の伝統を、この新時代のジャーナリズムに吹き込むべき方途を、既存メディアに携わる者も一緒になって模索すべきである。九・一一がメディアに残した教訓はオンラインジャーナリズムの限界性ではなく、その未来形の可能性というべきだろう。

第5章でみたような、銃後の観客主義の進行も相まって、メディアは政治権力とオーディエンスの双方から挟撃されるような事態となっている。歴史上何度も繰り返されてきたように、インターネットという新たな情報通信テクノロジーをめぐっての統制と利用のせめぎ合いもすでに、特に戦争・紛争を中心にはじまっている。新たなデジタルメディアの近未来は不透明だ。しかし、インターネットを主たる場とした新たなメディア・コミュニケーションは、とりわけオーディエンスとの新たな関係性を創出していく可能性もあるのだ。

インターネットを内部に取り込んだ、すなわちマスメディア自身が自らの新たなありようを模索する作業こそが急務である。新しい自画像を描く際に、マスメディアが常に立ち帰る原点は連綿と積み重ねてきた信頼性の蓄積、伝統であり、ネットのグローバル性と双方向性を生かし、外の世界に開かれ、かつ既存の国境の枠を超えて互いに水平に結ばれたグローバルかつローカルな新たな読者コミュニティの創造の考え方が、示唆に富む羅針盤となるだろう。

注

（1）Hall, Jim, *Online Journalism: A Critical Primer*, Pluto Press, 2001, pp.95-96.
（2）落合一泰「〈征服〉から〈インターネット戦争〉へ――サパティスタ蜂起の歴史的背景と現代的意味」、青木保／内堀基光／梶原景昭／小松和彦／清水昭俊／中林伸浩／福井勝義／船曳建夫／山下晋司編『紛争と運動』（「岩波講座文化人類学」第六巻）所収、岩波書店、一九九七年
（3）Benner, Jeffrey, "The China Syndrome?," Mother Jones, 13 May 1999. (http://www.motherjones.com/totalcoverage/kosovo/china.html).
（4）North, Don, "Website War and Cyber Warriors," *The Digital Journalist*, March 1993.

(http://www.dirckhalstead.org/issue9903/north.html).

(5) Hall, *op., cit.*, p.124.

(6) Welch, Matt, "Kosovo Highlights Fallings in Journalism," *Online Journalism Review*, April 1999. (http://ojr.usc.edu/content/story.cfm?id=146).

(7) *Ibid.*

(8) Hall, *op., cit.*

(9) Blair, Tim, "Internet Performs Global Role, Supplementing TV," *Online Journalism Review,* 11 September 2001.

(10) Outing, Steve, "Attack's Lessons for News Web Sites: Sites Excelled in Some Ways, Failed in Others," *Editor & Publisher,* 19 September 2001.

(11) Tedsechi, Bob, "Internet Surpasses Its Original goal," *The New York Times,* 17 September 2001.

(12) O'Leary, Stephan D., "Rumors of Grace and Terror," *Online Journalism Review*, 5 October 2001.

(13) Walker, Leslie, "Browsing during Wartime," *The Washington Post*, 4 October 2001.

(14) Hall, *op. cit.*, pp.190-191.

(15) Lasica, J. D., "Online News on a Tightrope: Credibility, Terrorism, Inclusiveness Are Themes at 2nd ONA Conference," *Online Journalism Review*, 1 November 2001.

(16) *Ibid.*

(17) *Ibid.*

(18) van Dusseldorp, Monique, Scullion, Roisin and Jan Bierhoff, *The Future of the Printed Press; Challenges in a Digital World*, 2d ed., European Journalism Centre, 1999.

(19) Outing, Steve, "Attack's Lessons for News Web Sites: Sites Excelled in Some Ways, Failed in Others,"

Editor & Publisher, 19 September 2001.

(20) Lasica, *op.*, *cit.*

第7章　欧州統合の実験とメディア

1　統合の深化とメディア

メディアによる公共奉仕機能の回復に向けてのもう一つの契機は、グローバル化のなかに見いだしうる。アメリカの言葉と価値が地球を覆いつくすような一極集中化の側面も強いグローバル化だが、既存の国境の垣根を低くして共生を図るヨーロッパの統合過程ではナショナルな帰属意識を超えたヨーロッパ市民意識の醸成という新たな現象も立ち現れてきている。メディアにとっての契機もここに存在しうる。

日常使うお札や硬貨という目に見えるかたちで単一通貨ユーロが流通する一方で、中東欧十カ国の新規加盟も実現して名実ともに「深化と拡大」が進むヨーロッパの統合過程だが、メディア・ジャーナリズムの世界でも「ユーロジャーナリズム」という言葉に象徴される新たな動きがユーラシア大陸の西端ではじまっている。伝統的に国家の枠組みに深く根ざしてきたジャーナリズムが、統合過程と相互に影響を与えながら汎欧州的な存在に自ら変貌を遂げていくのかどうか。新たな動きはヨーロッパの明日だけでなくジャーナリズムの近未来をも占う焦点として浮上してきた。

「国語」による記述で標準化された情報と規範の大量伝達をおこない、「国民」意識の醸成、「想像の共同体」としての国民国家の成立に大きな役割を演じた近・現代マスメディアは、伝統的にナショナルな文脈で報道・解説の機能を果たしてきた。

一方、ヨーロッパの統合過程とは各国がブリュッセルに主権の一部を移譲していくプロセスにほかならず、その壮大な実験は市場・通貨・政治にとどまらず、教育・文化など社会生活のあらゆる面に及ぶ。第二次世界大戦の戦火のなかからはじまったヨーロッパの統合過程はドイツ・フランス国境地域の石炭と鉄鋼を共同管理下に置くことで三たびヨーロッパの地に大戦の亡霊を甦らせまいとの決意でもあったし、よりリアルポリティクスの視点から見れば、対ドイツ封じ込めによる戦争回避体制でもあったが、統合の現在、近未来はすでにそうした段階をはるかに超えて進んでいる。近代国民国家システム、ナショナリズムの超克と諸民族の共生に向けての実験である。

そうした統合の近未来に向けて、ナショナルな枠組みに最も深く根を下ろした存在であるジャーナリズム、メディアがそのくびきを離れて汎欧州的文脈による存在に自ら姿を変えていくのかどうか、その真価が問われているといっても過言ではない。

イニシアチブはブリュッセルと各国の大学キャンパスで、すでにはじまっている。欧州連合（ＥＵ）の行政執行機関たる欧州委員会は、関連諸機関に補助金を供与しながら各国のメディアにナショナルな文脈での報道から汎欧州的文脈でのそれへの脱皮を呼びかけ、大学のジャーナリズム・メディア関係の学部や大学院では独自に、ヨーロッパ全域で活動しヨーロッパ市民向けに情報を発信するジャーナリストの養成に乗り出している。

言語・歴史・文化の壁は依然、残る。映像への依存度の高いテレビはまだしも、活字メディアではとりわけ障害は大きい。しかし、ナショナルなメディアシステムを超えようとする努力はいま、ヨーロッパのそこここで確実に見られる。新たに誕生してきたものとはどんなもので、どこまで達成され、問題として残るのは何だろうか。

ドイツ・フランス両国が幾世紀にもわたって争奪戦を繰り広げたヨーロッパの交差点、フランス北東部アルザス地方の中心都市ストラスブールの旧市街にほど近い文教地区の一角に、同国のアクレディテーション（認可）を得た大学ジャーナリズム学部として最古の、ジャーナリズム教育大学センター（CUEJ）がある。統合の父の名を冠したストラスブール第三（ロベール・シューマン）大学の、南側の壁一面にガラスを張り巡らせた近代的な校舎で、マーストリヒト条約合意に先立つ一九九一年秋から、ユーロジャーナリズムの修士課程教育が展開されてきた。

コースの正式名称は「DESSユーロジュルナリスム」。EU域内の高等教育制度の平準化に向けて、各国は現在、学制改革のまっただなかだが、フランスのDESSは旧課程で第一課程（リサンス＝学士、三年）、第二課程（メトリーズ＝修士、一年）に続く第三課程のプロフェッショナルコースである。名称上は第二課程が「修士」となっているが、このDESSと研究者養成コースのDEAのほうが国際的に通じる修士課程である。DESSユーロジュルナリスムは大学レベルの教育を四年以上受け、三年以上の記者経験をもつ者を対象に、欧州統合過程・欧州問題を報道する専門記者の養成に目的を絞って、二〇〇四年春まで十三年間にわたり先駆的な教育をおこなってきた。

同コースの定員は最大十五人。発足当初こそフランス人学生が多かったが、すぐに構成比は逆転し、ドイツ・イタリア・ベルギー・スペインなどの西欧、ポーランド・ルーマニアなどの中東欧、さらにはアメリカ、中国、アフリカ諸国などからの留学生が八割を占めるようになった。教授陣もフランス人だけでなく、約十カ国からやってきた政治学、経済学、欧州問題、マス・コミュニケーションなどの専門家が教鞭をとった。

修業年限は一年で、二学期制。九月半ばから翌年二月末まではストラスブールの同校で「欧州連合、その制度的異常」「経済・社会統合の政治学」「通貨・予算・財政・社会——ユーロ圏の複合的諸政策」「ＥＵの競争政策」「ＥＵの対外行動・イニシアチブ」「共通外交・安保政策」「司法と内政」などの演習から複雑な欧州機構、その意思決定プロセスなどの知識を習得しながら、プロフェッショナル・トレーニングも受ける。

訓練は実践的で、秋から冬にかけて二度開かれるＥＵ首脳会議（議題を絞った特別首脳会議と十二月の定期首脳会議）を最大の教材に、演習で学んだ知識を総動員、会議で討議・意思決定される二十から二十五もの広範な分野に及ぶ議題のなかから何を選んで、どんな角度から報道するかを各自が考え、会議本番を取材する。月に一度、四日間にわたってストラスブールで開かれる欧州議会の本会議、やはり在ストラスブールの欧州評議会の諸活動なども重要な訓練の場だ。

ヨーロッパ連合の憲法ニュース条約に合意したニースＥＵ首脳会議（2000 年 12 月 7 日、南フランス・ニースで著者写す）

三月から六月末までは、ブリュッセルで欧州委員・ヴェテラン記者らの指導を直接受けながら、毎日のブリーフィングを実際に記事にしていく。巨大な官僚機構でもある欧州委員会、最高意思決定機関の閣僚理事会、そして少しずつ存在感を強める欧州議会、さらにはそれらの関連機関、民間研究所、シンクタンクなどが所狭しとひしめく「欧州の首都」は、EU本体の複雑さをそのまま反映し、さながら迷宮の観を呈する。ここで学生たちはどこで誰と会えば話が聞けるか、どこに行けば求めるデータが手に入るか、自分の頭と足を使って一つ一つ専門記者となるのに必要なスキルを身につけていく。

記事は書きっぱなしではない。これからジャーナリストを目指すメトリーズの学生らも参加して、「ニュース・ディル」（イル川地方のニュース）と「ビバ・シテ」という、学期中それぞれ月刊の雑誌を編集・発行して、ストラスブールおよび近郊の書店や新聞・雑誌スタンドの店頭を飾る。番組も制作して公共放送ラジオ・フランスで流す。成績評価はこれら雑誌やラジオで発表された記事が中心となる。インターンシップも最低一カ月間必修で、修了に際しては論文か特定のテーマで長大かつ掘り下げた記事を執筆する。

十三年間で修了者の累計は約百十人。うち二五％が新聞・テレビなどのブリュッセル特派員を務め、四〇％が国際報道デスクのポストにあるという。

DESSユーロジュルナリスムの限界は、目的を複雑な欧州問題を報道するに足る政治・経済・社会・国際関係などの素養を備えた専門記者の養成に絞り、EU各加盟国の歴史や文化はカリキュラムに入れていない点だろう。この部分をもカバーする包括的な欧州問題に詳しいジャーナリスト養成を目指して、CUEJは二〇〇四年春をもって同コースを廃止、その教育内容を発展的に継承させるかたちで〇五年秋、ドイツ・フライブルク大学と提携してジュルナリスム・フランス・ドイツ共同修士課程を発足させた。

フランス・ドイツ共同修士課程はＬＭＤ（リサンス三年、マスター二年、ドクトラ三年）システムと呼ばれるフランスの新しい高等教育制度に則った、修業年限二年の新修士課程である。新修士課程全体で五十人の定員のうちフランス・ドイツ両国から五人、計十人の枠をこの共同修士課程に確保し、仏独バイリンガルの、ストラスブールとフライブルク両都市での集中教育で、欧州統合を牽引してきた両国の言語・文化・歴史にも精通したエキスパートを養成する。ジャーナリズム教育自体でも、全員に新聞・雑誌・テレビ・ラジオなど媒体別に主専攻と副専攻の二つを課し、必要なスキルを習得させる計画だ。

ストラスブールでの試みは規模こそささやかなものだが、①二百年余り前の革命で典型的な国民国家が誕生・発展、②抗独レジスタンスのなかから第二次世界大戦後のメディアが誕生、③職業訓練税からの補助金交付という国家によるジャーナリスト養成支援の伝統――などのフランスの事情を考えるとその重要性は際立ってくる。

まず、①について。初等レベルの義務教育は革命下のフランスで史上初めて導入されたが、そこでまずおこなわれたことは首都パリの標準フランス語をアルザス語、ブルトン語など地域言語が主流の周縁部にまで徹底的に普及させ、「フランス語を話す者はフランス人である」という国民の定義をつくりだすことだった。メディアも学校教育と並んで、この国民意識の醸成・普及に大きな役割を果たした。

②だが、戦後フランスのメディア界はまさに、レジスタンスのなかから生まれた。ドイツに協力した新聞などは解放後、発行停止処分となり、資産は接収され、抵抗運動のなかから登場してきた多数の新興メディアに分配された。(1)一九四四年創刊の「ルモンド」はそうしたレジスタンスのなかから生まれてきたメディアの代表である。

フランス最古の「フィガロ」紙本社（パリで、著者写す）

③の職業訓練税はフランス独特の税制で、新聞社・放送局から徴収された税金が次代を担うジャーナリストの養成教育に使われる。具体的には、経営者・ジャーナリストの同数委員会でアクレディテーションを得たジャーナリズムスクールの運営・教育のために分配される。ジャーナリズム教育にとっては得難い確実な財政資源だが、国家によるジャーナリスト養成支援という側面も存在する。

そうした国家の影が見え隠れするフランスで、アクレディテーションを得たジャーナリズムスクールが一九九〇年代末に八校だったのが、現在十二校に急増し、未取得のメディア・コミュニケーション関係の大学学部・学科も全土で増えている。後者のなかには、二〇〇四年秋、フランス人学生と外国人学生の比率を半々にして「多様性」を旗印にジャーナリズム教育に参入してきた社会科学系名門グランゼコールのパリ政治学院や、ユーロメディア修士課程を擁するブルゴーニュ大学などがある。

ヨーロッパのほかの国に眼を転じると、デンマーク・スクール・オブ・ジャーナリズム（DSJ）、ユトレヒト・スクール・オブ・ジャーナリズム（オランダ）、カーディフ大学（イギリス）の三校でヨーロピアン・ジャーナリズムの共同修士課程が一九九〇年代初めから設置されていたのを発展的に解消させるかたちで、二〇〇五年秋からEUの高等教育交流計画エラスムス・ムンダスの枠内で、DSJに、オーフス大学（デンマーク）、アムステルダム大学、ウェールズ大学スウォンジー校（イギリス）、ロンドン市立大学、ハンブルク大学（ドイツ）の四カ国六大学のコンソーシアムでやはり共同修士課程を発足させた。

エラスムス・ムンダスとはヨーロッパの高等教育交流のためのエラスムス計画の一部で、特にEUと域外各国との知的交流を促すためのイニシアチブである。このエラスムス・ムンダス計画の枠組みでヨーロッパ各地の大学が研究分野ごとにコンソーシアムを形成して、三百近くのヨーロピアン修士課程が創設された。エラスムス・ムンダス・ジャーナリズム修士課程、正式名称「エラスムス・ムンダス・マスターズ：グローバリゼーション下のジャーナリズムとメディア――欧州の視点」は、ジャーナリズム分野での唯一の課程である。

同ジャーナリズム修士課程の栄えある第一期生は、百五十人を超える志願者のなかから選ばれた二十七人。国別の内訳は、西欧諸国がデンマーク二人、オランダ二人、イギリス一人、フィンランド一人、ポルトガル一人の計七人。東欧・旧ソ連諸国はクロアチア、ロシア、ウクライナ、モルドバ、アゼルバイジャン、ベラルーシ、キルギスからそれぞれ一人で、やはり計七人。北米はアメリカが六人、アジアはインド二人、パキスタンと中国から一人ずつの計四人。中東・アフリカはケニア、ジンバブエからの二人。中南米はペルーから一人参加した。

年齢は二十二歳から三十八歳まで幅広いが、全員が大学卒業後、何らかの記者経験をもっている。このプログラムはすぐれた専門性と広い国際的視野、そして今日の世界が抱える諸問題を深く分析し考察するための調査・研究のスキルを兼ね備えたジャーナリストの再教育課程なのだ。

ユニークな国際課程を擁するデンマーク・ジャーナリズムスクール（2006 年 1 月、デンマーク・オーフスで著者写す）

独裁政治または権威主義的体制でなく言論・プレスの自由が保障された国から来た学生＝ジャーナリストはわずか三〇％。国同士が対立関係の場合もあるが、母語を含め平均三言語を話し十四カ国の訪問歴がある、総計では計三十七言語、約百カ国の訪問歴というコスモポリタンな雰囲気のなかで、自由闊達な議論の華を咲かせている。

ＤＳＪの国際的イニシアチブは、一九七一年、デンマーク国会がその創設、任務を規定した法案を通過させて以来三十年間にわたって、同国の独占的ジャーナリスト養成機関として約五百四十万人の人口中七千人にのぼるジャーナリストの大半を輩出してきたことを考え合わせると、とりわけ興味深い。ジャーナリズム教育の一元化も、それが法に基づき国家予算を投入しておこなわれてきたことも、国家によるジャーナリズム活動への関与を嫌うアングロサクソン的規範が支配的な今日の世界で稀有な事例であるからだ。

国営の、国内では独占的ジャーナリスト養成機関が宗旨替えして各国との協調に転じた、などという意味ではない。デンマークの「国家」による一元的なジャーナリズム教育は、アングロサクソン的自由主義とは異なるコーポラティズム、ネオ・コーポラティズムの強い伝統下で誕生・発展してきた。ヨーロッパの統合過程の底を流れる社会経済モデルは北部ヨーロッパ諸国の戦後体制を支えるネオ・コーポラティズムにほかならないが、[2]そこでは大きな政府・強い国家はあっても非常にリベラルでアングロサクソン的な畏怖感を与える存在ではない。筆者が二〇〇六年一月、インタビューしたハンヌ・ブルン・オーフス大学情報・メディア研究所教授は「国家は市民社会の一部。国家が市民社会のなかに入ってくることに畏怖感はない。具体的には、国家は法的枠組みをつくるが、なかに何を盛り込むかは任されている」と説明した。権威主義的体制下で厳しい統制をかけてくる「国家からの自由」を求めて成立した、アングロサクソン流のプレスの自由主義理論・モデル、また社会の隅々まで介入する大きな国家が存在するという所与の状況下でより高次の「市民的自由」を求めてのプレスの社会的責任理論・モデルの前提となる国家・社会関係自体が、ここでは相対化され、もう一つの国家とメディアの関係の可能性をも示唆している。

国内でのジャーナリスト養成教育の独占を一九九〇年代後半に失ったＤＳＪがその後、積極的に進めてきたのが、国際化戦略とミッドキャリアのジャーナリスト研修・教育である。その意味では、ジャーナリズム共同修士課程をはじめとするさまざまな国際プログラムも同校の生き残りのための戦略の一つという側面もあるが、問題はそうしたレベルにとどまらない。医師や弁護士といったプロフェッションが徐々にではあるが（ＥＵの前身ＥＥＣの設立を規定する）ローマ条約に謳われた開業の自由を反映してゆっくりとクオリフィケーションの平準化に向かっているのに対し、ジャーナリズムの規範はナショナルな枠組みに強固に根差したままであること、メディア産業を取り巻く経済の変化とテクノロジーの進展でどこまでがジャーナリストかの線引きが困難になりつつあることを考えると、ＥＵ域内唯一の国際ジャーナリズム課程には少なからぬ意義が認められるからである。

ユーロジュルナリスム修士課程、フランス・ドイツ共同修士課程などの創設、運営の中心になったＣＵＥＪのデルクール副学部長（2005年1月、ストラスブールで著者写す）

ヨーロッパ各地での新たな動きはどのような環境の変化から生まれてきているのだろうか。筆者は二〇〇五年一月、ＣＵＥＪを訪問したが、「各国のナショナルな文脈で発展してきたジャーナリズムをそうした文脈から切り離して、一種人工的な教育を施すのは困難では」との問いに、デルクール副学部長は「欧州問題を伝えるのに必要な、あくまでもベーシックな知識・技術を習得させてきたのだ」と控えめに語った。その意味では、フランス・ドイツ共同修士コースも両国外務省の職員交流やドイツ・フランス旅団程度の象徴的な存在にしかならないのかもしれない。しかし、フランス・ドイツの二人三脚が統合過程を引っ張ってきたことも事実だ。「ここ数年、人々の日常生活のなかに突如として欧州が入ってきた。何かたいへんなことが起きているのだと人々は気づきはじめた。しかし、それを伝えるべきメディアはこうした変化にうまく対応できているとはいえない」と同副学部長は憂慮する。マス・コミュニケーション研究の父ラスウェルが定式化したマスメディアの三機能のうち最大のものは「環境の監視」だ。ヨーロッパではいま、統合過程の急速な進展という未曾有の環境変化を知らせ、社会構成員の合意を形成する役割が、メディアにこれまでになく強く求められているのではないか。そうしたことを考え合わせると、ユーロジャーナリズムのささやかな試みは、ヨーロッパ社会に押し寄せる想像以上に大きな変化のうねりを背景にしているのかもしれない。

2　統合の拡大とメディア

汎欧州的文脈でのジャーナリズム・メディアの可能性について、今度は新規加盟国への働きかけのほうを見ていこう。

旧ソビエト連邦・東欧諸国、特に前者はアメリカに次ぐ古い大学レベルのジャーナリスト養成教育の歴史をもつ。すなわち、革命後のソ連邦でメディアは社会主義・共産主義建設に貢献するプロパガンダマシンとしての任務を付与され、モスクワ大学はじめソ連各地、東欧各国の大学に記者養成コースがつくられた。

冷戦終結とソ連・東欧圏の崩壊で、その任務から解放された旧東側諸国のメディアには価値・規範・倫理上の空白が訪れ、そこにアメリカやEUから民主主義社会建設に寄与させるべく新たな規範付与の働きかけが活発化した。働きかけは主に、新たなジャーナリストの養成教育およびミッドキャリアのジャーナリストの研修（再教育）への支援というかたちをとった。

EUからの働きかけは、もっぱらオランダ・マーストリヒトにある独立のジャーナリスト研修機関、ヨーロピアン・ジャーナリズム・センター（EJC）を通じておこなわれている。

EJCは一九九一年、「ジャーナリストたちに欧州問題をより良く理解させ、より良い報道をしてもらうよう支援する」ことを目的に、ルクセンブルクEU首脳会議で設立が決定され、翌九二年、当時議長国だったオランダ政府の後押しもあって、マーストリヒトに設立された。独立団体のかたちをとって

ヨーロピアン・ジャーナリズム・センターのジャーナリスト向け短期セミナー（1997年9月、マーストリヒトで著者写す）

いるが、オランダ政府や欧州委員会から多額の補助金を得て、西欧の加盟国および旧東欧・ソ連圏の新規加盟国、将来の加盟候補国のメディアの記者・カメラマン・編集者・経営陣向けに各種短期セミナーなどを開催してきた。

センター設立から二〇〇四年までの十二年間でセミナーに参加したジャーナリストらは累計一万人。セミナーは西欧各国、特にブリュッセルに特派員を派遣する余裕のない地方紙の記者らを対象に複雑な欧州諸機構や条約などの入門セミナー、中東欧・旧ソ連各国などの記者向けには各国に出前のセミナーが、たとえば〇四年春の十カ国の新規加盟直前にはそれぞれの国の経済・社会がEU加盟によってどのような影響を受けるかなどをテーマに開講されている。三、四日の短期間のものが多く、現在は、年に二千人にのぼる記者らが参加しているという。

自らもイタリアの有力紙「ラ・レピュブリカ」の記者出身で、ユーロクラット養成校であるベルギー・ブリュージュのヨーロッパ大学院を修了後、EJCに移ってきたジュゼッペ・ザフット上席プロジェクトマネージャーは「欧州委やオランダ政府の支援を受けてはいるが、言論統制や特定の方向への報道・論調の誘導などではなく、ジャーナリストに（欧州問題という奥深いトピックへの）食欲をそそらせ、また文化・伝統の異なる国々のジャーナリストたちを一緒にさせて知的刺激を与え合う機会とすることこそがセンターの任務である」と強調する。

十二年余の活動の成果として、「旧共産圏のジャーナリスト、特に若い記者たちは西側流のジャーナリズムをよく知るようになってきており、大きな進展が見られる。また、セミナーに参加したジャーナリストからのちにブリュッセル特派員になる者が多数出ている。何よりも、一度参加したジャーナリストはまたほかのセミナーにも参加したくなるという調査結果が出ている」と。

主催者側の話だけでなく、ジャーナリストたちの生の声にも耳を傾けてみよう。中東欧諸国の記者ら百十八人を対象にやはり東欧出身の記者らによっておこなわれた調査「拡大を報道する」では、「主な情報源は」との問いに、回答者の七七%がEUのウェブサイトを挙げてトップだが（取材前の資料調査がアメリカやヨーロッパでは一般に徹底していること、中東欧諸国のメディアには依然、ブリュッセルに特派員はもちろん記者を出張にも簡単には出せないところが多いこと、欧州委員会はそれ自体巨大な官僚機構でそのウェブサイトには迷宮のように膨大な情報・文書が詰まっていることなどが理由）、以下、通信社電（六一%）、各国の非EU情報筋（各国政府・政党・団体など、六〇%）、外国メディア（五九%）と続き、各国駐在の欧州委員会代表部、EUのプレスリリース、ブリュッセルやストラスブールでの現地取材などを上回っている。「記者会見での質問、インタビューの申し込みなどで、「ルモンド」（フランス）、「エルパイス」（スペイン）といった西欧有力メディアと比べ冷遇されている」「ブリュッセル特派員しか相手にしないユーロクラットが多い」などの不満も数多く出されている。(3)

前者の問題は主要国首脳会議（サミット）など自国が絡む国際会議で報道のソースの圧倒的大半は自国政府であることを、後者はホワイトハウスなどから受ける露骨に異なる待遇でインナー・ミドル・アウターの三つのサークルに分かれるワシントン記者団の現実などを思い起こさせる。すなわち、国際報道とは多くの場合、一国の視点を超えたグローバルな関心による報道ではなく、当該メディアの所属する国の利害に関わる重大事を、自国民向けに、その言語（国語）で伝えるものであるし、メディアのおそらく唯一の武器が世論を背景にした影響力であれば、日々情報を流す側がメディアごとに選択的な対応をしてくるのもそう珍しいことではない。それくらい深くナショナルな枠組みにメディアが依然とらわれていること、ブリュッセルもいまや常駐記者千人を数える、ワシントンに次ぐ巨大情報発信地となっていることを考え合わせれば、いたしかたない趨勢のようにも思えるのだが、ここで重要なのはEU本体もメディア自体もこれらの問題を克服しようと日々努力し、ナショナルなメディアシステムを超えようとしていることのほうだろう。

既存の西欧加盟国でも、活字メディアを取り巻く経済状況の厳しさなどから、本格的な自社の記者向けミッドキャリア・トレーニングの必要性についてはメディア企業の側で意見が分かれ、記者たちも長期間現場を離れることへの不安は大きい。言論・プレスの自由の観点からの、EUがイニシアチブをとり、財政支援しての本格的なジャーナリスト養成教育・研修実施の原理的難しさに加え、こうしたメディア・記者側の事情もあってEJCの主な活動は短期セミナーに落ち着いた。さらには、メディアは深くそれぞれの国の言語・文化・伝統に根を下ろし、またその外交政策とも緊密にリンクしている。

ブリュッセル、マーストリヒトやヨーロッパ各地のキャンパスではじまったメディア・ジャーナリズムをめぐる実験には、まさに課題が山積している。しかし、ヨーロッパの統合過程自体が半世紀以上の時をかけての遅々とした歩みながら、「大きく後退したことはない」（EU関係者）ことも事実であるならば、生まれてきたばかりのユーロメディアの近未来についても、われわれは即断を下すことなくじっくりと見守っていく姿勢が必要だろう。

3　対米ナショナリズムと停滞、迷走

欧州統合の実験には、停滞も迷走も、また新たな難題が生み出されてくることもある。世紀が明けてから、単一通貨ユーロの導入、中東欧十カ国の新規加盟と目まぐるしい勢いで突き進んできた「統合の深化と拡大」に、二〇〇五年五、六月のフランス、オランダの国民投票による欧州憲法条約の相次ぐ批准拒否で、待ったがかけられた。ヨーロッパとしてのまとまりが強くなる分だけ、とりわけ経済・通商分野では対米関係などで一つのブロック化の傾向も見られ、芽吹いてきたばかりのヨーロッパ市民意識はヨーロッパ・ナショナリズムとでもいうべきものに固着化していく危険性さえ散見される。第2章で扱った情報主権の問題にも絡んで、アメリカ主導の衛星情報通信傍受網エシュロンに反発を強める欧州議会、そして欧州委員会のイニシアチブによる個人情報のアメリカへの流出に対する保護の動きがある。その一方で、九・一一を機に緊密化の度合いを高めるテロ捜査の分野でのＥＵ閣僚理事会中心の対米協力の問題があり、イラク戦争で図らずも露呈した外交・安全保障政策での加盟国間の大きな足並みの乱れもある。

欧州憲法拒否の原因としては、フランスでは「経済、社会への不満、不安」が、オランダでは「ＥＵへの一人当たり分担金が最高であるにもかかわらず得るものは少ない」との不満の高まりが指摘されているが、もう少し詳細に見ていこう。フランスでは、調査会社ＩＰＳＯＳがおこなった出口調査の結果に、「ノン」の理由がかなり鮮明に浮き彫りにされている。

まず、年齢別に見ると、四十五歳から五十九歳で六二％、三十五歳から四十四歳で六一％と社会を支える中軸の年齢層に拒否票を投じた人々が多い。職業別では工場労働者（七九％）、失業者（七一％）、農業（七〇％）とブルーカラー層や失業者に、居住地別では地方・農村部で、学歴や所得別ではそれらが低いほど反対の声が強く、支持政党別では共産党（九八％）、極左（九四％）、国民戦線（九三％）と左右両極で反対が極めて強いほか、緑の党や社会党などの左派支持者の間でもそれぞれ、反対は六〇％、五六％にのぼった。

反対の理由は、「現在のフランスの経済、社会状況に不満」がトップで五二％。以下、「憲法があまりに経済自由主義的」（四〇％）、「否決されればより良い憲法をつくるための再交渉が可能になる」（三九％）と続き、「トルコのEU加盟に反対する好機」も三五％となった。

オランダでも、分担金をめぐる不公平感のほか、対ドルでも高い為替レートを維持して物価高の一因となっているユーロに対する根強い反対、トルコとの加盟交渉開始決定に象徴される急速な拡大による安価な労働力の流入と失業の増大への不安などが、反対派の地滑り的な勝利につながった。

両国での拒否の背景で共通しているのは、各国エリート層、ブリュッセルの欧州官僚ら主導で急速に進められる統合、ユーロ高と物価高、さらには今日の西欧諸国共通の社会問題である移民と失業の問題についての不安・不満といったところだ。過去にも、マーストリヒト条約の批准がデンマークの国民投票で一度拒否されるといった、統合過程進展に対する拒否の動きはあった。しかし、今回、統合のさらなる前進をとりあえず拒否したのがEU原加盟（欧州石炭鉄鋼共同体加盟）二国であり、特にドイツと並んで二人三脚で半世紀余りにわたって統合を牽引してきた域内きっての大国フランスでの「ノン」はヨーロッパ全域に少なからぬ衝撃を広げた。

ＥＵがヨーロッパとしてひとかたまりになってアメリカと鋭く対立する情報通信分野の二大問題が、アメリカ主導のアングロサクソン五カ国による衛星情報傍受システム・エシュロンとネットワーク上の個人情報の流出・保護をめぐる問題である。

前者については、一九九八年九月、欧州議会の技術諮問委員会科学技術選択肢評価（ＳＴＯＡ）が調査報告書で、「アメリカの諜報機関である国家安全保障局（ＮＳＡ）が、世界中で送受信されている電子的通信（電話、携帯電話、ファクス、電子メール、テレックスなど）の傍受や記録、翻訳を日常的におこなっており、とりわけ冷戦終結後は民間企業の通信を傍受、産業スパイ行為に及んでいる」と指摘したのが、第二次世界大戦中にまでその起源を遡るこの通信傍受網が最近のアメリカ・ヨーロッパ関係のなかで懸案の事項となった発端だ。

欧州議会でのエシュロン問題追及にはフランスの影がちらつく。ＳＴＯＡの座長は故ジョルジュ・ポンピドー大統領の子息のアラン・ポンピドー同議会議員であり、このＳＴＯＡ報告書を受けて故ドゴール大統領の孫シャルル・ドゴールらがフランス司法当局に告発の構えを見せるなど、フランス政界の中枢、ゴーリスト（ドゴール主義者）たちの示し合わせたような動きが目についた。エシュロンと比べると傍受・解析能力は格段に劣るが、フランスも衛星とフランス領ギアナ、本国南西部ドルドーニュ県、ニューカレドニアなどの傍受基地からなる独自の通信傍受ネットワークをもっているといわれ、外交・通商などあらゆる分野にわたるフランスを急先鋒とするヨーロッパとアメリカとの対立、という構図がここでも散見される。

欧州議会はその後、二〇〇〇年七月、エシュロン問題に関する調査委員会を設置。一年後の〇一年七月、同調査委は「エシュロンによる通信傍受はプライバシー、人権の侵害に当たる」との最終報告書をまとめた。これを受けて、欧州議会本会議は同年九月、EUの三主要機関である同議会としてエシュロンの存在を公式に認定した。

一方、個人情報の保護をめぐっても、EUとアメリカは長きにわたって対立状態にある。早くも一九九五年十月、EUは、行政執行機関の欧州委員会が提案した「データ保護指令（個人データ処理に係る個人の保護および当該データの自由な移動に関する欧州議会および理事会の指令）」を採択。「個人データの第三国への移動は適切なレベルの保護を提供している場合に限られる」との規定で、EU域外への個人情報の流れを管理・監視する体制づくりに向け、世界でも最も厳しく、包括的な個人情報保護のための法整備を加盟各国に求めた。

その後も、一九九七年十二月に「通信部門における個人データ処理およびプライバシー保護に関する欧州議会および理事会の指令」を採択。さらに、九八年十月には、九五年十月公示の「データ保護指令」が施行され、二〇〇三年末には、加盟各国の個人情報保護制度統一のための調整機関として「情報保護監督官」が設けられた。

EUの個人情報保護に向けた各種の措置はとりわけ、官民双方にまたがる包括的な個人情報保護法のないアメリカと鋭く対立する。EU域内の個人情報がアメリカ政府機関および企業に流出することを厳しく制限するEU側と規制の緩和を求めるアメリカとの対立である。特にコンピューターネットワーク上の個人情報保護のため電子暗号の高度化を推進するヨーロッパは、これを中止するよう求めるアメリカと鋭い対立を見せている。

エシュロン、個人情報保護問題と対照的に対米協力の進んでいるのが国際テロ活動の捜査協力の分野である。この分野はもともと、EUとして対米協調、情報交換が最も進んでいた。ニューヨークの世界貿易センタービルや首都郊外のペンタゴンに乗っ取られた旅客機が突っ込んでいった同時多発テロで、それまでの無関心または薄い関心から一気にイスラム過激派狩りの長いたたかいに突入していったアメリカと異なり、ヨーロッパでは一九九六年十二月のパリ・ポールロワイヤル駅爆弾テロ事件はじめイスラム過激派のテロは頻発していたし、北アイルランド問題をめぐるアイルランド共和軍（ＩＲＡ）、スペイン・フランス両国にまたがるバスク地方の独立を求めるバスク祖国と自由（ＥＴＡ）など過激な地域主義のテロも三十余年にわたって経験していた。アルカイダの台頭以前からテロ封じ込めはヨーロッパ主要各国の懸案事項の一つであり、アメリカ連邦捜査局（ＦＢＩ）などからの捜査協力要請にＥＵ閣僚理事会レベルでは積極的に応えてきていた。

九・一一同時多発テロはそうしたテロ捜査をめぐるアメリカとヨーロッパとの協力の深まりに一段と弾みをつけた。発生の翌日、ただちにＥＵは外相会議を招集し、テロに共同してたたかうことを表明。さらに、十日後にはブリュッセルで特別首脳会議を開いて、テロ対策に関する「結論および行動計画」文書を採択した。

しかし、この時点でもまだ各加盟国はＥＵとして一枚岩の団結を見せていたわけではない。「人道的、政治的にアメリカと連帯するが、フランスの主権と自由を奪うものではない」とフランスが軍事作戦からは距離を置く姿勢を見せれば、ドイツも「テロとはたたかう」とだけ発表し、やはり軍事行動には消極的だった。

テロ対策での対米協力が本格化しなかった背景には、ＥＵ自体が抱える内部事情もあった。従来の協力関係はあくまでも各国政府レベルのそれが中心であり、必ずしも主権の一部を移譲されたＥＵとしての組織的な協力ではなかった。閣僚理事会は文字どおりＥＵ加盟各国政府の閣僚らで構成される機構であり、司法・内政領域は政府間交渉（ＩＧＣ）の主議題でありつづけてきた。マーストリヒト条約（一九九二年調印、九三年発効）で「経済・通貨同盟の設立」「共通外交・安全保障政策の実施」と並んで「司法・内政領域での協力」がＥＵの三本柱の一つに謳われ、アムステルダム条約（九九年発効）では同領域の主要分野の権限がＥＵに移されたにもかかわらず、鳴り物入りで発足したユーロポール（欧州警察機構）の活動も国境を越える重大犯罪のデータ収集レベルにとどまっていた。

流れを本当に変えたのは、二〇〇四年三月十一日、マドリード中心部の三駅で発生、約二百人の犠牲者を出した同時列車爆破テロ事件だ。当初、ＥＴＡの犯行と決め付けた国民党政府の喧伝に反して、アルカイダがおこなったものであることが犯行声明などから明らかになると、折しも間近に迫っていた総選挙で同党は敗北、社会労働党が政権に返り咲くほどの衝撃をスペイン国内に与えた。ヨーロッパ全体に与えた衝撃も強く、ＥＵは同二十五、二十六の両日、ブリュッセルで首脳会議を開いて、テロ対策強化策について本腰を入れて協議した。

ブリュッセルＥＵ首脳会議は、テロの被害にあった加盟国に軍の投入も排除せず「あらゆる支援」をおこなうとして、「テロとのたたかいに関する宣言」を採択した。具体的には、アメリカ同時多発テロを受けて合意しながらもテロ情報の共有・管理をめぐるＥＵ内の大国と小国の対立、加盟国の批准手続きなどで実現が遅れていた各国横断の共同捜査チーム設立、ＥＵ共通逮捕状の発行、テロ対策官ポスト新設などの施策を同年六月までに実行に移すことで合意。宣言はさらに、電話・インターネットの通話・通信記録のテロ対策への活用、ユーロポールやテロ対策官のイニシアチブによるテロ情報の加盟国間での共有なども謳った。

六月十七、十八の両日、ブリュッセルで開かれたＥＵ首脳会議では、中東欧諸国の加盟で二十五カ国に拡大したEUの基本法となる、「大統領」「外相」の新設なども盛り込んだ欧州憲法に最終合意した。欧州憲法には、加盟国がテロ攻撃などを受けた場合の連帯・対処、加盟国軍事力の漸進的改善と欧州「防衛庁」設立、越境犯罪に対処する欧州検察局設置などを盛り込んだ。

続いて九月十七日、オランダ・ノルトウェイクで開催のEU国防相会議は、フランス、イタリア、スペイン、ポルトガルの南欧諸国にオランダを加えた五カ国でフランス憲兵隊など各国国防省所属の警察部隊の合同部隊を年内に発足させることで合意。同月にはまた、フランスとスペインが、テロ対策分野での〝先行統合〟として、アルカイダなどイスラム過激派およびバスク過激派の資金源や活動を突き止めるための合同捜査機関創設で合意した。

さらには、EUの諮問を受けた専門家グループが、テロの脅威に対処するために警察官、援助活動家らが軍部隊に合流した「人間の安全保障」対応部隊の創設を提唱したのに対し、バビエル・ソラナ共通外交・安保政策上級代表も実現に前向きの姿勢を示している。

もちろん、こうしたEU内部でのテロ対策の本格化がアメリカとの大西洋を股にかけた協力関係の緊密化にただちにつながるものではない。九・一一同時多発テロに際して見られた大陸ヨーロッパ各国と「テロとの長いたたかい」をはじめたアメリカとの温度差は、同テロに対する報復としてたたかわれたアメリカとイギリスによるアフガニスタン攻撃では顕在化することはあまりなかったが、戦争の大義そのものに疑義が差し挟まれたイラク戦争ではフランスやドイツなど「古い欧州」（ラムズフェルド・アメリカ国防長官）とアメリカ・イギリス両国との亀裂があらわになった。イラク戦争に際して見られたようなフランス、ドイツなどの〝造反〟を懸念するアメリカは、テロ対策でもNATOの枠組みを活用すべくヨーロッパ各国に働きかけている。二〇〇三年十月には、国際テロなどの脅威に対応する「NAT

〇即応部隊」を正式に発足させた。二〇〇六年をめどに、二万人余からなる部隊としてフル稼働を目指している。

個人情報保護の問題は、ネットワーク空間のデジタルデータ保護のための電子暗号高度化の問題となることで、通信傍受網エシュロンとも一部重なり合ってくる。エシュロンは民間企業の通信も傍受して産業スパイ行為に加担している疑惑がもたれており、電子暗号の高度化はその傍受を防ぐことにもつながるからだ。

ここに至って、一見ばらばらに見えるテロ捜査協力とエシュロン、個人情報保護強化策の問題は密接な連関を示してくる。問題の焦点は、コンピューターネットワーク上の情報・データであり、それを保護したり秘密裏にやりとりするための電子暗号技術の高度化とそれら情報・データの傍受と暗号解読なのである。アメリカ・ヨーロッパ間では、ヴァーチャル空間上で暗号情報の送受信と傍受・解読をめぐり、凄絶な電子戦が繰り広げられているのだ。

アメリカ主導のエシュロンによる通信傍受も、アメリカが強く求めるEUの個人情報保護の流れにストップをかけることも、国際テロ活動や麻薬取り引きの追跡に役に立つ側面は確かにある。一方でエシュロン、個人情報保護問題でアメリカと対立し、もう一方で国際テロ捜査ではアメリカと協力するEUは、情報通信をめぐりこれまでにないジレンマに引き裂かれているというべきだろうか。

しかし、ここで欧州統合という未曾有の国民国家解体過程の実験の現段階について思いを馳せねばならない。EUは、加盟各国がそこに主権の一部を移譲しつつあるものの、いまだ最高意思決定機関は毎月開催の閣僚理事会および年二回開催の首脳会議であり、行政執行機関である欧州委員会は「政府」にはほど遠く、欧州議会も立法権のない巨大な、一種の諮問機関にとどまっている。EUはいまだ加盟各国政府の発言力が最も強く、全体を調整・代弁する欧州委や欧州議会はそれに比べると補完的な地位・発言力しかもたない。エシュロン調査は欧州議会、個人情報保護策強化は欧州委員会が主導でそれぞれおこなわれているが、テロ対策は目の前の現実の脅威に対応を迫られる各国政府の合議体である閣僚理事会が中心となって進められているのだ。

情報通信分野で三層にわたる錯綜したアメリカとの関係は、EUの機構としての歴史的現在を正確に反映しているもの、といえるのかもしれない。エシュロン、個人情報保護問題では欧州市民意識を通り越してヨーロッパ・ナショナリズムともいうべき事態が散見される一方で、アメリカとのテロ捜査協力やイラク戦争への対応などをめぐっては各国の足並みの乱れが依然として大きく、ヨーロッパ市民意識の定着には遠いことがあらわになっているのだ。

4　国家の枠組みを超えた共同体・公共奉仕へ

国民国家の綻びが指摘されるようになって久しい。最も爛熟した市民社会をもつ西欧諸国はその主権の一部を放棄するかたちでの欧州統合過程を進めている。イラクのクルド人地区、ソマリア、ボスニア・ヘルツェゴビナ、コソボの紛争への国家主権の壁を越えての「人道的介入」の実験も、さまざまな問題を抱えながら一九九〇年代を通じて進行した。唯一の超大国から「帝国」になったとの議論もかまびすしいアメリカの主導ながら、とどまるところを知らないグローバル化の勢い。そうした新たな環境のなかで、われわれはいま、国民国家の枠組みから一歩踏み出すべく、片足を上げたところとでもいえばいいだろうか。

折しも情報通信技術の飛躍的な進展は、十五世紀末からの印刷革命から五百年の時を経て、新たなメディア革命をもたらしつつある。デジタル情報通信技術、とりわけインターネットの爆発的な普及は、マクルーハンの「グローバル・ヴィレッジ」の概念を再評価させるほどにヴァーチャル空間で現実の距離、空間を無化するような情報の行き来、仮想コミュニティの形成を推進し、アメリカ・ヨーロッパ・日本など先進諸国で「デジタル市民社会」とでも呼ぶべき新たな市民社会の興隆を促しつつある。

こうした新たな社会環境に対して、伝統的なマスメディア、ジャーナリズムの側の反応は残念ながら迅速・鋭敏ではない。自らは情報の風上にいるという意識、インターネット上の新しいジャーナリズムであるオンラインジャーナリズムに既存の新聞のような購読・広告の二大収入からなる経営モデルが構築できないでいる現実などを背景に、自身の変化には消極的な姿勢が目立つ。

しかし、グローバル化の進む世界で、メディアの所属する社会が一国民国家の単位からより広い国際社会に拡大しつつあるなか、その所属する社会への奉仕も変容を迫られているというべきだろう。コソボ戦争の緒戦でアメリカ中堅三紙が流した情報の総量よりもロンドンの市民団体が流したそれのほうが多かった事実、コソボの中世以来の正教の教会から一人の僧が定点観測し続けた戦争の記録は世界主要メディアの報道を凌駕する質と深さを備えていたことを過小評価すべきではない。何よりもヨーロッパ各地でのヨーロッパ市民意識醸成に向けた新たな動きはささやかなものではあるが、ゆっくりとだが大きな後戻りはしないヨーロッパの統合過程の進展自体と合わせて、目が離せない。

一方で、メディアを通じて国民に直接呼びかけるような政治手法は、日常的な国民の説得、同意獲得を本来的に必要とする民主主義政治が大衆社会状況に入って登場して以来、強化の一途をたどっている。二十世紀前半の二度の世界大戦＝総力戦時のような国家存亡の危機を理由とした、いわばわかりやすい総動員体制はその後、限定戦争の時代となって、とりわけ一九九〇年代以降のグローバル化と情報通信革命が急速に進む時代となって、情報操作・プロパガンダを含めてより精巧な見えにくい国民説得へと進化を遂げている。説得のための主要なチャネルであるメディアをも全面的に巻き込んでの「見える」「見えない」「見せる」戦争の同義化といった現象の加速度的進行は、戦争を限りなくヴァーチャルリアリティの彼方へと運び去りつつある。

メディアはそれ自体、常に権力の代理人でありつづけてきたというペシミスティックな認識はたえず記憶にとどめながら、まずは近・現代マスメディアがその歩みをともにしてきたナショナリズム、支配的規範の強制、動員、国家との一体化といったものから一歩距離をとりうるような共同体・公共奉仕の途を模索し、不可視の度合いを高める現実を凝視していく方途を探っていくしかないのではないか。

新たなメディア革命とグローバリゼーションのさなかで、ジャーナリズムも狭い国民国家の枠組みを出て市民、ローカル／グローバルな枠組みへと脱皮し、この新たな枠組みのなかで信頼に足る世界ジャーナリズムをつくりあげていかなければならない。こうした語り口の変容も含めた新しいジャーナリズムを構築していく作業こそが、戦争、政治、権力とオーディエンスにもみくちゃにされ、懐深く取り込まれ、また不審の眼を突き付けられてきたメディアを再生させていくのに不可欠かつ最良の途ではないだろうか。

注

（1）権田萬治「Ⅲ　中欧諸国の新聞　3．戦後の新聞（1）フランス」、梶谷素久編著『新・ヨーロッパ新聞史――ヨーロッパ社会と情報』所収、ブレーン出版、一九九一年、九六―九八ページ

（2）中野聡「EUソーシャル・ダイアログとネオ・コーポラティズム――ネオ・コーポラティズム論から〝多様な資本主義〟論へ」「豊橋創造大学紀要」第九号、豊橋創造大学、二〇〇五年、六五―七五ページ

（3）Havlicek, Irena, *Reporting Enlargement: A Focus on the Information Needs of Journalists from Future Member States*, European Journalism Centre, 2003.

追記　コソボ戦争取材から

1　戦火のベオグラードで

灌木類が灰白色の土壌に貧しくへばりつく高峻な山々を越えると、緑の沃野が視界一面に開けた。国境の検問を無事通過した安堵感もあるのだろう。白い、小さな花をつけた木々が目に染みた。梅の花、と後から聞いた。乗合バスを乗り継いで、地中海側から陸路たどり着いたセルビアは春だった。バルカンの山々に抱かれた農村は、北大西洋条約機構（NATO）の猛爆を受けているのが嘘のような、物憂い陽射しのなかにまどろんでいた。

二月初めから断続的にフランス・ランブイエ、パリで開かれていたコソボ和平交渉の決裂を受けて、三月二十四日夜、ミロシェビッチ大統領治下のユーゴスラビア連邦に対してNATO軍が踏み切った空爆も、開始からすでに三週間余り。開戦前夜にコソボを出てベオグラードに入っていたロンドンの同僚は、紛争下のユーゴ滞在がすでにひと月近くになろうとしており、この同僚との交代のため、四月十三日、パリを出発した。

正確には、もうひとりボンに駐在する同僚が先にユーゴ入りを目指していた。開戦とともに空路での入国は不可能となったため、その同僚はまずウィーンに行き、そこからブダペスト経由でハンガリー――ユーゴ国境を目指した。しかし、国境の検問所で一昼夜待たされるも埒があかず、結局ギリシャ経由で、コソボから大量のアルバニア系難民が流入しているアルバニア入りすることに方針転換した。

ユーゴスラビア地図

空爆開始直後の時期までは、隣国のハンガリーやクロアチアから陸路入るルートもまだ生きていた。第三国である日本の記者は、日本—ユーゴ間の査証相互免除協定もあって、ＮＡＴＯ加盟国の記者らと比べると比較的容易にユーゴに入国できていた。だが、戦時の非常事態下で規則は頻繁に変わる。四月に入るともう、陸路での入国も難しくなっていた。

パリを出発した頃には、まともにユーゴに入国できるようなルートはどこにも残っていなかったのだが、ただ一つだけ〝抜け道〟があった。クロアチアから海沿いに東に進んで、セルビア共和国とともにユーゴ連邦を構成するモンテネグロ共和国に入り、そこから山道を北上してベオグラード入りするルートだ。

モンテネグロには一九九七年十月の選挙で反ミロシェビッチ・親米のミロ・ジュカノビッチ大統領率いる政権が誕生。九九年一月には連邦中央の意向を無視して独自にクロアチアとの国境を開いてしまっていた。実際、ハンガリー、クロアチアなどとの国境で入国を拒否された外国人記者たちは、この残された最後の〝非合法ルート〟の玄関口、クロアチアのドブロブニクに集まり、一部はベオグラード行きに成功していた。

パリから空路、サヴァ川の流域に開けたクロアチアの首都ザグレブへ。そこから国内線に乗り換えて同国南東部、海にせり出した中世の城壁都市が残るアドリア海の真珠・ドブロブニクにたどり着いた。空爆下で夜間の移動は極めて危険なため、情報収集を兼ねて旧市街に近いエクセルシオール・ホテルに一夜の宿を取った。モンテネグロからのユーゴ入りを目指す外国人記者が大勢ここに泊まっていると聞いたからだ。実際は同業者たちにはそれほど遭遇しなかったが、そこで思わぬ人々に出くわした。

明日はいざユーゴ領内に、と考えると、猫の目のようにくるくると変わる国境の検問や現地情勢に関する最新情報を少しでも仕入れておく必要がある。こういうときには書かれた情報はすでに遅すぎて役に立たないことが多い。玉石混淆の口コミ情報のなかから、これはと思うものを自ら判断して行動に移す際の参考とする。情報不足や判断ミスは非常事態下では命取りになりかねないので、ホテルの客にもこちらから積極的に「ユーゴ入りを狙うジャーナリストですか」と声をかけた。そのなかの一人、エレベーターのなかで声をかけた相手は駐ユーゴのアメリカ人外交官だった。開戦前夜、ベオグラードのアメリカ大使館はここドブロブニクのホテルに一時避難していたのだ。

こちらが日本の記者だと自己紹介すると、「自分はジャーナリストではない。アメリカの外交官だ。モンテネグロに入ってからベオグラードまでの足はあるか。もし何か助けが必要になったらここに電話してくれ」と一気に言い、ホテルの部屋と携帯電話の番号を教えてくれた。彼らもクロアチアからモンテネグロの首都ポドゴリツァまで頻繁に往復して情報収集に努めているという。確かに、モンテネグロまでは行けても、その先、連日NATO軍の猛爆にさらされているセルビア、ベオグラードまで行ってくれる運転手とクルマを探すのがまた一苦労だ。しかも、現地は英語やフランス語がおいそれと通じるところではない。交通手段は喉から手が出るほどほしい。

しかし、名前と電話番号のメモだけありがたくいただいておいて、結局、連絡するのは控えておいた。戦争状態の国で、当局から敵国外交官と連絡がある、スパイ活動にも従事している可能性あり、などと見なされたら、ただちに投獄か国外追放の憂き目に遭うのは目に見えている。そうなっては苦労して入国に成功しても元も子もない。

翌朝六時ごろ、ドブロブニクのホテルを出て国境に向かった。海沿いといっても縮尺の小さな地図で見ると、ということ。実際は、海際までせり出した山々の間を抜けて、ちょうど山中の関所といった感じの検問所にたどり着いた。山道がカーブを描いている両端にそれぞれクロアチア、モンテネグロの国境検問所が設置されているため、互いに相手側からは見えない。ここぞとばかりに高額の料金を請求してくるクロアチアのタクシー運転手にドイツマルク紙幣を放り投げ、クロアチア検問を抜けて、両手で荷物を引いて二百メートルほど徒歩で進んだ。

モンテネグロ側の検問にはユーゴ連邦当局の係官や兵士はおらず、同共和国警察のカーキ色の制服を着た係官らが「ポドゴリツァまで行くのか。タクシーはいるか」と妙に親切に聞いてくる。タクシーを待つ間、別の白タクが一、二台やってきたが彼らに追い返されていた。タクシー業者と結託して〝手数料〟を受け取っているという噂はおそらく本当なのだろう。

「どこに行く」「ベオグラード。カネは払う」「ダメだ。いくら積んでも」「じゃあ、ポドゴリツァまで」。ユーゴ入国後最初の交渉はあえなく失敗。アドリア海沿いに白い家々が立ち並ぶ隠れ里のようなリゾート地をかすめて、四方を山に囲まれた盆地に開けた首都に着いたのはもう昼過ぎだった。ベオグラードまでの山越えのルートは、ポドゴリツァから最短でも十一、二時間はかかる。到着が空爆が激しさを増す深夜になるのは避けねばならない。ジャーナリストでごった返す、田舎のビジネスホテルのような旧国営ホテルのロビーで部屋が空くのを二時間ほど待ち、そこでさらに一泊。翌朝九時すぎ、約七百円の切符を買って、乗合バスに乗り込んだ。

バスのなかで飛び交う言葉はセルビア語だけで、英語やフランス語を話す人間はまずいない。生理現象を催しても「停めてくれ」と頼むこともできないので、朝から飲まず食わずで大旅行に臨んだ。道端で銃を構える兵士、警察官の姿を見かけ、幾重にもある検問にさしかかるたびに緊張でからだを硬くした。頭髪はボサボサ、髭も伸ばしっぱなしにしてなるべく風景のなかに溶け込もうと努力していたが、「DUTY FREE」の看板を掲げた店まで立つセルビアとの国境で、バスに乗り込んできた兵士が筆者のパスポートだけ持っていったまま三十分以上も帰ってこなかったときには、クッションの悪い座席でひとり全身冷や汗をかいた。ベオグラードまであと二、三時間というところで突然、乗客が降りはじめたときには、不憫に思ったのか隣の席にいた非番の警察官が目で合図して乗り換えを教えてくれた。

夜の帳が下りると、やがてミサイルが不吉な音を立てて飛んできては、周囲の空を赤く焦がした。早く着いてくれ、そう念じつつ身を硬くする。ようやくベオグラードのバス中央駅に着いたときには、時計の針はもう午前零時近くを差していた。

到着早々聞かされたのは、同じルートで数日前にベオグラード入りした邦人記者が旅装を解いたのも束の間、ホテルの部屋に数人の刑事に踏み込まれ、理由も説明されぬまま国外退去を命じられたとのニュースだった。クロアチア—モンテネグロ国境経由でベオグラード入りを試みて失敗したNATO諸国の記者をドブロブニクで何人も見ていた。パリからザグレブ乗り換えでドブロブニクまで同じ飛行機に乗り合わせた、バルカン情勢を十年以上追いかけているというフランス人フリーランス記者の「モンテネグロに入ればベオグラードまで行ってくれる運転手の当てはある。費用をシェアしないか」との誘いも、先にふれたアメリカ人外交官の申し出も断っての、「中立国・日本」を唯一の心のよすがにしての単独でのベオグラード入りだ。ここまでたどり着いて追い返されてしまってはこれまでの苦労も水の泡だ。国外退去を命じられた邦人記者が筆者と同じパリ駐在の記者だっただけに、警察当局による摘発はまったくもって他人事ではなかった。

同記者はベオグラード到着後、ドブロブニクを出て何とか目的地にたどり着くまでの道中記を囲み記事にして書いていた。「非合法ルートから一部外国人記者が入国していること自体はユーゴ当局も知っているが、それを紙面に書かれてしまっては断固取り締まらないわけにはいかないのではないか——」。当時、ベオグラードにいた一握りの邦人記者の間ではそんな憶測が飛び交っていた。しかし、戦時の非常事態下で、とりわけ噂好きの記者たちの当て推量など鵜呑みにするわけにはいかない。本人に直接尋ねてみると「一切身に覚えがない」と、とりつく島もなかった。他社との厳しい競争を繰り広げるなか、まして戦争という最大のニュースを送る特派員を、ミスだか不運だかで同記者の所属する新聞は失うことになったのだ。本人の心中は察して余りあるものがあった。

ベオグラード到着の日にもう一つ聞かされたのが、一足先に現地入りしていた同僚の記者がやはりホテルの部屋に刑事に踏み込まれ、有無を言わさず衛星電話を没収されたとのいささか憂鬱な知らせだった。七十八日間に及んだ空爆中、ベオグラードを中心とするセルビア各地で携帯電話は通じた。しかし、焦点のコソボは例外だ。携帯電話のネットワークはもちろん、電気、ガスなどの基礎的なインフラも空爆開始後、ズタズタになっていた。後述する軍のプレスツアーで、または単独でコソボに行くことができても現地には通信手段がない。携帯電話の通じるコソボの外に出てからしか原稿を送れないのではせっかくの現地ルポが古くなり、ニュースバリューも減ってしまう恐れがあった。

件の同僚はモスクワ常駐の記者で、ロンドンから来ていて筆者が交代した同僚とは別に、空爆開始直後、まだハンガリーからの陸路の入国ルートが生きていた時期にベオグラード入り。もっぱら空爆の被災地には行かずベオグラードで市民の表情などを追っていた。ある夜、ホテルの部屋で衛星電話でモスクワ支局と連絡をとっていて刑事に踏み込まれた。衛星電話の発する電波信号をモニターしていた警察当局が「これは届け出が必要な戦略物資だ」と、無届けの持ち込みと使用を理由に持っていったという。

衛星電話を特に届け出をせずに持ち込んでいた外国人記者は、この同僚に限らず大勢いた。摘発は一種の見せしめであり、国外退去のケースに典型的に見られるように、理由を説明せず不気味な沈黙のまま生贄を選ぶやり方は、ほかの記者たちを戦々恐々とさせ、ユーゴ当局にとっては最も効果的だった。

ベオグラード到着の翌日、セルビア入りに残された唯一のルートだったモンテネグロ—クロアチア間の国境が閉ざされた。何とか入国したはいいが、空爆はいつまで続くかわからない。唯一のルートが使用不能になるということは、自分の交代は入国できないということを意味する。

この、ある意味では最も重要なニュースはロイター通信の至急電で知った。ロンドンの同僚は筆者の到着と入れ替わりにただちにハンガリー国境から出国していったが、先のモスクワの同僚も諸般の事情でモスクワに帰ることになっていた。しかし、新たな入国の道が閉ざされたとなると、いざというときに備えて現有の勢力は縮小しないほうがよい。「(モスクワの同僚の滞在を)もう少し延ばしたほうがよいのではないか」。東京との連絡中継にあたっていたウィーン支局と連絡をとったが、結局、東京との協議の結果は「予定どおりに出国させる。現地にはお前一人残れ」。この瞬間、補給物資を絶たれて「万事、現地にてよろしく」という旧帝国陸軍ばりの持久戦を強いられることが確定した。

東京の本社には結局のところ、ミサイルの飛来するユーゴ現地の感覚はわからない。ウィーンの同僚も本来はベオグラードの現地に来て取材すべきところだったが、東京への帰任が近く、「(ボスニア内戦取材に加え)もう一ラウンド(コソボ戦争取材を)やりたくない」と支局でCNNとロイター電を見るのに専念していた。パリ郊外ランブイエのコソボ和平交渉でさえ、最初の四、五日いただけでそそくさと帰っていった。旧ユーゴスラビア地域をカバーするのは各社ともウィーン支局で、他社はランブイエ、パリの交渉の取材はもちろん、空爆開始前夜から続々と本来の担当記者が現地入りしていた。

ベオグラード入りを果たしたら真っ先にすべきことは、ユーゴ連邦軍のプレスセンターに赴いて記者登録することだった。

登録手続きをする連邦軍のプレスセンターは、ベオグラード中心街の共和国広場に面した軍の会館の二階ににわかごしらえで設置され、連邦軍の連絡将校に加え、連邦情報省・セルビア共和国情報省の職員が記者対応に駆り出されていた。

同国では平常時は連邦情報省に記者登録し、共和国広場沿いの軍のプレスセンターなどはなかった。やはり共和国広場に面して民間団体が運営する「メディアセンター」があり、戦争勃発前から外国人記者らが折にふれて利用していた。しかし、このときにはすでに、非常事態下で記者の統制にも軍が前面に出てきて、公式のプレスセンター設置となった。

記者対応と書いたが、記者の質問に対して回答をくれ、申し込んだインタビューのアレンジをしてくれるといった、通常よくあるようなプレス担当官のサービスはほとんどなかった。ユーゴ当局にとって都合のよい、外国プレスに世界に広めてほしいと思うようなNATOの誤爆でさえ、基礎的な事実に関する情報は提供されなかった。インタビューやルポの申し込みもどちらかというと、却下し統制するためにさせていたという印象が強い。さらにはプレスセンターといえば机と電話が並んだ作業スペースを想起するが、古ぼけた病院の待合室のようなホールにソファとテレビが置いてあるだけだった。

クロアチア─モンテネグロ経路でセルビア入りしたことがプレス担当官らに知られたら、連邦軍が発行するウォープレスカード（戦争特派員証）の交付は覚束ない。クロアチア、モンテネグロ双方の出入国スタンプが押されていたのがたまたまパスポートの最終ページだったので、その部分を指で押さえ個人データが印刷されたページを開いて事務作業に追われる担当者に差し出したところ、はたしてパスポートのほうは一瞥しただけで申請書類だけ受け取った。二日後、首尾よくプレスカードが交付された。

その後、外国人記者の統制を有効におこなうためか、四月末で全記者のウォープレスカードが無効とされ、更新の手続きが要請されたが、それまでになるべく多くの時間をプレスセンターで過ごし担当官に顔を売っておいたのが幸いしたのか、こちらも大きなトラブルには見舞われず無事、新たなカードが発行された。現地助手に任せきりであまりプレスセンターに顔を出さなかった者たちを中心にかなりの数の記者に更新が認められず、泣く泣くベオグラードを後にする姿も多く見受けられた。

共和国広場では空襲警報が鳴り響くなか、連日にわたってＮＡＴＯの空爆に抗議し愛国心に訴える半ばやけっぱちのロックコンサートが繰り広げられていた。ボスニア内戦で私兵を率いて対立する民族への虐殺行為を繰り返した「虎部隊」司令官のアルカンことジェリコ・ラジュナトビッチの妻らが次々と仮設ステージに立ち、セルビアの伝統的な歌などを歌うのだが、エレキギターやドラムのバンドの演奏を含めてみなロック調にアレンジされていた。

観客の間でも、ＮＡＴＯの空爆に抗議するセルビア語のプラカードに交じって「Do not kill us!」などの英語の文字が見える。アメリカのホームセンターチェーンのマークをもじった三重の黒丸の中央にクエスチョンマーク、黒丸の外に「TARGET?」のロゴもある。撃つなら撃ってみろ、というＮＡＴＯ軍機の乗組員らに対しての絶望と黒いユーモアが隣り合わせになったメッセージだ。

ドナウ川やサヴァ川に架かる橋の上では空爆が激しさを増す夜になると、人々が集まってきて夜半まで抗議の集会やコンサートを続けた。ＮＡＴＯはユーゴ連邦軍、セルビア治安部隊の戦略物資の流れを絶つとして橋や幹線道路も空爆の標的にしていた。ベオグラードでは市民生活に不可欠の橋を空爆から守るため、連夜大勢の人々が外に繰り出して橋の上に集った。

共和国広場に近い、目抜き通りのクネズ・ミハイロヴァ通りにはアメリカ文化センターやフランス国営エールフランスなどの事務所が立ち並んでいたが、空爆開始で軒並みショーウインドーが割られ、内部も荒らされていた。モスクワホテルの向かいのマクドナルドの店舗も同様の打ち壊しに遭っていた。通りの先、ベオグラード発祥の地の城壁都市が残るカレメグダン公園に立つ「セルビア・フランス友好の碑」も「裏切り者」などの落書きでいっぱいになった。かたやパルチザン、かたやレジスタンスで、ともにナチスドイツと戦った両国民の連帯をたたえる碑だった。

それでも昼間は広場にカフェの椅子が出され、通りに並んだ露店に人だかりができた。空襲警報が鳴ったくらいでは人々は席を立たない。空爆開始当初からユーゴ連邦軍の防空網は事実上破られており、警報がなるとほぼ同時にミサイルの着弾する大きな音が聞こえ炎と煙が立ち上がるのも珍しくなくなっていた。しかし、コソボ問題をめぐるNATOの空爆は彼らにとって初めての戦争ではない。ミロシェビッチが民族主義を梃子に権力の階段を上りつめてコソボで緊張が高まり、スロベニア、クロアチアとの戦争を経て、泥沼のボスニア・ヘルツェゴビナ内戦――。戦争も長引けばそれをも日常のなかに取り込んでいかなければ生きてはいけない。セルビアの人々は十年も続く戦争にあまりにも狎れてしまっていたのだ。

露店ではターゲットマークのTシャツやバッジのほか、北部の中心都市ノヴィサドのドナウ川に架かる橋が落とされた光景など、NATO軍による空爆の被災地を絵葉書にして売っていた。苦境にあって誇りと強がり、ユーモアを忘れないセルビア人の心のありようが垣間見られるエピソードだが、そのほかに店先に並んでいるものといえば貴重な電池や懐中電灯、ろうそくなど、この国が圧倒的な兵力を誇るNATO軍相手に空爆を耐え忍んでいる冷厳な事実をうかがわせるものばかりだった。

時計の針が夜七時を回ると、繁華街からも人っ子一人姿が見えなくなった。ベオグラード市民たちはそれから長い夜をアパートの片隅で、地下の防空壕で息を潜めて過ごしていた。

空爆開始からまだ間もない四月四日未明、ベオグラード中心街のセルビア共和国内務省ビルが七発の巡航ミサイルを撃ち込まれて炎上した。政府機関を直接狙ったNATOの攻撃はのちにセルビア社会党本部、連邦大統領公邸への空爆などエスカレートしていくが、連邦・共和国政府側もそれに対応して地下に潜伏、ベオグラード周辺の一般のビルなどを転々としはじめた。

クロアチア・モンテネグロ経由のルートが閉鎖されてから、長期化する様相の空爆に備えて、少しでも新たな入国ルートを開拓しておこうと在ベオグラードの記者たちは奔走したが、肝心の交渉・陳情相手が外務省なのか、連邦ないし共和国情報省なのか、はたまた戦時なので連邦軍が仕切っているのか見えてこない。「それならどこそこに言え」と、それぞれが曖昧な返事とたらい回しを繰り返すばかりで一向に埒があかない。加えて各政府機関自体が所在不明の臨時オフィスに潜伏してしまっていたため交渉は困難を極めた。

ゴラン・マティッチ連邦無任所相（前連邦情報相。空爆中、メディアに対する対応と統制を事実上仕切っていた）と単独会見したときも、ベオグラード市内の高台の高級住宅地をカムフラージュするように何度も車で行きつ戻りつ、迂回を繰り返した末に政府のゲストハウスとして使用している林のなかの建物に案内された。迷彩服の連邦軍兵士らが幾重にも周辺を取り巻いて警備にあたっていたのはいうまでもない。

しかし、多くの一般市民にはあまり逃げ場がなかった。妻子を地方に避難させたり、運よくまだ徴兵されていない一家の稼ぎ手が空爆であまり機能していない会社から長期休暇をとって家族とともに田舎の実家に身を寄せても、NATO軍が空爆目標を日に日に拡大させているなかで安全なところなどユーゴ国内にはなかった。

周辺を含め人口二百万の大都市ベオグラードの、特にサヴァ川を挟んで対岸の新市街には高層の団地群が林立するが、住民たちは夜な夜な建物の地下のカーブで老若男女すし詰め状態で過ごした。空爆がはじまってから学校は休校状態、生産活動は停止し、失業率もうなぎ上り。食糧こそほぼ自給できるものの、ガソリンはじめ生活必需物資の不足も深刻になってきていた。そこに加えての連夜の狭い地下室暮らしで、人々の精神は空爆開始ひと月ほどで目に見えて荒廃してきていた。

ベオグラード到着後まず、新市街のインターコンチネンタル・ホテルに旅装を解いたが、数日で隣接するハイアット・リージェンシー・ホテルに移った。ハイアットにはCNNはじめ世界の主要なメディアの記者が集まっていたのに対し、インターコンチネンタルはガラガラだった。なぜ一方に集中する事態になったのかはよくわからない。前年秋のリチャード・ホルブルック・アメリカ特使とミロシェビッチ・ユーゴ大統領の会談がハイアットでおこなわれ、会談後のアメリカ特使に対するいわゆるぶら下がり取材もそこでおこなわれた。そんなことも関係しているのかもしれない。とにかくアメリカの絡む戦争でCNNのクルーとなるべく行動を共にするのは、われとわが身を守るための戦場での鉄則だ。「CNNと一緒なら少なくともアメリカ側からは撃たれない」とは、戦場で身を守る最低限の武器も持たない記者たちにとって一種なけなしの信仰のようなものだった。

ハイアットがスイスの銀行口座への振り込みによる支払いを受け付けていたのも大きかった。インターコンチネンタルは時折思い出したようにクレジットカードを受け付けるが、基本は現金払いだけ。明日をも知れない戦地でカードなど受け付けてくれるところはユーゴ国内のどこにもなく、仕事道具のパーソナルコンピューターやカメラとともに持ち込んだ現金は文字どおり生命線だった。

ホテルを移るにはこうした諸事情があったのだが、直接の理由としてはインターコンチネンタルから廊下でつながっている国際会議場サヴァセンターが空爆の標的とされている、と聞いたことが大きかった。ハイアットの隣にもユーゴ・ペトロリウムの本社ビルがあり、ここがやられたらハイアットもおしまいだな、と記者同士でよく苦笑しあっていた。NATO軍はベオグラード郊外パンチェボのバルカン最大級の石油化学コンビナート、北部ノヴィサドの製油所など石油関連施設を軒並み破壊していた。

ハイアットとインターコンチネンタルが立つ地区の一角には在ベオグラードの日本大使館が入居するビルもあった。アメリカやヨーロッパ諸国の大半が空爆開始とともにベオグラードから大使以下外交官を緊急避難させていたなか、日本大使館には五人ほどが残っていた。

当時、ユーゴ国内の危険度は最高の「5」で、全邦人に即時の退避勧告が出されていた。そんななかに逆に突入してくる記者は文字どおり招かれざる客で、現地の日本大使館に「邦人保護」を要請できる立場にはもちろんない。しかし、それにしてもやはり大使館員は恵まれていた。「在外公館内は治外法権」というのは戦時下では象徴的な意味しかもたないとしても、外交官を手にかければ相手国および国際社会の猛烈な反発を招くことは目に見えている。それに対して、ジャーナリストの生命は軽い。ユーゴ空爆では計四人の記者が誤爆や狙撃で殺害されたが、一部人権団体などを動かしただけで、時の経過とともにすでに忘れ去られてしまった感がある。

ベオグラードの日本大使館では最後の局面になった場合に備えて、配給制下にもかかわらず東部クロアチア国境まで館員が退避できるだけのガソリンを備蓄していた。邦人記者にもユーゴから出国する場合に同じルートを推奨していたが、あまり現実性がなかった。ユーゴの車はそのままクロアチア領内には入れない。「まずユーゴ側の車で国境まで行き、そこで車を降りて国境地帯を歩いて通過。クロアチア側の検問を通ったところで、税関で電話を借り、約三十分離れた町からタクシーを呼ぶ」という手順だったが、つい数年前まで両国が熾烈なたたかいを繰り広げた、いまは荒涼として不気味な空気さえ漂う国境地帯に一人残され、セルビア語やそれとほぼ同じクロアチア語の心得のない人間が、三十分も離れた町からたとえタクシーとて無事呼べるとも思えなかった。

日本大使館員が空爆中、一時帰国して再びベオグラードに帰任した際は、まずザグレブの日本大使館がユーゴ国境まで車を出し、国境を越えるとベオグラードの大使館から車で迎えが来ていた。もちろん、館員はセルビア語、クロアチア語に堪能な専門職外交官だった。招かれざる客の記者とはすべてにおいて環境ももてるものも違っていた。

貴重なベオグラード特派員の日常は、前述のようにCNN、BBCやセルビア国営放送をつけっぱなしにした連邦軍プレスセンターのロビーでもっぱら待つことだった。何を待つのかというと、連邦軍が組織するプレス向けの取材ツアーである。開戦とともに、ユーゴ領内で記者が許可なく独自の取材をすることは禁止された。首都を出てコソボはじめ空爆のさらに激しい地方に出かけるのはもちろん、ベオグラード市内でも原則としてインタビューやルポルタージュなど取材を希望する場合には逐一、軍に申請して許可を得ることが必要だった。

申請して許可が出ることもあれば、当然、出ないこともある。ベオグラード市内や近郊で、戦局に直接関係ない話やユーゴ側に有利になるような、たとえば空爆による文化財の被害などの取材ならば比較的許可は得やすかったが、それでも「安全上の問題」を理由に数日かかることもまれではなかった。NATO側がユーゴ兵やセルビア治安部隊、民兵などによるアルバニア系住民への大規模な人権侵害を喧伝していた激戦地コソボなどでの

セルビア国営放送空爆の犠牲者を悼む葬儀（1999年4月26日、ベオグラードで著者写す）

取材は、申請してもまず許可が出ることはなかった。そこで戦場・現場に行くためのほぼ唯一の機会となったのが軍のプレスツアーに参加することだった。

軍の組織する取材ツアーはもちろん、ユーゴ側に都合のよいもの、NATO軍による誤爆で多数の民間人や子どもらに死傷者が出た現場を見せるためのものだった。一種のユーゴ側のプロパガンダだが、それでも現場を見られず、ベオグラードのホテルで手をこまねいているよりはましだ。いくつかの現場を実際に訪ねた経験では、被災時前後の事情や周囲の環境、被害車両や遺体の状況などから見て、NATO側が当初主張したようなユーゴ側の自作自演劇というのは考えにくかった。「すべてはミロシェビッチのせい」と前置きしたうえで、NATO側ものちに渋々認めるようになった誤爆は、自陣の兵士に一人の犠牲者も出さないよう高度上空やアドリア海上の艦船からミサイルを発射することで引き起こされたものだが、ユーゴ側は当然ながらこれを最大限に利用しようとした。誤爆現場にはご丁寧にNATOの残虐行為ばかりを並べ立てる〝目撃者〟らも用意されたが、それでも現地で動けるわずかな時間と行動半径のなかで濃密な戦場の空気と空爆の実態の一部なりとも垣間見ることができた。

ところが、このプレスツアー、希望者は全員参加できるというものではなかった。ツアーの出発はいつも突然、プレスセンターで待機している記者にだけ、「十五分後に出発する」といったかたちで言い渡された。「行き先は南東部方面ニシュのあたり」など、あいまいにしか教えられなかった。しかも、開戦から三週間ほどはバス、その後は自分たちで用意した車で車列をなして現地に向かった。バスの席には限りがあり、自分のチャーターした車で行く場合は制裁下で配給制となったガソリンの確保がまた一苦労だった。

四月二十七日昼ごろ、ユーゴ南東部のもうマケドニア、ブルガリアとの国境に近いスルドゥリツァの民家が密集する地区にNATO軍機がミサイルを落とした。誤爆で一般住民の間に多数の死傷者が出ているらしいとの一報が入り、プレスセンターには続々とツアー出発を待つ記者、カメラマンらが集まってきた。しかし、コソボへの玄関口で、連日昼夜を分かたぬ猛爆を浴びているこの国第三の都市ニシュを通り、危険な南部の現場まで行かねばならない。プレスセンターのスタッフらが現地の状況について入念な情報収集と協議をおこなったうえ、ベオグラードを出発したときには夕方五時近くになっていた。

夜間は空爆が激しくなり、そのなかを移動しているとNATO軍機の標的にされる恐れがあるため、誤爆現場へのプレスツアーもそれまでは昼間のうちにベオグラードまで帰ってこられるように出発していた。しかし、三月二十四日の開始から一カ月以上を過ぎても降伏の兆しを見せないユーゴ・ミロシェビッチ政権に対して、NATOは連日の空爆をエスカレートさせていた。誤爆で罪のない一般住民に多数死傷者が出ていることを知らせ、何とか国際世論を味方につけたいユーゴ当局も必死で、危険を承知のうえで夜間の現地行きを決めた。

開戦から十五日目で初めてコソボ・プリシュチナに外国プレスが案内されたときから、四月十五日のアルバニア難民の列への誤爆現場行きまで、軍のプレスツアーは一台か二台のバスが用意されて基本的に先着順で参加者が選ばれた。基本的にというのは前述のとおり、アメリカとイギリスの有力メディアは敵国の軍のプレス担当からも日に陰に優遇を受けており、彼らが指定席を逃すようなことはなかったからだ。しかし、このスルドゥリツァ行きからは自前で車とガソリンを用意した者だけが参加できる自助努力方式に変わった。ロビーで出動を待つプレスへのかけ声も「十五分後に出発する。参加希望者は車とガソリンと運転手を用意せよ」に変わった。

両側に爆撃を受けた火がくすぶる光景を見やりながら、空爆で穴ぼこだらけとなった高速道路がニシュを過ぎたあたりで終わり、一般道に入った。途中、川に架かる鉄橋と列車が爆撃を受け、残骸がそのままになっている現場も目にした。NATO軍はユーゴ軍の移動や戦略物資の流れを絶つとの名目で橋や幹線道路にまで空爆の対象を拡大させていた。

夜九時過ぎ、ミサイルを撃ち込まれた現場に着くと、石造りの家々が粉々に崩れ落ち、地面に隕石落下によるクレーターのような巨大な穴が開いているのが目に入った。非常灯の明かりに照らされ、レスキュー隊がクレーンで瓦礫の山をかきわけて下敷きになった人たちの救出にあたっている。近くの学校で炭化し、バラバラになった子どもを含む数人の遺体を見せられた。まだ、死後数時間で強い死臭が鼻を突く。学校関係者や付近の住民は口々に「悪魔の仕業だ」とNATOの行為を非難していた。

空爆も一カ月を過ぎたあたりで深刻になってきたのは電気や水の確保だった。NATO軍はこのころから発電所や変電所も「合法的軍事目標」に加え、ユーゴ全土で生活、生命に不可欠な電力と水をストップさせ国民の間に不安を広げる作戦を敢行しはじめた。

発電所そのものにミサイルを撃ち込むのは簡単だが、復旧に多大の時間を要し病人はじめ多くの市民の間に犠牲をもたらす民生施設攻撃との非難を受けかねない。NATO軍がおこなったのは、発電所上空で破裂し周囲に絶縁体を撒き散らす爆弾を投下することだった。絶縁体は電線網に巻き付き、一時的に送電を停止させる。それを時間をかけて除去すればまた復旧するという仕掛けだった。

しかし、それでも相次ぐ発電所攻撃で復旧した途端にまた停電の繰り返しで、もはや灯火管制を超えて電気をつけようにも電力供給がストップしてしまっているという状態に陥った。電力が停まれば、やがて水を汲み上げるポンプも動かなくなり、水道から水も出なくなった。ユーゴ各地で人々がろうそくの灯を頼りに、乏しいミネラルウォーターで喉を湿し、火の通らない食事を流し込む光景が見られた。各国の記者が集まる新ベオグラードのハイアットホテルでも、自家発電の電力がかろうじて供給されたビジネスセンターで先を競ってコンピューターや携帯電話を充電させる風景が日常化した。

ドナウ川に浮かぶ、毛沢東の写真を入り口に掲げた木造の古い船上中華レストランで、爆撃音をBGMにテーブルのろうそくの灯を頼りにとった食事は、生涯忘れられないものになるだろう。

戦時の非常事態下になると、メディア各社のカラーもよく出てくる。当時、記者がベオグラードにとどまって取材を続けた日本のメディアは朝日新聞社、毎日新聞社、読売新聞社、産経新聞社、共同通信社、時事通信社、NHKの七社。民放各社は空爆がはじまるやクモの子を散らすようにユーゴから逃げ出していた。共同は唯一ベオグラードに支局をもっていて応援の記者も来ていたが、そのほかに複数の記者を現地に投入していた朝日、読売、NHKはハイアットホテルのスイートルームをいくつも借り切って、「空爆がはじまり危険だから」と朝夕食ともにホテルのレストランでとっていた。なかでもNHKは大使館並みに四輪駆動の頑強な車を二台と専属の運転手、大量のガソリンをいざというときのために確保していた。軍にエスコートされた誤爆の被災地行きも新鮮味が失われてきたのか、五月になって危険な深夜のコソボ領内の現場に行ったときには日本のメディアは毎日と読売だけになっていた。

五月一日午後、今度はコソボ自治州プリシュチナの北方ルジャネで橋にさしかかった路線バスに真上からミサイルが撃ち込まれる誤爆事件があった。今度は出発は夕方五時を回っており、現地到着は午後十時ごろだった。やはりニシュを過ぎたあたりで高速を降り、コソボまでは危険な幹線道路を避けて、入り組んだ細い道をたどっ

空爆で破壊されたノヴィサドの橋（1999年5月3日、ノヴィサドで著者写す）

て進んだ。暗闇のなか、小川に架かる粗末な木製の橋から落ちて途中リタイアする車も出た。

　惨事の現場となった橋と河川敷には乗客の遺体が四方八方に飛散していた。橋の上には、手首の先からもぎ取られた女性の手がポケットティッシュをつかんだまま転がっていた。バスは半分が橋の上、もう半分が橋下の河川敷に落下し、川のほとりには目を見開いたままの首や手足のない血だらけの胴体が妙に現実感を欠いて散乱していた。上空にはNATO軍機が低空飛行を繰り返し、何やら光るものを周囲に撃ち込んでいた。

　ルジャネからの帰り、コソボを出たところで誤爆事件の捜査にあたる予審判事が深夜の戸外で立ったままの記者会見。ときどき、近くで大音響が聞こえ夜空が真っ赤に燃え上がった。ベオグラードに戻ってから、約一キロ離れた地点にミサイルが落とされていたことを知った。

　ルジャネの生々しい記憶も覚めやらぬ三日、空爆でドナウ川に架かる三本の橋がすべて破壊されたユーゴ北部ヴォイヴォディナ自治州の州都ノヴィサドに行った。ハンガリー系住民の多い北部はコソボのアルバニア系とセルビア系住民の対立にはほとんど関係ない地域だが、NATOは「ユーゴ軍の戦略物資の流れを断つ」との理由で連日、旧市街や市内の橋、石油精製施設に攻撃を繰り返していた。大河ドナウのほとりに立つと、川の中途でストンと道が切れていた。落とされた橋の向こう、北部一帯に燃料を供給する国内有数の精油所は十日連続、計四十発を超えるミサイル攻撃を受け、巨大な黒煙を上げてい

空爆で破壊された石油コンビナート（1999年5月3日、ノヴィサドで著者写す）

た。

七日昼前、コソボへの玄関口で同自治州を管轄するユーゴ軍の司令部があり、やはり連日の猛爆にさらされているニシュの青空市場や病院、住宅街で波状的な誤爆があった。住宅街の民家の玄関先や駐車中の車に無数の穴が開き、蜂の巣状に破壊されていた。目標に着弾してから内部に詰まった小型爆発物が飛散するクラスター爆弾が投下されたものとみられ、道端には一部不発の爆弾が不気味に横たわっていた。ニシュの誤爆現場では中国・新華社通信の女性記者と肩を並べて取材した。そのわずか数時間後に、今度は過酷な運命が彼女自身を襲うことになるとはそこにいた記者たちの誰も予想していなかった。

第二次世界大戦の戦勝記念日にあたる五月九日、空爆下の子どもたちの心のケアのためユニセフと連携して各種ワークショップが開かれているベオグラード南部のミレンティエ・ポポビッチ小学校に出かけていった。

ワークショップのスローガンは「ほほ笑みを忘れない。やさしい心をもつ。子どもの権利を学ぼう」など。教室ではまだ小さな子どもたちがクレヨン画に熱中していた。子どもが怪獣に立ち向かう絵、トマホークミサイルが胴体から四つの首を出して上空を飛ぶ絵などさまざまだ。ワークショップにはこのほか作文や各種スポーツなどがあるという。責任者のイエレナ・ペトロビッチさんは「空爆下の鬱積した感情を吐き出させることで、心理的な圧迫を最小限にする、できれば笑い飛ばせるくらいの余裕をもたせるようにする。それが狙いです」と趣旨を説明した。

校庭ではまだあどけなさの残る子どもたちが胸に赤十字のゼッケンをして記念植樹に汗を流していた。教室では教師たちが集まり、ボスニアのセルビア人共和国から来た学校関係者らとこの地域特産のプラムの強い酒を酌み交わしていた。その一種神秘的な光景で、アメリカを中心とする宣伝戦で悪魔に仕立てられ国際社会から完全に孤立させられたセルビアの人々の心の闇を見せつけられたような気がした。

ある昼下がり、クネズ・ミハイロヴァ通りのカフェでベオグラード大学の女性心理学者の話を聞いた。

空爆下の人々の精神の荒廃は思ったよりも深刻だ。子どもたちは新聞やテレビ、大人たちの会話から、おぼろげながら何か恐ろしいことが起きていることを察知し、拒食・過食や一日十五時間ときには二十時間もの過度の睡眠に逃げ込もうとする。泣き出してやまない子、食べたものを吐き、自分の頭で壁を叩き続ける子、意味不明の言葉を発するようになる子。学校も休校中でシェルター暮らしの毎日で、子どもたちは堰を切って流れ出てくる感情のコントロールの仕方を知らないのだ。

大人とてその心は無傷ではない。夜間の外出が危険なことを承知のうえで劇場や酒場、ディスコにふだんよりも多くの人が群れた。

心理学者はボランティアでSOSセラピーの仕事を週六日やっていた。大学も空爆で休講になっていた。そこまで話を聞いたとき空襲警報が鳴り響いた。

「四十年、社会のために働いてきたのよ。なぜ、殺されなきゃならないの」。押し殺した、微かに震えの伝わる声に顔を上げると、初老の女性心理学者は目にうっすらと光るものを浮かべ、自ら封印してきた感情を静かに解き放っていた。

空爆の下には悪魔でなく、泣き、笑い、他者に思いを馳せ、恋をする、まぎれもない人間がいた。

2　メディアに固有の力をたのんで

NATO軍によるユーゴスラビア空爆開始から一ヵ月近くがたとうとしていた四月二十日夜。「ベオグラードにいる外国人記者は全員、連邦軍プレスセンターに集まるように」との指示がユーゴ当局から出された。ホテルの従業員まで駆り出しての通達だった。空爆という戦時下で、一方の当事者からの指示は丸腰で取材活動にあたる記者にとって事実上、命令だ。取材のためベオグラード市外に出る際には逐一、当局の許可が必要だったし、理由も告げられず外国人記者が続々と国外追放にあっていた。

「人間の楯にされる」――そんな噂が瞬く間に外国プレスの間で広まり、緊張が高まった。ユーゴ、NATO双方のプロパガンダ合戦はすでに、「ミロシェビッチのプロパガンダマシン」としてNATO側がセルビア国営放送（RTS）本社ビルに対する空爆の脅しをかけるという、直接的・物理的なメディア攻撃の可能性にまでエスカレートしていた。ユーゴ当局による一斉招集は蓋を開けてみると、マティッチ連邦無任所相の記者会見に続いて、セルビア国営放送ビルを空爆から守るため記者有志がそこに集まるよう要請されるにとどまったのだが、ユーゴ空爆におけるメディア戦争の側面が象徴的に現れた出来事だった。その二日後、実際にNATOは同放送にミサイルを撃ち込み、技術者ら十六人が犠牲となった。

四月二十三日午前二時すぎ、ベオグラード旧市街にあるセルビア放送国営ビルにミサイルが着弾した。次の瞬間、ミロシェビッチ大統領のインタビューを放映していた国営放送の画面はブラックアウトした。「ミロシェビッチのプロパガンダマシン」と、RTS非難のトーンを日に日にエスカレートさせていたNATOがついに、メディアに対する直接、物理的な攻撃に踏み切った瞬間だった。

新市街のホテルから現場に急行すると、RTS本社の二棟の建物を連結する部分に真上からレーザー誘導ミサイルが一発突き刺さり、サイレンの鳴り響くなか、瓦礫のなかから血まみれの遺体が次々と担ぎ出されていた。深夜だったが、ユーゴスラビア最大の国営放送局には約百人の技術者らが働いていた。ビデオテープや書類、ガラスの散乱するなか、メーキャップ係の女性らの遺体がコンクリートの残骸に押しつぶされるように横たわっていた。ユーゴ当局の発表によると、この攻撃で社屋内にいた十六人が犠牲となった。

イギリスのテレビの取材に対して、RTSのビデオ編集担当者は「編集ルームにいたときだ。突然、何かが爆発する大きな音が鳴り響いた。自分が背にしていた壁はあらかたなくなり、ビルの側面がまるまる吹き飛ばされていた。負傷した連中の叫び声があちこちから聞こえた」と、事件発生時の様子を生々しく証言した。

ウィーンに本部を置く国際プレス協会(IPI)、パリの国境なき記者団など、各国際ジャーナリスト団体は一斉に「メディア、ジャーナリストを標的にした攻撃は、言論の自由を脅かす危険な前例となる」「プロパガンダには言葉で対抗すべきで、爆弾をもって駆逐するものではない」と非難声明を出した。ベオグラード現地の欧米記者団の間でも自然発生的にRTS攻撃を批判する声明や署名運動が沸き起こった。

しかし、攻撃当日が大西洋軍事同盟の創設五十周年の首脳会議初日にあたり、アメリカに集まっていたNATO加盟各国首脳らは、断固たる攻撃継続の意思を表明した。ブレア・イギリス首相は「攻撃は完全に正しい。RTSはミロシェビッチの独裁権力を支える装置だった」と断じた。

ミロシェビッチ連邦大統領台頭前夜の一九八〇年代末にRTSの英語放送部門に勤務していたイギリス人ジャーナリスト、マーカス・タナーによると、八八年ごろにはRTSは「コソボのアルバニア系住民をナショナリスト、分離主義者、反革命主義者と呼んではいたが、容赦なく、といったほどではまだなかった。状況が変わったのはそれから二年の間のことだ。コミュニストの語彙は消え、野蛮な人種的憎悪が剝き出しになった」。

タナーの回想は続く。「それ以来、RTSはジェノサイドを心理的に準備する装置となった。夜七時半のニュースは「ウスタシャ」「ムジャヒディン」などの対立する民族に対する蔑称であふれた。「エスニッククレンジング（民族浄化）」という英語に新たに加わった言葉も、RTSのアナウンサーにかかれば「ユーゴ連邦軍が土地を洗い清めている」となってしまうのだ」

タナーによれば、一九八〇年代半ばまでのRTSは「自主管理社会主義」の言葉が頑迷に繰り返される、退屈なコミュニストのニュースネットワークだった。それが変貌を遂げたのは自身の意思と力によってではない。一九八〇年代末に東欧諸国で次々とコミュニスト体制が崩壊していくなか、弱まりゆくコミュニスト体制を民族主義で換骨奪胎して生き永らえさせたスロボダン・ミロシェビッチその人が、それを変貌せしめた。

「ミロシェビッチは自らの権力奪取の際にRTSを利用したが、その後のクロアチアとの戦争、ボスニア内戦の数年間に、敵対する民族だけでなくセルビア国内の反対派に対してもメディアを通じた攻撃を強め、現在の姿になった。九〇年代も後半になってスタジオBに代表される民営のテレビ・ラジオ放送局が登場してきたが、電波の届く範囲はベオグラードとその近郊に留められ、全国レベルではRTSの圧倒的優勢は揺るいでいない」

タナーのRTSの内幕紹介は実際にそこで働いた人間だけが書ける一種の迫力をもつが、無意識にか故意にか、大きな見落としをしている。クロアチアの旧ユーゴ離脱をめぐる戦争前夜から、第二次世界大戦中のナチス傀儡国家を讃美するウルトラ民族主義者のトゥジマン大統領はクロアチアの全メディアを完全に支配化に置き反対派の言論を圧殺、反セルビアの一大プロパガンダを繰り広げた。それでもNATOがクロアチアの国営放送局を空爆するなどありえなかった。ボスニア内戦ではイスラム教徒勢力がアメリカの大手パブリックリレーションズ会社と契約して、セルビア人を悪魔に仕立て上げる大キャンペーンを展開させた。ユーゴ、セルビア側はアメリカ、NATOと比べてだけでなく、クロアチアやボスニアのイスラム教徒勢力と比べても宣伝戦がへただったのだ。

標的とされたのはRTSだけではなかった。コソボ戦争中、隣接するボスニア・ヘルツェゴビナの人口わずか八十万人のミニ国家、セルビア人共和国内でもセルビア系の放送局がNATOに狙われた。

空爆開始から間もない三月下旬、一九九五年のデイトン和平合意に基づいてボスニアに進駐するNATO軍のイギリス将校らが同共和国の国営放送などを訪れ、「NATOの空爆に批判的な内容の放送を控えないならば、閉鎖措置に出ざるをえない」と放送局幹部らに警告した。同時にアメリカ当局者が国営放送などに対して補助金のカット、放送機材の接収もありうると脅しをかけた。

ボスニア駐留のNATO軍などアメリカ・ヨーロッパ当局がセルビア人共和国の放送局に対して空爆初期の段階から厳しい言論統制を敢行した背景には、三年にわたってクロアチア人勢力、イスラム教徒勢力と互いに血で血を洗うたたかいを繰り広げたセルビア人勢力の指導者ラドバン・カラジッチ氏など強硬派がセルビア民族主義を煽るための宣伝機関としてこれら放送局をフル活用したと見ていたことがある。

アメリカやヨーロッパ諸国はボスニア和平合意履行の一環として、各放送局に対して補助金を提供し、見返りに放送内容・人事などについて介入、放送局側が応じない場合は業務縮小や閉鎖を命令する権限を獲得していた。

空爆開始直後、ボスニアのアメリカ・ヨーロッパ当局者らはセルビア人共和国の国営放送などに対して「「権威ある（米欧の）国際放送」にセルビア側の報道と同じ放送時間を配分する。事実に基づいた報道をおこなう。NATO機を撃墜したなどのユーゴ国営タンユグ通信が配信する虚偽の報道は使用しない。オルブライト・アメリカ国務長官のセルビア語の声明は全文を放送する。特に自身ベオグラードで子ども時代を過ごしセルビアに好感情を抱いているくだりなど割愛しない」などの要求項目を送り付けた。

この要求を無視したとして、アメリカ・ヨーロッパ側は先の放送局閉鎖、機材接収などの脅しに出た。当時、セルビア人共和国の国営放送で放送内容についての最終権限をもっていたのは、EUによって国営放送改革のためその前年に雇われた、ボスニアのセルビア人を父に、オーストリア人を母親にもつドラガン・ガシッチという人物だった。しかし、この責任者がアメリカとヨーロッパの報道やNATOのコミュニケに長い放送時間を割くことを拒否したため、アメリカなどから解任を求める声が沸き上がってきた。

ボスニアのセルビア人共和国と隣接するユーゴでは、国境周辺を中心に互いにテレビ・ラジオ電波が届き合う。セルビア民族主義がマスメディアを通じて再び高まれば、ボスニアの脆い和平もまた壊れかねない。NATO側は「攻撃的な内容の報道を元から絶つ」べく、ベオグラードでRTSを空爆。セルビア人共和国では国営放送などのニュースの内容を西側メディアのジャーナリストが逐一分析しては問題点を指摘するデイリーリポートを作成して各放送局に送り付ける体制をつくりあげた。

NATO軍の空爆を受けたバルカン最高峰のセルビア社会党本部ビル（1999年4月21日、新ベオグラードで著者写す）

RTS本社の被災現場を訪れたアレクサンドル・ブチッチ・セルビア共和国情報相は「史上最悪の犯罪行為だ。この暴挙の前ではヒトラーでも子どもに見える」と語気を強めて非難した。一歩間違っていれば、同情報相自らが犠牲者のなかに名を連ねるところだった。

強硬派セルビア民族主義政党の急進党に属するブチッチ情報相はその前日、CNNの『ラリー・キング・

ライブ』に出演依頼を受けていた。情報相はこれを受けて、アメリカでの放送時間に合わせた二十三日午前二時半からの放映に間に合うよう、RTSのメーキャップ室に午前二時に来るよう指定された。約六分後、そのメーキャップ室のある棟をNATOのミサイルが直撃した。

CNNはこれを「偶然」としたが、不可解な経緯がある。フィリップ・ナイトリーによれば、ベオグラードのCNNチームは二十一日、アトランタの本社からRTSがNATOの標的となっているとの連絡を受け、ただちに編集・中継の拠点としていたRTS本社ビルから機材一式を撤収させていた。(1)

ウルトラ民族主義者の情報相の暗殺を企てたのではという疑念は、NATOによる直前の攻撃、のちの中国大使館やインド大使公邸爆撃を考えると一定の真実味を帯びてくる。

二十一日、セルビア社会党本部の入居するビル、二十二日にはベオグラードの連邦大統領公邸が空爆されていた。公邸攻撃ではミロシェビッチ夫妻は不在で死傷者は出なかったものの、主寝室をミサイルが直撃していた。

後述する中国大使館空爆も真相はいまだ闇のなかだが、同時期にNATOのユーゴ空爆を国際法違反と批判していたインドの駐ベオグラード大使公邸も攻撃を受けていた事実は、「地図が古かった」という釈明の説得力不足、不自然さをいっそう際立たせる。

RTS本社ビルは三棟からなり、取材編集・番組制作部門や総務部門が入る二つの棟の間に、それらをつなぐかたちで外国に映像・音声を送信する国際コントロールセンターが入居する中央棟が位置していた。NATO軍のミサイルはこの中央棟を直撃、ものの見事に真二つに破壊していた。

ブレア・イギリス首相は「セルビア国営放送は噂と憎しみを世界に振り撒いている」と空爆を正当化したが、こうした首脳のコメントからも、NATO側が国際コントロールセンターを狙って攻撃したことがうかがえる。

しかし、RTSがミロシェビッチ体制の翼賛放送局だとしても、そのプロパガンダが効果を発揮するのはもっぱら国内でのことだ。世界を舞台にしたユーゴ・セルビア側の宣伝戦の力など、主要米欧諸国で構成するNATO陣営と比べれば話にならない。アメリカやヨーロッパ諸国が恐れ嫌ったのは、NATO軍による誤爆で惨殺されたセルビアの子どもや老人、難民の遺体の映像がほかでもないアメリカやヨーロッパの主要メディア経由で自国の国民の目にふれ、空爆そのものに疑問が投げかけられるような事態の出現だった。創設五十周年の記念式典も控え、NATOがたとえ結果としてでもバルカンの地で罪なき市民の虐殺をおこなっているなどと、迫真の映像で銃後の国民に訴えかけられるようなことは何としても避けなくてはならなかった。

そもそも、たとえ相手の発言内容がいかに嫌悪感を覚えるようなものであっても、それを理由に放送局にミサイルを撃ち込むことは、国際人道法で禁じられた明らかな非戦闘員、文民に対する攻撃である。それだけの軍事的能力ももちろんないのだが、セルビア人悪玉論を振り撒くアメリカ・イギリス主要メディアをユーゴ・セルビア側が空爆したことがあっただろうか。RTS攻撃は軍事、宣伝などあらゆる面であまりにも一方的にものごとが進められたコソボ問題をめぐるアメリカ・ヨーロッパとユーゴ・セルビア当局との戦争を象徴するものといえる。

二〇〇〇年秋のミロシェビッチ大統領失脚を経て翌〇一年一月、ブリュッセルに本部を置く国際ジャーナリスト連盟（IFJ）はボイスラフ・コシュトゥニツァ・ユーゴ大統領に、RTS攻撃による同社従業員らの死について「公の、独立した調査」をするよう要請した。前日、ハーグの旧ユーゴ戦争犯罪国際法廷のカーラ・デルポンテ主任検察官が「自分は当時、NATOから、「ミロシェビッチ大統領はRTSが標的になっていることを知っている」と聞かされていた」と発言していた。IFJの調査要請はこの発言を受けたもので、「もしこれが本当なら究明されねばならぬスキャンダルがある。亡くなった従業員らはミロシェビッチ政権のプロパガンダのために入念に選ばれて犠牲となったのかどうか、という問題だ」と述べた。

しかし、RTSがNATOの空爆の標的となっていることは空爆初期のころから周知の話だった。何よりもNATO自身がそれを表明していた。四月八日にはデビッド・ウィルビー報道官が「RTSはプロパガンダと抑圧のための装置であり、われわれに対する憎しみと嘘を撒き散らしている。それは合法的な軍事目標だ」と述べた。三月中にはすでにRTSのアンテナ施設などが空爆の標的になっていたが、NATOはこの時期からセルビア国営放送に対する脅しともとれる強硬姿勢をエスカレートさせていった。

空爆終結から一年半余を経て「当時のユーゴ当局が、RTSが攻撃目標になっているのを知っていたとしたら問題だ」と表明した当のIFJが、ウィルビー報道官の言葉を受けて翌四月九日、RTSに対する攻撃を自粛するよう呼びかける声明を出している。この節の冒頭に書いたように、攻撃の二日前になる二十日夜にはユーゴ情報当局がベオグラードにいる外国人記者にRTS本社に集結するよう呼びかけた。橋や工場を守るために市民や従業員らが自ら「人間の盾」となって毎夜、集結する光景が空爆中見られたが、今度はセルビア放送を守る「人間の盾」に外国人記者も参加してほしいという要請である。RTSが攻撃目標とされているのは、少なくとも空爆直前には周知の話だった。

空爆中といまで変わったのはユーゴの政治体制のほうだ。ミロシェビッチ大統領は失脚し、ついに国家財産の横領容疑で逮捕、ハーグに移送された（その後、獄中で死去）。デルポンテ検察官のあまりにも政治的な文脈でなされた発言に、過去の経緯を忘れて欧米メディア団体の姿勢も変化したということだろうか。

RTSを攻撃するにしても、なぜ各地の中継施設破壊だけでは不十分なのか。ウェズリー・クラーク最高司令官はのちに、「ほかに手段があることを知っていたが、そこ（本社ビル）を攻撃するのがよい手段だと判断し、首脳たちもそれに同意した」と述べた。ブレア・イギリス首相もBBCのドキュメンタリー番組で「RTSを攻撃したのは、NATOの誤爆による犠牲者の映像が（RTS経由で送られて）加盟国のテレビで放映されれば、各国内で戦争への支持が減るからだ」と明言した。

コソボ戦争中、ニシュの青空市場や病院、住宅街で波状的な誤爆があった五月七日の夜に戻る。ベオグラード新市街の中国大使館が空爆を受けたその夜は、二カ月半にわたった空爆で首都周辺が最も激しい波状攻撃を受けた。ニシュの現場から帰ってホテルの部屋で原稿を書いていると、ドーンと地の底から這い上がってくるような鈍い衝撃がホテル全体に伝わった。それまでもホテルの隣のセルビア社会党本部が入る高層ビルに二度にわたってミサイルが撃ち込まれたとき、ホテル全体が大きく揺れ、窓ガラスなどが割れることがあった。しかし、今回は窓の外の夜空は一面、NATO機の空爆とユーゴ軍の対空砲火で真っ赤に焦がされている。次の瞬間、ホテルの従業員から「情報省から連絡が入った。被害を受けたのは駐ユーゴ中国大使館。これからホテルの玄関前から現場行きの車が出る」と電話が入った。

現場に着くと、闇のなかで、横腹の部分にミサイルを受けた大使館ビルが照らし出されていた。NATO軍機はまだ付近の上空を旋回飛行していて、われわれ報道陣の目の前で再度ミサイルを発射した。事件後、アメリカ政府は「古い地図を使用して、問題のビルが現在、中国大使館として使われていることがわからなかった」というささか説得力に欠ける説明をしたが、現場にいた感覚からもとうていこの説明は受け入れがたい。まず、一発目を撃ち込み、ユーゴ側が外国プレスを現場に連れてきた後にもさらに周到にミサイルを撃ち込んだのが、「地図が古くて目標を間違えた」結果ではあまりにも間の抜けた話だ。

結局、この大使館空爆ではニシュの現場で一緒に仕事をした新華社通信の女性記者らジャーナリスト三人を含む計四人が犠牲となった。戦火は第三国に飛び火、メディアから犠牲者が出た。この夜の首都空爆は新市街にとどまらず、サヴァ川を挟んだ旧市街を含めて明け方まで猛攻が続き、灯火管制に加えNATOがおこなっていた発電所攻撃で光の消えた街に、いつ終わるとも知れぬ爆撃音が鳴り響き続けた。

コソボ戦争での歴史上類例のないメディアに対する直接的・物理的な攻撃は、アフガニスタン攻撃、イラク戦争でも続いてしまった。前者ではCNNやBBCも入れないでいたカブールに開戦前から常駐していた唯一の外国メディアであるカタールの衛星テレビ、アルジャジーラの現地支局が巡航ミサイルによる空爆を受け、後者でもまたアルジャジーラのバグダッド支局が同様の攻撃を受けた。

アルジャジーラは九・一一テロに際してはオサマ・ビンラディンのビデオメッセージを放映し、イラク戦争ではイラク軍に捕虜になったアメリカ兵らの様子を映像で伝えた。いずれもアメリカ当局がアメリカのテレビ各局に放映を自粛するよう呼びかけたいわくつきのニュースだった。イラク戦争では、アルジャジーラ側は万一のことを考えて事前にアメリカ側にバグダッド支局の位置を伝えておいた。アフガニスタン攻撃でカブール支局が空爆されていたからだ。バグダッドではついに、ミサイル着弾でジャーナリスト一人が犠牲となった。

アルジャジーラという史上初めて非米欧の視点で地球規模の報道をおこなうメディアの登場は、どれだけ強調しても強調しすぎることはない。第2章で述べたように、国際報道とは日本のそれを含め大半が外国の政治・経済・社会情勢、出来事を自国の読者に自国の言語でしかも自国の文脈で伝えるものにすぎない。輸入翻訳業務ではあっても、対外発信や言葉本来の意味のグローバルな報道とは根本的に異なるものである。

自国だけでなく世界に向けて情報を流してきたのは、アメリカとヨーロッパの巨大通信社・テレビなどの巨大メディアであり、多くの日本人がアジア諸国の人々と英語で意思疎通するように、非米欧地域の日常、そして紛争についてもこうしたアメリカとヨーロッパのメディアを通じて主に情報を入手してきた。そこに必然的につきまとうのはアメリカとヨーロッパの視点であり文脈である。アルジャジーラはこうした地球規模の情報をめぐる植民地遺制ともいうべき状況に風穴を開けた。コソボ戦争で禁を犯したアメリカ当局がそれに続く二つの戦争でもメディア直接攻撃を敢行した背景には、アメリカ側に不愉快な報道をおこなっているという直接の事情にとどまらないものが、少なくとも無意識の心理としてはあったといえば言葉がすぎるだろうか。

アメリカ・イギリス当局による限定戦争時のメディア統制とプロパガンダはますます精巧かつ熾烈化の一途をたどっている。

スロベニア、クロアチアの独立をめぐる戦争からボスニア・ヘルツェゴビナ内戦を経てコソボ戦争に至る一連の旧ユーゴ解体につながった諸戦争中、最後のコソボ戦争で初めて、ユーゴ当局は直接、外国プレスの取材統制に乗り出した。空爆参加国を中心に外国プレスの入国を厳しく制限し、ベオグラードに何とかたどり着いても基本的に連邦軍の組織する誤爆ツアーに参加するくらいでしかコソボ自治州内などの現場には行けなかった。新聞、通信社の記事は自由に書いて送れたが、テレビの映像は事前検閲を受けた。しかし、そうした統制は多くの読者には意外なことだろうが、初めてのことだったのだ。

一方、NATO側は「自陣兵士のなかから一人の犠牲者も出さない」という配慮で、もっぱら高度上空からの空爆をおこなったため、従来だったら可能であった従軍取材の余地もなかった。攻撃の前線は高度五千メートルを超える上空にあり、プレスができたのはせいぜいイタリア北部のNATO軍基地やアドリア海上の空母から爆撃に向け軍用機が飛び立つさまをリポートするくらいだった。そのかたわら、NATOはブリュッセルの本部などから徹底的な反ユーゴ、反セルビアの宣伝をおこなった。

こうした図式は、アフガン攻撃でもイラク戦争でも変わらない。タリバン政権支配下のアフガンやサダム・フセイン統治下のイラクは確かに厳しい直接的なメディア統制を敷いたが、アメリカとイギリスのそれはより大がかりかつ高度の計算に基づいたものであり、またアメリカ・イギリス側はアフガンやイラクにはない国際的な情報流通の回路と報道の前提となる文脈を自らのものとしていた。

戦争時に言論の自由が制限されるとともに当事者双方が宣言合戦を繰り広げるのは古今東西変わらぬ現象で、言論の担い手たるプレスの活動が大幅な統制を受け、また自らの陣営に都合のよい「事実」だけをプレスに流して国際世論を味方につけようとするのも普遍的なことだ――そんな反応も出てくるかもしれない。

しかし、湾岸戦争もそうだったが、圧倒的に力に勝るアメリカ主導の多国籍軍やNATO軍、アメリカ・イギリス軍が、イラクやユーゴスラビアといった「ならず者国家」の隣国への侵略や少数民族に対する人権侵害行為を懲罰する、戦闘の場所も期間も限定された戦争と、力が拮抗する国や同盟国同士が総力を挙げ自国の存亡をかけて衝突する総力戦、世界大戦とはおのずから事情が異なる。しかも、軍事的に圧倒的な弱者の側に独裁的傾向が見られ当然の帰結として報道の自由も百パーセント保障されているわけではないのは事実としても、打たれっぱなしの側がおこなうメディア統制とプロパガンダの弊害ばかりがアメリカやヨーロッパの有力メディアを主たる回路にして世界中を駆け巡る現実は、どこかいびつで危険な感じが拭い去れない。

筆者は一九九九年二月から三月にかけて、アメリカ・イギリス・フランス・ドイツ・イタリア・ロシア六カ国の旧ユーゴ問題連絡調整グループが仲介してパリ郊外ランブイエの城とパリ市内のクレベール国際会議場でおこなわれた、ユーゴ・セルビア代表団とアルバニア系住民の間のコソボ和平交渉を取材。さらに同三月下旬から六月初めまで七十八日間にわたって繰り広げられたユーゴ空爆をベオグラードやコソボの現地から報道する機会に恵まれた。そこで痛感させられたのは、「ユーゴ側の統制はもちろんあるが、アメリカやNATOによる「ナチス顔負けの集団虐殺、悪魔」などの言葉による対ユーゴ攻撃はどうも事実とはだいぶ違うようだ」ということだった。

日本のジャーナリズム自体がアメリカやヨーロッパの有力メディアの強い影響下にあるため、その一員である筆者も空爆下のユーゴに入ったときには「一体、何をされるのか」と不安でいっぱいで、冒頭の外国人記者が全員招集された際は、覚悟を決めた。しかし、実際のところ狂信的で問答無用の記者迫害は体験せずじまいだった。空爆終結後、現在に至るまで、大量虐殺の跡も集団埋葬地も発見されていない。

ユーゴ側を庇い、アメリカはじめNATO諸国を一方的に非難しようというのではない。現実の国際政治、軍事でも、有力メディアを通して国際ニュースの流れを握ることで国際世論の形成でも圧倒的な力を誇る国々が、世界の警察官として人権保護や人道の名の下に地域紛争に直接介入していくのなら、われわれはその動向を克明に見守っていく必要がある。圧倒的に力のある国が人類に普遍的な大義を掲げて軍事介入を起こすときに、現実の戦闘はもちろんメディア情報（統制）を通じた世論形成にも最大限の注視を続けないと、そこに内包される問題がやがて歯止めのきかないほど肥大化する恐れがある。その兆候はすでにはっきりと見て取れるのだ。

その兆候とは、これまでの章で縷々述べてきた情報通信革命とグローバル化の急激な進行に伴う「見える戦争」「見えない戦争」「見せる戦争」の同時進行であり、それらの同義化ともいうべき現象である。

「次の戦争」または近未来の戦争はどうなるのか。自陣から死傷者を出さないよう、高度上空からのピンポイント空爆だけで地域紛争に介入していく、コソボ戦争でNATOがとったスタイルが今後の限定戦争のモデルになっていくという観測もある。「空爆だけで敵を屈服させることはできない。最後は必ず地上部隊の投入が必要になる」というのが伝統的な軍事の常識だが、ユーゴ空爆のある段階から敢行された国際人道法違反の疑いを多分にはらむ、発電機能を一時的に麻痺させる爆弾や「結果として」一般市民の犠牲を必ずしも厭わないやり方に、政治交渉をからめれば、必ずしも不可能ではないようにも思われる。

何よりも第5章でふれたサイバー戦争化への流れが進めば、前線という概念そのものが消滅し、戦場へのメディアのアクセス規制もより容易なものになる可能性もあるし、こうした地上の前線のない戦争が一般化すれば、アクセス制限問題も浮上してこないことになる。イラク戦争では大規模従軍取材が認められたが、それは十分元が取れるとのプロパガンダ上の計算に基づいてのことであり、アクセス・検閲・戦争自体をめぐる国内・国際世論の風向きが変われば今後も保障されるといったものではないだろう。

いずれにせよ、歴史の将来を待つしかないが、技術の進展が記者の軍への依存の度合いを減らし検閲もしにくくなる、というのは十分にありうる話だ。その分、政府・軍の側も新たな状況に見合ったメディア統制に向けてさらなる研究を重ねてくるだろう。

インターネット戦争への流れは加速することはあっても逆戻りはしないだろう。その流れは人々の知覚のなかで戦争のヴァーチャル化を促進し、戦端を交える双方のプロパガンダ合戦の裾野を拡大させるだろう。戦争自体のやり方とそれに伴うメディア統制の変容の行方にかかわらず、このことは確かなように思われる。

しかし、ピンポイントのミサイル空爆の下には血を流し、肉を引きちぎられた生身の人間の累々たる屍が横たわっている。ピンポイント空爆がはじまってからだけではない。フォークランド、グレナダ以来のすべての戦争で、イギリス・アメリカ当局は敵軍兵士と民間人、自軍兵士の間で流されたおびただしい量の血を隠蔽して「必要最小限の血しか流さないクリーンな戦争」のイメージを流布、国民世論を味方につけて戦争目的を達成するために、広範なメディア統制をおこなってきた。

その欺瞞はすでに十分に明らかになっているが、「次の戦争」でのメディア統制の方法がどう変わっていこうとも、戦争のヴァーチャル化が「クリーンな戦争」イメージの流布に利用されやすいことだけは確かだ。

オーディエンスはどうだろう。長引くイラク占領統治で開戦から三年で二千三百人を超すアメリカ兵が犠牲になり、イラク戦争までなだれ込んでいった九・一一後の愛国ムード一色からブッシュ政権の進める永遠に続くかとも思われるテロとのたたかいに懐疑的な声も出はじめている。コソボ戦争でのNATO側犠牲者ゼロとは比べようもないが、湾岸戦争でのアメリカ兵の死者百四十七人の十倍を優に上回り今後も終息の気配がみられないからだ。こうした現実を背景に、メディアのほうではひと頃の進軍ラッパを吹き鳴らすような報道は鳴りを潜めてきたが、にもかかわらず、占領政策に疑問を投げかけはじめているメディアに対する支持が世論の側から必ずしも大きくはならないのだ。

メディアは第四権力と呼ばれるような内実をおそらくは備えていない。その唯一の力は信頼に支えられた影響力という実にとらえどころのないものだけであり、日常的に多くを依存する権力、そして信頼の源泉となるオーディエンス、さらに当該社会での支配的規範、イデオロギーの前には脆弱な、否、それらにすっかり同化もしうる存在である。

とりわけ戦時には組織的な戦争努力を進める政府・軍の前で、メディアは脆弱な存在だ。ニュースメディアとは極めて高い競争原理のうえに成立している産業である。各社間で日常的にスクープ合戦に明け暮れていることについては多くの説明を要しまいが、戦争取材のようにニュース性が高く、アクセスが容易でない現場になればなるほど、乏しいアクセスとその先の情報をめぐってこの競争が激化する。

湾岸戦争中、セイクリッド16といわれたアメリカ大手メディア十六社がアメリカ軍の用意したプール枠を独占し、プールに参加できない中小メディアの記者たちとの間で険悪な空気が流れたのは好個の例だ。たとえ記事や写真は全社で分け合う代表取材にしても、現場を自分の目で見る機会があるかないかでは天地の差があり、解説記事などの厚みにも直接影響してくる。カフジの戦闘の際に独自取材を試みたイギリス紙記者をアメリカのテレビ記者が軍に密告するような行為に出たのも、やはりこの高度の競争性からきているものといえる。

当局にしてみれば、このメディア間での競争をさらに煽ることで、古典的な「ディバイド・アンド・ルール（分割統治）」の手法が発揮しやすくなってくる。

NATO空爆中のベオグラードではプールこそ組織されなかったが、首都を出て現場に取材に行ける機会は基本的に、ユーゴ連邦軍が組織した誤爆地への集団取材ツアーに参加することだけだった。この誤爆ツアーは当初、連邦軍の用意したバスで行くものだったので、限られた席をめぐってピーク時二百人ほどいた外国報道陣の間で熾烈な争いがあった。

そして、事実上指定席を与えられていたのがCNNを筆頭とするアメリカとイギリスの有力メディアだった。実際に交戦している敵国（アメリカ、イギリスなど）の有力メディアに最大の便宜を与えるという事態は湾岸戦争で初めて出現し、ユーゴ空爆でより大規模なものになった。イラク当局もユーゴスラビア当局も、アメリカ・イギリスメディアの世界的な影響力を無視できず、メディアを通じての情報戦争に参戦したのである。

国際報道では、世界レベルでみた影響力というメディアが本来もつほぼ唯一の力が、取材対象の側から冷徹に測られる。取材される側、インタビューを受ける側が、自分の主張・立場をPRするのに最適と考えるメディアを選ぶのであって、逆ではない。宅配制と識字率の高さに支えられて日本の主要紙が数百万の部数を誇っても、日本語という日本国外に一歩出るとまず通じることのないマイノリティーの言語で書かれた媒体は、国際政治のプレーヤーたちにとって魅力的な情報伝達チャネルとは映らない。コソボ戦争ではそれでも、ユーゴ当局による国外追放と入国制限がNATO諸国のメディアの記者を主たる対象におこなわれたため、結果としてロシア、ギリシャなどスラブ系でつながりの深い国々とともに日本の記者のプレゼンスも目立ったが、これはあくまでも例外的な事態だ。

空爆下のベオグラードでもCNNなど一部特権的なアメリカとイギリスのメディアに対するほかのメディアの記者からの反発は根強く、ここでもまた、当局のメディアに対する「分割統治」は機能したといえる。

日頃から激しい競争を繰り広げている記者たちにとって、最も非日常的で、したがって最も厳しい取材が待ち受けている戦争状況でこそ、その競争関係がピークに達する。

政府は戦争と外交の勝利をかけ、軍は戦闘での勝利と兵士たちの命をかけて、国民世論を味方につけ戦争努力を優位に進めるため、自陣に不利な点は徹底的に隠し有利な点を強調、ときにはまったくの虚偽も捏造して、広範なプロパガンダをおこなう。一方、戦闘の現場へのアクセスも制限され、実際に自らの目で確認した情報が得にくくなればなるほど、それを獲得して署名記事で公表したときの記者としての充実感も栄誉も最高度に達する。

難しいのは、こうした記者の功名心が逆手にとられやすいことだ。社会自体の性格を反映して、仕事をする現場、できあがった作品に対する考え方でも個々の記者の比重が非常に高いアメリカやヨーロッパのメディアはいうまでもなく、集団主義で知られる日本のメディアでも、生きるか死ぬかの戦争取材では最後は個人の判断と誇りが行動を支える。難しい現場行きとルポルタージュをものすれば、記者個人にその栄誉は属し、どんな記者の心のなかにもある功名心は満たされる。

そうした事情の当然の帰結として、困難な戦場での取材・サバイバルのノウハウは、人事異動もあり、多くが継承されない。新聞社ではとりわけ、ロジスティックスを含め取材に必要なすべての作業について「現場でよきにはかられたし」という風潮が強い。細かい事務、手続きなどの作業について話をするのは恥ずかしいことといった空気が強く、戦争取材という生死がかかる仕事でも、まずは現地に飛び込んで「後は自分で考えよ」ということになる。在外公館がきめ細かく配置され、出張してくる閣僚・議員や役人に対して至れり尽くせりの便宜供与がおこなわれる政府当局とは大違いである。新聞社では、新たな戦争・紛争取材に際して多少なりともノウハウを聞けるとしたら先達からの個人ベースの話しかない。

こうした組織としての蓄積の不在も、一方で蓄積可能な強固な組織をもつ政府・軍当局から、いざ有事に統制を受けやすい傾向に拍車をかける。アメリカやイギリスをはじめとする各国の軍当局は戦争が終わるごとにプレス対応のマニュアルを改訂してきた。ヴェトナム戦争後のアメリカ軍当局は特に、その過去の「失敗」の経験から学ぶ作業を組織的におこなった。新聞社やテレビ局にはまずできそうもない作業である。ある意味では、政治権力とオーディエンスに挟撃されながら、メディア自身のそうした分断、高度の競争関係、蓄積・継承の不在の極点に位置するのが、セルビア国営放送からアルジャジーラ支局に至る一連のメディア直接攻撃ではないだろうか。

メディアはメディアに固有の力をたのむしかない。フォークランド紛争、グレナダ侵攻以来、一貫してこうした戦争の当事者となってきたアメリカとイギリスでは、「限定戦争時のメディア統制とプロパガンダ」というテーマはジャーナリズム、マス・コミュニケーション研究の一分野としてすでに定着し、ジャーナリスト、研究者双方からの膨大な事実の記録や実証的研究が蓄積されている。もともと大学でのジャーナリズム、マス・コミュニケーション研究自体に古い歴史と広がりをもつアングロサクソン系両国だが、政府が自ら政策決定して自国兵士を海外で軍事作戦に従事させる一方で、そうした作戦行動が言論・プレスの自由にもたらす問題点をメディア、アカデミーの世界が究明していこうとする姿勢も徹底している。

ことは実際に兵士を派遣するアメリカやイギリスなどに限らない。善悪はいずれ、第二次世界大戦の終結から六十年余りの間、日本はあらゆる戦争から自らの身を遠ざけてきて、われわれはもはや血を流し肉を切り裂かれる大状況に抗いようもなく巻き込まれていく過酷な世界の現実感覚を喪失してしまった。自衛隊の海外派遣が問題になると、当の軍の上層部から「危険な場所には行かせられない」という摩訶不思議な声さえ出てくる。記者とりわけ新聞・通信社の記者は他国の戦争取材に積極的に出ていくようになってきたが、多くはまだ軍事に明るいとはいえず、戦場での動きは残念ながらアメリカやヨーロッパのヴェテラン戦争特派員にかなり見劣りするのが現状だ。

自衛隊をもっと積極的に海外派兵せよ、日本も戦争に参加せよ、などと好戦的な言辞を振り撒いているのではない。われわれも世界の現実を金網越しにおずおずと覗くのでなく真正面から直視して、必要な場合には自らコミットすることを選択せざるをえないような時代がきている。その意味で、アメリカやイギリスなどを主舞台にこの四半世紀の間、大きな論議の対象となってきた「限定戦争時のメディア統制とプロパガンダ」の問題は決して他人事ではない。そう確信している。

注

（1）Knightley, Phillip, *The First Casualty: The War Correspondent as Hero and Myth-Maker from Crimea to Kosovo*, Prion Books, 2000, pp.515-516.

資料　主要な限定戦争の概要

フォークランド紛争

一九八二年四月初めから六月半ばまで、アルゼンチン沖の南大西洋に浮かぶイギリス領フォークランド諸島の領有権をめぐって、イギリス・アルゼンチン間でおこなわれた戦争。

同諸島は十六世紀末のイギリス人による発見以来、フランス人、イギリス人、スペイン人などによる入植と撤退が繰り返されてきたが、一八二〇年、スペインから引き継いだとしてアルゼンチンが領有を宣言。二九年にアメリカ軍が上陸し、島の中立を宣言した後、三三年にイギリスが占領、その領土とした。以降もアルゼンチンは領有権を主張、一九六四年からは国連が仲介しての交渉がおこなわれたが、議論は平行線をたどった。

一九八二年三月、同諸島の南東千三百キロのやはりイギリス領のサウス・ジョージア島に二度にわたりアルゼンチン軍の補給艦が寄航し民間人をイギリス側の許可なく上陸させた事件を機に、両国間で緊張がにわかに高まった。

四月二日、アルゼンチン軍は四千人の兵士をフォークランド諸島に上陸させ、軍事占領下に置いた。同国軍は翌日には、サウスジョージア島も占領した。

サッチャー首相率いるイギリス側はただちにアルゼンチンとの国交を断絶し、同五日、空母機動部隊を含む艦隊を同海域に派遣した。イギリス軍は同十二日には同諸島周辺の海上を封鎖し、同三十日には周辺二百海里の海・空全面封鎖を敢行。五月二十一日、イギリス軍が東フォークランド島に上陸。六月に入ると中心都市ポートスタンリーへの砲撃を開始した。同十四日、アルゼンチン軍は降伏し、二カ月余りに及んだ戦争は終結した。

フォークランド諸島は牧羊と自給的漁業以外に見るべき資源もない南海の孤島群だったが、経済・社会面などの国民の不満をそらすべくアルゼンチン軍事政権は対外侵攻に打って出た。一方、国際社会での地位低下、労働党政権下で進行した「イギリス病」からの回復を期待されて成立したサッチャー保守党政権は断固たる反撃に出た。こうして、第二次世界大戦後の植民地独立の動きも完全に定着していた、しかも大規模かつ正面からの軍事衝突が起きにくい冷戦体制下の一九八〇年代初め、同大戦以来となる本格的な海戦が領土問題をめぐって勃発した。

戦闘では、イギリス軍の垂直離着陸機ハリアー、原子力潜水艦、アルゼンチン軍のエグゾセミサイル（フランス製）などの近代兵器が使用され、その後の軍事技術に大きな影響を及ぼした。戦時メディア統制にもたらした大きな影響については本文中に既述のとおりである。

戦争終結後、イギリスは同諸島への植民を積極的に進めた。アルゼンチン側も領有権自体は主張し続けており、外交関係は修復されたものの、問題解決には至っていない。

グレナダ侵攻

一九八三年十月二十五日、カリブ海に浮かぶ島国グレナダで親ソ・親キューバ派の政権が誕生したことに危機感を抱いたアメリカが六千の兵力を投入、数日間の戦闘で同政権を打倒した軍事侵攻作戦。

グレナダは一九七四年、イギリス自治領から独立。その後の独裁体制を打倒して樹立された人民革命政府はキューバと接近し、ゆるやかな社会主義化を進めた。これに対して急進派が八三年十月二十日、モーリス・ビショップ首相を射殺し、革命軍事評議会が全権を掌握した。

人口わずか十一万人の小国ながら、自国の〝裏庭〟たるカリブ海に第二のキューバの出現を恐れたアメリカ・レーガン政権は、在留アメリカ人の保護などを名目に、東カリブ海諸国機構（ＯＥＣＳ）から介入要請があったとして、同二十五日、同機構六カ国とともにグレナダに軍事介入した。

アメリカ軍はまず、海兵隊五百人が島の東海岸にあるパールズ国際空港を制圧。次いで陸軍レンジャー部隊千人が、付近にキューバ人労働者によって軍用空港建設中の南西部ポイントサリンズに上陸、キューバ兵六百人などとの激戦の末、翌二十六日に制圧した。

アメリカ軍の兵力は侵攻開始から三日間で六千人まで増強され、内陸の山岳地帯に立てこもったグレナダ軍を掃討。アメリカ政府は十一月三日、戦闘の終結を宣言した。

グレナダ侵攻は東側陣営の影響力拡大を防ぐための典型的な冷戦体制下の軍事作戦であり、アメリカの栄光の復活を掲げるレーガン政権の強硬策で、ヴェトナム戦争で傷ついた超大国の威信を一定程度、回復させた。

グレナダではその後、親米派の政権が誕生。「ＯＥＣＳからの介入要請に基づく」軍事作戦は、自国の安全保障に不都合な政権が誕生した他国に侵攻する際の口実・抜け穴として、集団的自衛権が使われたという教訓を残した。フォークランド紛争に酷似したメディア統制が敷かれたことは本文で説明済みである。

パナマ侵攻

一九八九年十二月二十日、アメリカにとって死活的重要性をもつパナマ運河地帯での影響力保持のため、独裁者マヌエル・ノリエガを麻薬密輸容疑で逮捕するとの名目で、中米パナマに対して敢行した軍事侵攻作戦。ノリエガは身柄を拘束、アメリカに移送され、同国では親米政権が樹立された。

クーデターで実権を握り、農地改革、貧困対策、企業国有化など左翼ポピュリズム的施策を次々と断行した独裁者オマル・トリホスが一九八一年、飛行機事故で亡くなった後に権力を掌握したのが、軍最高司令官のノリエガだった。ノリエガは南米コロンビア産の麻薬をアメリカに密輸する際の中継、さらには麻薬マフィアのマネーロンダリングにも手を染め、これらで得た莫大な資金でパナマの政治・経済・軍を裏から動かした。

中央情報局（CIA）などアメリカ情報機関のエージェントとして中南米での同国の影響力維持に協力していたうちは、アメリカもこの独裁者を支持していた。一九七七年にトリホスがカーター民主党政権との間で新条約を締結、パナマ運河の九九年十二月三十一日をもっての返還を勝ち取ったのに対し、レーガン政権は運河返還に反対、ノリエガを傀儡としてパナマの再植民地化を試みたからである。しかし、次第にコントロールがきかなくなってきた独裁者に対して八八年二月、フロリダ州マイアミ、タンパの連邦大陪審が麻薬密輸などの容疑で起訴。パナマ国内でもはじまった反ノリエガの動きを利用するかたちで、アメリカはパナマに対して経済制裁を科した。

一九八九年十二月十六日、アメリカ海兵隊員がパナマ軍兵士により射殺された事件をきっかけに、後継のブッシュ政権は同二十日、パナマ運河地帯に駐留するアメリカ兵も含め計二万四千人の兵力を投入。圧倒的に力に勝るアメリカ軍はパナマの政府機関など目標を次々と制圧し、わずか一日で侵攻作戦の大半を達成。しかし、ノリエガ逮捕には失敗し、懸賞金をかけて特殊部隊による捜索を続けた。

ノリエガはその後、ヴァチカン大使館に逃げ込んで政治亡命を要求。これに対して、アメリカ軍は大使館周辺を封鎖し、身柄の引き渡しを求めた。ノリエガは結局翌年一月三日、アメリカ軍に投降。フロリダに移送され、その後、マイアミ連邦地裁で禁固四十年の判決を受けて服役した。

パナマという国はもともと、太平洋と大西洋をつなぐ海上ルートを求めるアメリカが、コロンビアからの独立運動を武力支援してつくらせた国である。要衝パナマ地峡を治める新独立国から、アメリカはただちに同地峡の永久租借権とパナマ国内に混乱が生じた際には解決のため介入する権利も獲得。一九一四年、運河は完成し、アメリカは望みどおり、両大洋を結ぶルートと中南米ににらみをきかせる軍事拠点を手に入れた。

一九八九年のパナマ侵攻で、アメリカはパナマ軍を解体。安全保障をアメリカに頼るしかなくなったパナマ政府から運河地帯防衛をアメリカ軍に要請させ、運河返還後も一帯への強い影響力を握り続けている。

ペルシャ湾岸戦争

一九九〇年八月、イラク軍がクウェートに侵攻して占領下に置いたのに対して、アメリカを中心とする多国籍軍が翌九一年一月から二月にかけて、陸・海・空から大規模な武力行使をおこない、クウェートを解放した戦争。

一九九〇年八月二日午前二時、イラク・クウェート国境付近に集結していたイラク軍機甲師団三万五千は両国国境を越えてクウェート領内に侵攻。兵力で圧倒的に勝るイラク軍は銃撃戦の末、首長府、官公庁、放送局、空港などを次々と占拠し、午前八時ごろまでには全土を制圧した。

イラクはクウェートの一九六一年のイギリスからの独立以来その領有権を主張していたが、ペルシャ湾岸の豊かな産油国への武力侵攻の直接の背景には、①イラン・イラク戦争（一九八〇—八八年）でイラク経済は疲弊していた、②クウェートなどによる増産で原油価格が下落、イラク経済にさらなる打撃を与えた、③イラン・イラク戦争中にアメリカなどの援助でイラクは中東きっての軍事大国となっていた、④クウェートが大量採掘をおこなっていたルメイラ油田は地下でイラク領の油田とつながっているとして損害賠償を求めていた——などがあった。

これに対して国連安保理は同日、イラク軍のクウェートからの即時撤退を求める決議六六〇号を採択。さらに同六日、全加盟国に対してイラクへの食糧、医薬品を含む全面禁輸措置を求める決議六六一号を通過させた。

アメリカは同七日、サウジアラビアへのアメリカ軍派遣を決定、砂漠の盾作戦を開始した。

態度を硬化させたイラク側は翌八日、クウェートをイラクの十九番目の州として併合を宣言。十八日にはイラク国内に残る西側諸国の外国人一万人を「人間の盾」として拘束すると発表した。

アメリカはその後、予備役の招集を完了、二十万、のち四十万を超える兵力をサウジアラビアに集結させた。国連安保理は十一月二十九日、翌一九九一年一月十五日を期限としたイラク軍のクウェートからの無条件撤退とこれを履行しない場合の対イラク武力行使を容認する決議を採択した。

イラク側は外国人人質を全員解放するなどの一定の譲歩は見せたものの、クウェートからの撤退には応じず、一月十七日未明、湾岸地域に六十万の兵力を結集させていたアメリカ軍を中心とする多国籍軍は、首都バグダッドはじめイラク全土に空爆を開始（砂漠の嵐作戦）、戦争状態に突入した。

イラクはイスラエルに向けてスカッドミサイルを発射。一部はテルアビブに着弾して多数の死傷者が出たが、アメリカなどの強い要請でイスラエルは報復を自制、アラブとイスラエルの対立の構図に問題を移行させようとするイラク側の試みは失敗した。

二月二十四日、多国籍軍は地上戦を開始。クウェートを包囲するかたちでイラク領内に侵攻した。百時間に及ぶ地上戦でイラク軍は敗走し、多国籍軍は二十七日にはクウェート市を解放。翌二十八日、停戦合意が成立した。

湾岸戦争は、独裁者がアメリカにとって有用だったときには支援し、じゃまな存在になるとその排除に動くという点では、パナマ侵攻に似ている。ノリエガ将軍をパナマでの影響力確保に利用できると認めたときには潤沢な経済・軍事援助を与えたように、フセイン大統領がイスラム革命の輸出阻止に有効と判断したときには同様の手厚い援助を与えた。独裁者が暴走をはじめてコントロールがきかないようになると、ともにその放逐に全力を傾けた。しかし、湾岸戦争では地上部隊がバグダッドまで攻め上ることは思いとどまり、以後、二〇〇三年のイラク戦争まで、アメリカにとって湾岸地域の不安定要因は残された。

〝世界の警察官〟アメリカの国外の紛争への関与は選択的であり、この地域がアメリカの死活的利害が絡む世界最大の石油産出地域であったことはいうまでもない。第二次世界大戦中からサウジアラビアに橋頭堡を築いたアメリカは大戦後、そこでの石油利権とまさに湾岸戦争で出撃拠点として使ったダーランの基地はじめ軍事的プレゼンスを獲得。以後、バーレーン、カタールなどほかの湾岸諸国でも基地、影響力を拡大していった。イラク軍によるクウェート侵攻直前におこなわれたフセイン大統領との会談で、グラスピー駐イラクアメリカ大使は断固たる反対、警告を伝えず曖昧な姿勢に終始し、湾岸の独裁者に誤ったシグナルを与えた。このため、「あえて青信号を点灯させてアメリカのコントロールがきかなくなった独裁者を叩き、戦後、この地域での軍事的プレゼンス、影響力を強化した」との陰謀説さえ流れることになった。

戦争終結直後の三月四日、イラク北部のクルド人と南部のシーア派教徒がフセイン政権に反旗を翻して蜂起した。クルド人はイラク、トルコ、イランの三国にまたがる国境地帯に住む少数民族で、イラクのクルド人は、イラン・イラク戦争中にはフセイン政権への抵抗でイラン側についたため、イラク軍の化学兵器などにより多数が殺害された。クルド武装組織は一時、スレイマニヤ、キルクークなど主要都市を解放したが、のちイラク軍が奪還、百万人とも二百万人ともいわれる難民が流出した。しかし、トルコなど周辺国が国境を閉ざしたため、難民たちは国境付近の山岳地帯にあふれかえる事態となった。

四月五日、国連安保理はフセイン政権によるクルド人抑圧を非難、その保護を訴える決議六八八号を採択。これを受けて、アメリカ・イギリス・フランス三国は北緯三六度線以北をイラク軍機の飛行禁止区域とし、同時に援助物資の投下などをおこなった。

五月にはクルド人自治区が成立。駐留の長期化を嫌うアメリカ・イギリスの活動は、短銃だけの軽武装の国連警備隊に引き継がれた。本来なら本格的な国連平和維持軍を派遣するところだが、紛争当事者の一方であるイラク政府側の受け入れ同意という国連平和維持活動（ＰＫＯ）の派遣要件を満たさず、内政不干渉という国際法のルールに抵触の恐れがあるイラク国内のクルド人保護の活動には、やはり国内に少数民族問題を多数抱える中ソの支持が安保理で得られる見込みがなく、苦肉の策で国連職員（警備員）約五百人がアメリカ・イギリスの活動を肩代わりすることになった。

同時期にイラク・クウェート国境の監視のため派遣されたPKO・国連イラク・クウェート監視団（UNIKOM）には、イラク側の強い反対を押し切ってアメリカ・イギリスからも軍人が派遣された。

湾岸戦争は、ある国のなかで少数民族などが迫害を受けた場合、国家主権の壁を超えて国際社会が介入する、いわゆる人道的介入を理念から現実の行動に移させ、また、その文脈で国連PKOの変質をも惹起した。

ソマリア氏族紛争

アフリカの角ソマリアを無政府状態に陥れた氏族紛争。一九九二年から九五年、国連部隊、アメリカ軍などによる人道的介入がおこなわれたが、目的を達せず撤退した。

ソマリアはアフリカでは珍しいソマリ人の単一民族国家だが、共通の祖先をもつ、またはそのような意識でつながった血縁集団である氏族が政治権力を構成する際の基盤として機能してきた。一九六九年、クーデターで政権を握ったシアド・バーレ大統領は一党独裁体制下で自らの出身氏族を重用。これに対し、八〇年代初めから、ほかの氏族らによる反政府闘争がはじまり、九一年一月にはアイディード派などからなる統一ソマリア会議（USC）が首都モガディシオを制圧、バーレ大統領を追放した。

やがてUSC内部で最大勢力のアイディード派とマハディ・モハメド暫定大統領派の対立がほかの氏族、武装勢力を巻き込んだ内戦に発展、全土が無政府状態と化した。行政、経済活動、教育、医療などあらゆる社会機能が麻痺し、日々多数の犠牲者と難民が出た。

こうした事態に対して、国連安保理は一九九二年四月、モハメド暫定大統領の要請に応じるかたちで、停戦監視、人道援助物資輸送の安全確保などにあたる軽武装の兵士五百人などからなるPKO・第一次国連ソマリア活動（UNOSOM I）派遣を決議。しかし、援助物資も各武装集団に略奪され、人々に行き渡らないような状態を打開すべく、同年十二月、UNOSOM Iの活動支援のため、安保理決議七九四号に基づいて、アメリカ軍を中心とする多国籍軍（UNITAF）が派遣された。

さらに翌一九九三年三月、非武装の停戦監視団と軽武装の部隊による停戦監視、平和維持を任務とする伝統的ＰＫＯの枠組みを超えて、UNITAFを引き継いで平和強制をおこなう第二次国連ソマリア活動（UNOSOMⅡ）の派遣が、安保理で決議された。

無政府状態の地での平和強制活動で最大の障害となったのは最大武装勢力アイディード派だった。同年六月には、武装解除を拒否していた同派の武器庫査察を通告したUNOSOM Ⅱパキスタン部隊が同派の襲撃を受け、二十人を超す兵士が殺害された。さらに十月には、モガディシオでアイディード派幹部の逮捕に向かったアメリカ軍と同派が交戦、アメリカ軍の兵員輸送ヘリも撃墜されアメリカ兵十八人が犠牲となった。アメリカ軍はこの事件を機にソマリアから撤退。UNOSOM Ⅱはその後、任務から平和強制を外し、一九九五年三月、最後のＰＫＯ部隊が同国から撤退した。

その後、ソマリアは二〇〇〇年にジブチで開かれた和平会議で暫定政府樹立が合意されるも、内戦状態のなかで独立・自治を宣言したソマリランド（北部）、プントランド（北西部）、南西ソマリア（南西部）のほか、依然強い勢力を維持するアイディード派など有力氏族・武装集団もこれを承認していない。二〇〇四年十月、ソマリランドを除く全勢力が参加してナイロビで開かれた暫定議会は新大統領を選出。翌〇五年初めにはナイロビで暫定政府が発足し、本国帰還、治安回復などの道を模索している。

ソマリアへの強制力を伴う国連の介入は、ブトロス・ガリという冷戦終結後の世界でその国連の機能強化を狙った出色の事務総長の強いイニシアチブと、折しも浮上してきた人道的介入の理念が結合して実現したが、武装勢力が抗争を繰り広げ、秩序がすべて崩壊したアフリカの一小国で大きな壁にぶつかり、失敗した。以後、人道的介入はより不純物を混入させたかたちで国連ではない組織によって担われるようになる。

国際社会の、特にアメリカ軍のソマリア内戦介入は、武装勢力による抗争・無政府状態・飢餓、アメリカ海兵隊の上陸作戦、また殺害されたアメリカ兵の遺体がモガディシオ市内を引きずり回される様子などがテレビで生中継され、いわゆるＣＮＮ効果がフルに発揮された紛争（とその介入）となった。

ボスニア・ヘルツェゴビナ内戦

旧ユーゴスラビア連邦崩壊過程で、イスラム教徒（ムスリム人）主導の政府が一九九二年三月、独立を宣言したのをきっかけとして、同教徒、セルビア人、クロアチア人の三勢力が三年半にわたり繰り広げた内戦。死者二十万人、難民二百万人を出し、第二次世界大戦後のヨーロッパで最悪の紛争となった。

旧ユーゴ連邦は「七つの隣国、六つの共和国、五つの民族、四つの言語、三つの宗教、二つの文字により構成される一つの国」といわれたほどに多様な歴史と文化的背景をもつ多民族を、第二次世界大戦中のナチス・ドイツによる占領から自力で祖国を解放したパルチザンの英雄ヨシップ・ブロズ・チトーが戦後、自主管理社会主義の旗の下で束ねていた。

しかし、一九八九年のいわゆるビロード革命につながる東欧諸国での〝民主化〟、共産党一党支配体制の弱体化・崩壊の流れに抗して、権力の階段を駆け上ってきたミロシェビッチは体制維持のために共産主義に代わり偏狭な民族主義、セルビア民族中心主義に訴えることを選んだ。クロアチア、スロベニアなどでも同様の自民族中心主義と連邦からの離脱の動きが強まった。

一九九〇年、ユーゴ共産主義者同盟が分裂し、各共和国で複数政党制による自由選挙が実施されると、旧共産主義者同盟系の政党が勝ったのはセルビア、モンテネグロだけで、ほかではそれぞれ民族主義的色彩の強い政権が誕生。翌九一年六月、連邦の先進地域だったスロベニアとクロアチアが独立宣言。十日間戦争と呼ばれる前者は短期間で決着をみたが、後者ではクロアチア共和国軍と同共和国内のセルビア人勢力が衝突、そこにユーゴ連邦軍も介入するにいたって長期化、ボスニア内戦と並行して継続し、ようやく九五年に終結した。

両国の独立への動きに刺激されたボスニア・ヘルツェゴビナでは一九九二年二月の国民投票（セルビア人勢力はボイコット）に基づき翌三月、イスラム教徒勢力中心のボスニア政府が独立宣言。ボスニア・ヘルツェゴビナのイスラム教徒はオスマントルコ支配下で改宗したスラブ系の人々の末裔で、旧ユーゴでは単に宗教上の分類ではなく国勢調査でも民族分類の一項目として登場してくる民族名だった。第二次世界大戦中に対独協力したクロアチア人、戦後のユーゴ連邦で中心民族であり続けてきたセルビア人という歴史的な民族間の不和も喚起・増幅されて、三民族入り乱れて、またセルビア共和国・ユーゴ連邦軍、クロアチア共和国・軍も日に陰に自民族を支援するかたちで介入して、血みどろの内戦状態に突入した。

四月、セルビア共和国とモンテネグロ共和国だけで構成する新ユーゴ連邦が創設され、かつての旧ユーゴ連邦は正式にその歴史に終止符を打った。

内戦は当初、連邦からの独立を主張するイスラム教徒・クロアチア人勢力と民族自決を唱えて「セルビア共和国」を創設したセルビア人勢力との対立の構図だったが、クロアチア人勢力がいち早く南西部ヘルツェゴビナを中心に支配地区を確保してしまうと、セルビア人勢力対イスラム教徒勢力の陣取り合戦が中心となった。

一九九四年二月、サラエボの青空市場に迫撃砲が撃ち込まれ六十八人の死者が出ると、真相不明のまま首都を包囲するセルビア人勢力の仕業との一方的な断定に基づき、国連安保理で同勢力拠点に対する空爆が決議された。

このときはロシアの調停によって空爆実施は回避されたが、同年四月を皮切りに、翌一九九五年八、九月にはセルビア人勢力の支配地区に北大西洋条約機構（NATO）軍による激しい空爆が敢行された。

同年十一月、アメリカは紛争当事国三首脳をオハイオ州デイトンの空軍基地に集めて和平合意をのませ、十二月、パリでの和平協定調印にこぎ着けた。これによって、イスラム教徒、クロアチア人勢力で構成するボスニア・ヘルツェゴビナ連邦とセルビア人勢力のセルビア人共和国の二つからなる単一の国家ボスニア・ヘルツェゴビナが維持された。しかし、NATO軍中心の平和実施部隊（IFOR）、平和安定化部隊（SFOR）を経て、現在、欧州連合（EU）中心の部隊（EUFOR）が三民族間の対立再燃を力で抑え込んでいるのが現実である。

旧ユーゴでは徴兵制の連邦軍を補完する全人民防衛体制が敷かれ、有事に備えて兵器・武器が行政単位ごとに備えられていたが、それが民族・共和国間の対立の激化とともに、迅速なる民族・共和国軍の形成、武器・弾薬の配備につながってしまった。

また、民族主義を煽る各勢力指導者らがメディアを通じて徹底的なプロパガンダを展開したことも特筆すべきことである。メディアを通じたプロパガンダでは、イギリスのテレビが流した、セルビア人勢力がイスラム教徒難民を収容した「強制収容所」の映像や、アメリカの「ニューズウィーク」誌が掲載した前者による後者女性の集団レイプのニュースなどが、欧米諸国でのセルビア人悪玉論を形成、不動のものとするのに大きな役割を果たした。

コソボ戦争

旧ユーゴ連邦崩壊過程の一連の諸紛争の最終段階に位置する戦争。セルビア共和国コソボ自治州でのアルバニア系住民に対するユーゴ連邦軍・セルビア共和国治安部隊の広範な人権侵害に対して、北大西洋条約機構（NATO）が同連邦全土に七十八日間の空爆をおこない、ミロシェビッチ政権を屈服させた。

セルビア共和国コソボ自治州ではアルバニア系住民が多数派を構成し、一九七四年憲法で広範な自治を認められていた。しかし、ミロシェビッチ率いるセルビア共和国は八九年三月、憲法を改正して、コソボの自治権を大幅に縮小。これに対して、コソボのアルバニア系議員らは九〇年七月、「コソボ共和国」の独立を宣言。セルビア当局はただちに独立宣言を違法とし、コソボ議会の解散を決定、九月には新共和国憲法を制定し、コソボ（と北部ヴォイヴォディナ）の自治権を剝奪した。アルバニア系住民側は九二年五月、独自の大統領選挙を実施し、穏健派指導者ルゴバ氏を「独立国家の元首」に選出した。

ルゴバ氏は非暴力路線による独立を目指したが、スロベニア、クロアチア、そして流血を伴いながらボスニア・ヘルツェゴビナが旧ユーゴ連邦から独立していき、セルビアとモンテネグロだけで新ユーゴ連邦が成立したのに対し、新ユーゴ連邦・セルビア共和国当局は同共和国内の、しかもセルビア民族の故地であるコソボの分離独立は断固認めなかった。欧米諸国もバルカン各地に散らばるアルバニア人問題を惹起しかねないコソボの独立はとうてい支持しかねるところで、「コソボ共和国」は国際社会で認知されなかった。

　穏健派のやり方に飽き足らない強硬派・コソボ解放軍（ＫＬＡ）は一九九六年初めから、ボスニアのイスラム教徒らがセルビア人悪玉論に乗り欧米諸国の支持を得ながら独立を獲得したことを手本に、セルビア側を挑発する武装闘争を開始。ＫＬＡは翌九七年夏、セルビア系住民の誘拐・殺害などテロ活動をエスカレートさせ、ユーゴ連邦軍・セルビア共和国治安部隊はやがて大規模な掃討作戦に踏み切った。ＫＬＡは「解放区」を少しずつ拡大していき、ユーゴ・セルビア当局は奪還作戦をおこなう。両者のせめぎ合いのなかでセルビア系・アルバニア系両住民のなかから多数の犠牲者が出た。

　コソボの紛争がアメリカとヨーロッパを巻き込んだ戦争になだれ込んでいくきっかけになったのが、コソボの小さな村ラチャクでの「虐殺事件」である。一九九九年一月十六日、同村で計四十五のアルバニア系住民の遺体が散乱しているのが発見された。ボスニア内戦中のサラエボの青空市場砲撃と同様、自作自演説まで流れるなか、現場に急行した全欧安保協力機構（ＯＳＣＥ）コソボ検証団のウォーカー団長（アメリカ人）はただちに、「セルビア部隊に虐殺されたアルバニア系一般住民」と決め付けた。ウォーカー団長は日ごろから、セルビア人嫌いの言動で知られていた。

　いまもってその真相は闇のなかのこの事件を機に、アメリカの要請で、ユーゴ・セルビア側に空爆の脅しをかけながら、アメリカ・イギリス・フランス・ドイツ・イタリア・ロシアの旧ユーゴ連絡調整グループ外相会議、ランブイエとパリでの和平交渉へとなだれ込んでいった。

　一九九九年二月六日、パリ郊外ランブイエではじまった和平交渉は二度の会期延長で事態収拾の道を探ったが、交渉最終期限の前夜（二月二十二日夜）、アメリカはロシアに内緒で突如、ユーゴ・セルビア代表団に新たな軍事に関する付属文書を突き付けた。国連ないし全欧安保協力機構（ＯＳＣＥ）の旗の下でのコソボでの国際部隊展開に原則として受け入れの姿勢を見せていたユーゴ・セルビア側だが、「広範な権限をもつＮＡＴＯ軍が連邦全域に進駐する」という付属文書の内容はとうていのめるものではなかった。

三月、パリで再開した和平交渉は交渉といったものではなく、アルバニア系住民代表団に先に和平案に調印をさせ、ユーゴ・セルビア側に「和平案をのむか、しからずんば空爆を」と迫った。交渉は決裂、ＮＡＴＯは同月二十四日、ユーゴに対して空爆を開始した。

アルバニア系難民の車列やセルビアの民家、病院、中国大使館などへの誤爆を伴いながら空爆は六月十日までおこなわれ、ユーゴ・セルビアから民間人約一万人の犠牲者を出した。

対するＮＡＴＯ側、特にアメリカ・クリントン政権は自軍から死者を出すのを嫌い、地上軍の派遣は最後まで見送り、アドリア海に展開する艦艇や戦闘機からの巡航ミサイル発射、爆弾投下などに攻撃の手段を絞った。

新聞やテレビなどの既存メディアにインターネットも加えて、ＮＡＴＯ・ユーゴ双方が大々的なプロパガンダ戦を繰り広げ、またアメリカは「死者ゼロ」の近未来の〝スマートな戦争〟の要となるサイバー攻撃も一部導入した。

戦争終結後、コソボは形式的にはセルビア共和国の一部にとどまっている（二〇〇八年二月、コソボ会議は独立を宣言したが、国連全加盟国の半分以上が未承認）が、事実上、国連コソボ暫定行政ミッション（ＵＮＭＩＫ）とＮＡＴＯ主体のコソボ安全保障部隊（ＫＦＯＲ）の保護国となり、警察官となったＫＬＡ元兵士らとともに統治している。

ユーゴ・セルビアではその後、ミロシェビッチ政権が崩壊。ミロシェビッチ元大統領はハーグの旧ユーゴ戦争犯罪国際法廷に身柄を引き渡された。二〇〇三年二月、ユーゴスラビア連邦はセルビア・モンテネグロと国名を改称、ユーゴスラビアの名は消滅した。

アフガニスタン攻撃

九・一一アメリカ同時多発テロに対する報復として、アメリカ・イギリス両国がイスラム原理主義組織アルカイダとそれを保護するタリバン政権下のアフガニスタンに対して、「テロとのたたかい」の一環でおこなった攻撃。

九・一一テロから一カ月もたたない二〇〇一年十月七日、インド洋上のアメリカ艦からの巡航ミサイル発射、B52戦略爆撃機などによる空爆をタリバン支配地域に対して開始。その後、ハイテク武装した特殊部隊や山岳部隊などが投入され、アルカイダとタリバン兵士狩りをおこなった。

開戦前からアメリカ中央情報局（CIA）の工作員らが北部の反タリバン・北部同盟と接触していたが、この北部同盟軍が十一月になると攻勢を開始。北部の要衝マザリシャリフ、西部の要衝ヘラートなどに続いて同十三日、首都カブールを制圧。十二月七日にはタリバン最後の拠点である南部の主要都市カンダハルを制圧し、その実効支配は消滅した。

同二十二日にはハミド・カルザイ議長を中心とする暫定行政機構が発足。三年後の二〇〇四年十二月にはカルザイが大統領に就任し、正式な政府が発足した。

しかし、アメリカ軍特殊部隊兵士らはその後も、消息のつかめないオサマ・ビンラディン、ムハンマド・オマル師らの捜索をはじめ、アルカイダ・タリバンの残存兵士狩りを続けている。

アフガニスタンはクーデターによって成立した人民民主党政権の支援のため、一九七九年十二月、ソ連が侵攻、パブラク・カルマル政権が成立した。これに対してアメリカなどが支援するゲリラ（ムジャヒディーン）が山岳地帯を拠点に都市、軍事施設に攻撃を繰り返すようになった。アフガニスタンの〝ヴェトナム化〟に苦しむソ連は八五年のミハイル・ゴルバチョフ政権誕生後、戦争終結への道を模索しはじめ、八八年の和平合意に基づいて、翌八九年、ソ連軍の撤退が完了した。

その後もアフガニスタンでは人民党政権が存続したが、一九九二年四月、ゲリラ勢力の軍事攻勢によってムハンマド・ナジブラ政権が崩壊してムジャヒディーン九派の暫定政権が成立。各派間の主導権争いで内戦状態は継続した。一九九四年ごろから、イスラム原理主義勢力のタリバンがイラン、パキスタン両国からの支援を受けて勢力を伸ばし、九六年九月、首都カブールを制圧。九九年までには国土の九割を実効支配するに至った。

アメリカが支援してきたムジャヒディーン戦士のなかにはイスラム各国から集まった多数の義勇兵も含まれ、ビンラディンもその一人だった。タリバンはパキスタンのアフガニスタン難民キャンプのなかから生まれたが、アメリカからの資金・武器援助の中継をしていたパキスタン軍情報部はアフガニスタンでの親パキスタン政権樹立を目指し、新興のイスラム原理主義組織にそれらを集中投下した。自国の安全保障のために直接または間接に援助し育ててきた勢力・独裁者が手に負えなくなると、それを見限って徹底的に叩くという、これまで何度も見られた図式がアフガニスタンでも見られた。アメリカ・クリントン政権はすでに一九九八年八月、ケニア・タンザニアのアメリカ大使館同時テロに対する報復としてスーダン、アフガニスタンを空爆している。

アフガニスタンは内陸国だが、黒海油田で採掘された原油をインド洋の港から積み出すためのパイプライン敷設ルートにあたり、また、同国とイラクで親米政権が成立したことによって中東に残る不確定要因たるイランを挟撃する体制が整った。

アフガニスタン攻撃では特殊部隊などは投入されたものの、大規模な地上部隊派遣は見送られ、また精密誘導弾による空爆の威力が示された。その意味で、サイバー攻撃こそなかったが、やはり進行中の軍事革命(RMA)の成果が反映された戦争だった。

イラク戦争

アルカイダとのつながり、のちに大量破壊兵器の隠匿を理由に、「テロとのたたかい」の一環で二〇〇三年三月二十日、アメリカ・イギリスがイラクを相手に開始した戦争。湾岸戦争と異なり、地上部隊でバグダッドまで攻め上り、フセイン政権を実力で打倒した。同年五月一日には「主要な戦闘の終結宣言」がなされたが、イラク国内の混乱は収まらず、開戦以来三年間でアメリカ兵の死者も二千三百人を超え、イギリス兵などほかの国の兵士も入れると実に二千五百人を超す犠牲者が出ている。

日本では「イラク戦争」と呼ばれているが、英語では The Iraq War のような固有名詞化した表現はなく、War in Iraq など普通名詞的なさまざまな言い方をされる。アフガニスタン攻撃に次いで、正式な名前なき戦争なのである。

地上軍を最後まで投入しなかったコソボ戦争や、特殊部隊など一部地上部隊の投入にとどまったアフガニスタン攻撃と異なり、この戦争では開戦当初から地上軍が作戦行動をはじめた。すなわち、開戦翌日の二十日、クウェート領内に進駐していたアメリカ・イギリス軍地上部隊はイラク領内への侵攻作戦を開始。南部の中心都市バスラを制圧し、ナシリアからは二手に分かれて北上。四月に入るとバグダッドを包囲、七日には中心部に突入して大統領宮殿などを占拠した。九日、首都のほぼ全域を支配下に置き、フセイン政権は崩壊した。

大規模な地上軍投入は湾岸戦争のころまで時計の針が戻ったような印象を与えるが、実際はそうではない。イラク戦争では開戦前からイラクの停戦合意違反を理由に主要な軍事施設を折にふれて叩いており、地上部隊が侵攻作戦をはじめたときにはすでにアメリカ・イギリス軍は制空権を事実上確保していた。また、イラク戦争では「小規模・機動力」を旨とするラムズフェルド・ドクトリンに従って、湾岸戦争時よりも少ない兵力、時間、犠牲者で勝利した。精密誘導弾など空からの支援攻撃、ハイテク兵器、軍事革命のたまものであり、単純に、湾岸戦争からイラク戦争へ、とその間の十余年をすべて飛ばしてしまうような議論は誤りである。

フセイン政権崩壊まで、または五月初めの主要な戦闘の終結宣言までは、アメリカ兵の犠牲は湾岸戦争時の百四十七人を下回っていたが、その後、占領当局、暫定政権、移行政府統治下で反米テロが相次ぎ、泥沼の状態となっている。

開戦理由とされたテロリスト組織とのつながりも大量破壊兵器の存在を示す確たる証拠も、いまもって出てきていない。国連安保理での決議も飛ばして、積み上げられてきた国際法のルールをも無視しての先制攻撃のつけは決して小さくない、ということだろう。

おわりに

ジャーナリズムの現場で日々生起する事象を追いかけているうちに、そうしたジャーナリスティック・プラクティスよりもジャーナリズム、メディア自体について考えることのほうに、少しずつ関心が移っていった。

観念ではなく現実の荒々しい手触りを確認しながら〈世界〉に接近するのに最良の手段と考えて身を置いたマスメディアの世界は、官僚ばりの入社年次、年功序列、社内・業界内競争最優先の規範がまかり通る、息苦しく、やりきれないものだった。

閉塞感からの出口を求めて一九九〇年代半ば、アメリカに渡った。

ニューヨークやワシントンD.C.といった北東部の主要都市ではなく、アメリカジャーナリズム教育・研究揺籃の地である中西部のスモールタウンを選んだことが、おそらく幸いした。その後、〝お礼奉公〟と考えて復職した新聞社でアメリカ特派員ではなく、ヨーロッパ・パリに赴任したことも。

振り返れば、一九九〇年代半ばからの十年余の半分を日本の外で過ごしたことになる。ジャーナリズム、マス・コミュニケーション専攻の大学院生として滞在したアメリカでは、草の根のジャーナリズムとそれを支える現場、大学、社会に広く根付いた理念・諸活動が心にしみた。新聞社特派員として駐在したフランス・パリでは、アメリカ一辺倒の世界観を相対化しうるヨーロッパの決してあなどれない歴史の重みと再生を期して進められる統合過程に目を瞠らせられた。

国際報道記者としてのキャリアは一九九〇年代初め、ペルシャ湾岸戦争の取材からスタート。冷戦終結後の世界に噴出したさまざまな地域・民族紛争を、特にイスラエルとパレスチナ、カンボジア、南アフリカ、旧ユーゴスラビアなどの諸紛争については実際に銃弾の飛び交う現地でカヴァーする機会に恵まれた。訪れた途上国や紛争地はどこも懐かしく愛おしいのだが、それだけにとどまらない。いまなおわれわれの生の全領域を包み込む最大の、世界化された規範である西欧近代のネガとしての植民地、その遺制の問題も具体的な温度を伴いながら知った。

九・一一テロではしなくも露呈したように、この国の多くの人々が陥りがちなアメリカ一辺倒の世界観、それに対する反発も込めてフランスしか見ない、ヨーロッパにしか目がいかないといった偏狭かつ倒錯的な自己陶酔、はたまた「抑圧された人々」を虫メガネで探し出しては「敵」の姿を確認してほっとするような〝第三世界主義〟のいずれとも、同化することはできなかった。

日本の文脈に完全に絡めとられることなく過ごせたのも幸運だった。フランスから帰国して久しぶりに再会した母国では、閉塞感の深まる社会に比例するように、外の世界から切り離されたごくドメスティックな議論が猖獗を極めていた。ひとたびアメリカでテロが起き、アフガニスタンやイラクで戦争が勃発すれば、その場限りの文章や発言が量産され、やがてすべてが忘却されるのだ。

ジャーナリズムの原義である日誌制作の十全なる作業は、加速度的にマスメディア化と権力・オーディエンスの専制に寄り添う動きとが進行する状況下でますます困難になっているように見える。ひょっとすると、ジャーナリズムのプラクティスから一歩距離をとってジャーナリズム自体について考えることのほうが、この任務をある程度まで果たせるのかもしれない。あらゆる言語は自己言及的でなくてはならないからだ。

同時に、「ジャーナリズムの周縁」とのそしりを受けることは覚悟しながら〝マスメディアの中心〟で仕事ができたことも、得難い経験である。作家の三田誠広ではないが、大企業を辞めてフリーや零細なところで働くのはそう難しくないがその逆はまず不可能、とは半ば冗談だが、内部から殻を突き破るような批判こそが最大の力となろう。

私にとって、ジャーナリズムについて考察し、記述していく作業とは、こうしたプラクティスに淵源する身体性を決して捨象しない認識とそこから一定の距離をとっての抽象化への契機の模索、その両者の統合過程の謂である。

コソボ戦争をハイライトとする一九九〇年代のさまざまな紛争地で考えたことに言葉を与えていく作業に、思いのほか長い時間がかかってしまった。一度まとめた言葉たちはニューヨーク・ツインタワーへのハイジャック機突入攻撃で大騒ぎとなったこの国の言論界で容易に受け入れられるものとはならず、一からの建て直し作業を強いられた。その、とりあえずの中間報告が本書である。諸紛争の現場を垣間見た身としてその質量のすべてを乗せ、かつ、だからといってプラクティショナーにありがちな現場主義一辺倒には陥らないよう細心の注意を払ったつもりではあるが、なお残りうる議論の不備・瑕疵については大方のご批判・ご叱正をたまわりたい。

本書を世に問うにあたっては、青弓社編集部の矢野未知生氏にひとかたならぬお世話になった。記して謝辞としたい。

二〇〇六年弥生、春まだ浅き札幌にて

橋本 晃

［著者略歴］
橋本 晃（はしもと あきら）
1958年、栃木県足利市生まれ
東京大学仏文科卒。アイオワ大学 M.A.（ジャーナリズム）。早稲田大学大学院政治学研究科単位取得退学。毎日新聞社パリ特派員、北海道大学助教授、オックスフォード大学・デンマークジャーナリズム大学・パリ第2大学客員研究員などを経て、現在、立教大学社会学部メディア社会学科教授
専門はジャーナリズム・スタディーズ
共著に『従軍のポリティクス』（青弓社）、『グローバル社会とメディア』（ミネルヴァ書房）、『論争　いま、ジャーナリスト教育』（東京大学出版会）など

国際紛争《こくさいふんそう》のメディア学《がく》

発行　2006年4月22日　第1刷
　　　2015年1月22日　第3刷

定価　2000円＋税

著者　橋本 晃

発行者　矢野恵二

発行所　株式会社青弓社
〒101-0061 東京都千代田区三崎町3-3-4
電話 03-3265-8548（代）
http://www.seikyusha.co.jp

印刷所　厚徳社

製本所　厚徳社

ISBN978-4-7872-3257-1 C0036